조선의 牧民學 전통과 牧民心書

景仁文化社

간행사

실학박물관은 개관 이래 실학사상에 관한 자료의 수집·연구·교육 및 전시를 통해 조선후기 실사구시實事求是의 신 학풍 출현 배경과 그 내용을 이해하는 데 이바지하고, 나아가 실학이 추구한 개혁과 문명지향의 정신을 오늘과 새로운 시대를 위한 가치 모색의 동력으로 삼고자 힘써 왔습니다. 이러한 방향에 맞추어 상설 전시실에서는 실학의 형성과 전개, 실학과 과학 등 사상 전반을 체계 있게 보여주고 있으며, 해마다 두 차례의 특별기획 전시회를 개최하고 있습니다.

아울러 전시회 주제를 널리 알리고 학술적인 성과를 축적하여 향후 박물관의 전시 교육에 활용하기 위해 해마다 실학 관련 주제를 선정하여 학술회의를 진행해 왔습니다. 2009년 10월 개관기념 국제학술회의를 시작으로 매년 특별 기획전시 개최에 즈음하여 관련 학회와 협력하여 학술회의를 기획하였습니다. 관련 연구자들의 새로운 논문과 토론은 실학 연구의 자산임과 동시에 '신실학新實學 운동'을 모색하고자 하는 박물관의 운영 방향에 충실한 사업이었습니다.

이제 그간 진행되어 온 학술회의의 성과들을 주제별로 모아 단행본으로 묶어 내려 합니다. 앞으로 이 사업을 계속함으로써 조선후기 실학사상에 대한 이해와 해석, 그리고 새로운 생활적 사유와 문화 창조에 작으나마 보탬이 되기를 기대합니다.

『조선의 목민학 전통과 목민심서』는 2010년 상반기 특별전 「다산茶山과 가장본家藏本 여유당집與猶堂集」을 개최할 때 한국사상사학회와 공동으로 기획한 학술회의 논문들을 수록하였습니다.

조선 사회에서 수령이 차지하는 정치적 위상은 백성의 부모와 같은 존재로 인식할 정도로 컸습니다. 이 같은 상황에서 일찍이 조선에서는 수령이 갖추어야 할 이념과 지방 정치의 원리와 운영 방식 등을 다룬 자료가 편찬되었습니다. 수령의 '치민治民'에 관한 세세한 지침을 담고 있는 책자인 '목민서'가 여러 종류 등장하여 널리 유통되었으며, 수령에 관한 학문 전반, 곧 '목민학牧民學'이 관심으로 떠오른 것은 지방 정치의 전개와 연계된 중요한 면모였던 것입니다.

조선의 목민서는 대체로 15~16세기에 그 틀이 갖추어지고 17~18세기를 거치며 본격적으로 발전했다고 알려져 있습니다. 조선시대 목민서 중 가장 주목되는 정약용丁若鏞의 『목민심서牧民心書』는 이러한 조선 목민학의 전통 위에서 나올 수 있었습니다.

이 책은 이러한 조선시대 목민학을 주제로 한 5편의 글을 수록하고 있습니다. 15~16세기 목민서 편찬, 18세기 목민서에 나타난 지방통치와 부세제도 운영의 실상, 정약용의 목민서 편찬에 영향을 준 『임관정요臨官政要』에 대한 분석, 그리고 『목민심서』에 나타난 가족의 인식이 그것입니다.

연구총서의 발간을 계기로 관련 주제에 대한 학계와 일반인의 관심이 제고되기를 기대하며, 좋은 논문을 집필해 주신 필자 여러분과 토론자 여러분들께 깊은 감사의 말씀을 드립니다.

2012년 11월
경기문화재단 실학박물관장 김 시 업

■ 차 례 ■

15~16세기 牧民書의 전개와 牧民學

정호훈 | 서울대학교 규장각한국학연구원 HK교수

1. 머리말

조선사회에서 수령이 차지하는 정치적 위상과 비중은 그들을 민의 부모와 같은 존재 혹은 지방의 일 제후諸侯와 같은 존재로 인식할 정도로 컸다. 그것은 그들의 업무로 규정된 '수령칠사守令七事'[1]에서 보듯, 그들이 지방의 행정과 군사, 사법 등 전 영역을 주재하는 존재였던 데서 연유하는 것이었다. 수령은 집권국가 조선의 정치체제를 구성하는 핵심 기반이었다.

수령에게 주어지는 책무가 큰 만큼 수령에게 요청되는 정무政務 능력과 도덕적 자질 또한 만만치 않았다. 이들의 업무 수행에 따라 지방 정치의 성공과 실패가 판가름 난다고 할 수 있을 정도였다. 수령이 지닌 비중이 이와 같이 무거웠기에 조선 정부에서는 수령의 업무를 명확히 규정하고 그 업무 수행 능력과 관련하여 그를 평가하고 대우하였다. '수령칠사'는 수령의 업무를 짤막하게 압축한 법적 표현이었다. 정부에서는 '수령칠사'를 중심으로 매해 수령의 활동을 고과考課, 그 얻은 성적을 출척黜陟의 기초 자료로 활용하는 것을 법적으로 규정하고, 이를 수령제 운용에 활용하였다.

대체로 정부에서 중시하여 수령에게 요구한 것은 업무상의 능력이었다. 그 개인의 도덕적인 품성은 그다지 중요한 평가 항목이 아니었다. 또한, 업무를 수행함에 필요한 구체적인 지침을 만들어 이를 활용토록 하는 것도 아니었다. 개인적인 경험, 관행이 중시되는 상황이었다.

---

1) 守令七事는 다음과 같다. 1. 農桑盛, 2. 戶口增, 3. 學校興, 4. 軍政修, 5. 賦役均, 6. 詞訟簡, 7. 奸猾息..
   정약용은 세조대 인물 서거정이 남긴 기록에 '守令五事'라는 표현이 나오는 것으로 보아 수령칠사는 성종 이후에 개정한 것이라고 하였다(『與猶堂全書』 제5집 政法集 권16, 『牧民心書』 권1, 辭朝).

이 같은 상황에서 조선에서는 수령이 지방관으로서 활동함에 갖추어야 할 이념, 지방정치의 원리와 방식 등을 다룬 자료가 마련되고 또 그러한 것과 관련된 논의가 구체적이면서도 체계적으로 발전해나갔다. 이를테면 수령의 정치활동에 관한 세세한 지침을 담고 있는 책자, '목민서'가 등장하여 널리 유통되었으며, 수령에 관한 학문 전반 곧, '목민학'이 등장하는 것은 이 시기 지방정치의 전개와 연계된 중요한 면모일 것이다.[2]

목민서가 만들어져 유통되고 수령의 정치사상이 형성, 발전하는 양상은 그러나 시기 별로 달랐다. 15~16세기에 그 틀이 갖추어지고 17~18세기를 거치며 본격적으로 발전하는 것으로 판단된다. 이번 글에서는 15~16세기 조선에서 목민자료, 수령의 정치사상이 발전하는 양상을 정리하고자 한다. 이 작업이 성공적으로 이루어지기 위해서는 조선 전기의 군현제 운영, 정치제도와 정치사상의 변화 등을 총체적으로 검토하는 일이 반드시 필요하지만, 이번 글에서는 시기 별로 어떠한 목민서가 출현하는지, 그리고 그 목민서가 안고 있는 학적 특성이 무엇이었던가를 밝히는 것으로 한정하였다. 검토 대상으로 삼은 자료는 15세기의 『목민심감牧民心鑑』, 16세기 유희춘의 『치현수지治縣須知』와 정철의 『유읍재문論邑宰文』이다.

---

2) 수령에 관한 학문을 여기서는 목민학이라 부르겠다. 성리학이 발달하며 군주를 대상으로 한 君主聖學이 틀을 갖추어 가는 것과 같은 맥락에서, 수령에게도 수령으로서의 자기 역할을 다함에 필요한 학문적 체계가 세워지고 이것이 목민서에 반영된다고 보고 이를 목민학이라고 하겠다. 목민학에 대한 개념은 김선경(2010), 「조선후기 牧民學의 계보와 『牧民心書』」『朝鮮時代史學報』 52 참조. 한편, 조선의 목민서에 대한 연구는 김성준(1990), 『牧民心鑑研究』, 고려대학교 출판부부터 본격적으로 이루어졌다.

2. 15세기 목민서의 출현과 목민학의 형성

군현제에 기초하여 구축된 조선의 국가 체제가 정상적으로 작동할 수 있는 관건의 하나는 수령의 온전한 정치적 역할이었다. 국왕을 대리하여 군현을 다스리는 존재였기에 수령이 가지는 임무는 막중했고 그 권한 또한 막대했다.[3] 그리하여 조선에서는 제대로 된 수령을 뽑아 그들이 주어진 역할을 다할 수 있게 하는 장치를 여러 형태로 마련, 시행하였다. 수령의 업무를 '수령칠사'로서 규정, 이로써 이들을 통제하고 관리하고자 한 것은 법적 제도적 차원의 조치였다.[4] '수령칠사'는『경국대전』에 수령의 고과를 위한 기준 항목으로 실렸다.[5]

수령의 업무 수행에 필요한 원칙과 지침을 담은 자료, 곧 목민서牧民書[6]를 편찬하고 간행하여 이를 실제 업무에서 활용하도록 한 것은 또 다

---

3) 이 시기 지방 제도와 수령제에 대해서는 李泰鎭(1972·73),「士林派의 留鄕所 復立運動(上·下)-朝鮮初期 性理學 定着의 社會的 背景」『震檀學報』 34·35; 裵基憲(1988),「16世紀 鄕村支配秩序와 留鄕所의 性格」『大邱史學』 35; 최선혜(2002),「조선초기 留鄕所와 국가지배체제의 정비」『朝鮮時代史學報』 22; 임용한(2002),『朝鮮前期 守令制와 地方統治』, 혜안 참조.

4) 정도전이 구상한 수령 고과법에서 평가하는 수령의 업무는 '수령칠사'보다 범위가 넓다. 정도전은 古人의 善最法과 현실을 참작하여 다음과 같이 수령 考課法을 만들었다(『三峯集』卷6, 經濟文鑑 下, 監司, "取古人善最之法 以合古宜今者 作考課之法 定其分數 使刺擧者有所依據"). 善은 도덕성, 最는 구체적인 정무 능력 혹은 업적을 평가하는 영역이었다.

구 분	등　급				비
善	公 五分	明 五分	廉 四分	勤 四分	公明 則能廉勤 故廉勤 之分 減公明一等
最	田野闢 三分五釐	戶口增 三分五釐			
	學校興 三分五釐	禮俗成 三分五釐			
	獄訟平 二分	盜賊息 二分			
	差役均 一分	賦斂節 一分			

5)『經國大典』, 吏典, 考課, "每歲季 本曹具諸司官員實仕及雜故 觀察使具守令 七事實跡啓聞 七事 農桑盛 戶口增 學校興 軍政修 賦役均 詞訟簡 奸猾息."

른 수령제 운용 방안이었다. 조선의 수령제를 이해함에 목민서에 대한 정
리는 필수불가결하다. 조선전기의 목민서는 개인이 마련한 것도 있었지만
대체로 중앙 정부 혹은 지방 정부의 힘을 빌려 간행하고 유포하였다.

그런데 이 시기 조선에서 간행되고 유통되었던 목민서는 조선에서
만들어진 것이 아니라 중국에서 만들어져 유통되던 것을 들여와 재간행
하는 경우가 대부분이었다. 중국에서는 일찍부터 관잠류官箴類·목민서
가 만들어져 관료의 행정 수행에 필요한 이념과 지침들을 이미 많이 축
적되어 있었거니와, 조선에서는 이를 본격 수용, 조선사회의 운영에 활
용하고자 했던 것이다.

기록상으로 혹은 실물로 확인할 수 있는 자료로는 우선, 원대 학자
장양호張養浩(1269~1329)가 작성한『목민충고牧民忠告』가 있다. 이 책은 이미
1368년(공민왕 17) 진양 목사 민선閔璿이 교수 문경文璥의 발문을 붙여 간행
하여 고려 사회에 소개된 바 있었는데, 1398년(태조 7)에 밀양부에서 이신
李愼이 간행, 조선에서도 이 책을 활용하였다. 하지만 이 책이 조선 사회
에서 얼마만큼 유통되었는지는 미지수다. 이후 이 책은 1578년(선조 11년)
밀양 부사 김극일金克一이 1398년 간본을 저본으로 하여 다시 간행하였는
데, 김극일의 발문에 의하면『목민충고』는 꽤 오래 전에 산일散佚된 상태
였다고 한다.[7]

다음으로 들 수 있는 책은 명대明代 관료 주봉길朱逢吉이 지은『목민
심감牧民心鑑』이다.[8] 이 책은『목민충고』이후 만들어졌는데,『목민충고』

---

6) 중국에서는 관료들이 지켜야할 규범 등을 정리한 책을 '官箴'이라고 했다.
   여기에서는 지방관에 초점을 맞추어 '목민서'라는 용어를 사용한다.

7) 김선경, 앞의 글, 161~162면 참조.『목민충고』는 현재 한국에서는 그 존재를
   확인할 수 없고, 일본에 남아 있다고 한다.『牧民忠告』에 대한 일본에서의
   연구는 小川和也(2008),『牧民の思想』, 東京: 平凡社를 참조할 수 있다.

8)『牧民心鑑』에 대한 연구로는 김성준(1990),『牧民心鑑研究』, 고려대학교 출
   판부가 대표적이다.「朝鮮 守令七事와 牧民心鑑」,「牧民心鑑과 居官要覽
   의 比較 研究」란 이름의 두 편의 연구 논문을 싣고 이어『목민심감』을 역주

보다 여러 면에서 더욱 풍부한 내용을 갖추고 있었다.[9] 수령이 그 직무를 수행하기 위해서는 도덕성을 갖추어야 한다는 점을 강조하는 가운데 지방행정에 구체적으로 적용할 수 있는 행정 지침 등을 세세하게 제시하고 있어, 수령이 업무 지침서로 활용하기에 적합한 점이 있었다.

이 책이 한반도에 언제 유입되었는지는 명확하지 않으나, 이미 1411년(태종 11)에 지평砥平 감무監務 김희金熙가 현학縣學에서 목판으로 간행하여 보급하였던 사실을 확인할 수 있다. 이때 김희가 이 책을 간행하게 된 것은 정랑正郞 곽존중郭存中[10]의 위촉 때문이었는데, 김희는 감사 권완權緩의 도움을 받아 이 책을 간행할 수 있었다. '근민近民'하는 사람이라면 마땅히 이 책을 강독해야 한다는 것이 김희의 판단이었다.[11]

이 책의 간행과 관련해서 주목할 점은 김희와 곽존중의 역할이다. 곽존중이 김희에게 어떤 인연으로 이 책의 간행을 부탁했는지는 모르나, 곽존중이 이 책의 간행을 주선한 것은 곽존중 개인의 이력으로서도 그리고 이 시기 정부의 서적 간행 정책으로 보아서도 흥미로운 점이 있다. 곽존중은 태종대 국가의 서적 편찬에 적극적으로 간여하던 인물이었다. 태종대의 국가 서적 편찬 사업은 신생 국가 조선의 정상적인 운영을 위해서는 필요 불가결한 일이었다. 당시 정부에서는 국가 경영에 도움이 되는 서책들을 다양하게 수집, 간행하고 있었으며, 곽존중은 그 과정에 간

하였다. 책의 말미에는 『목민심감』의 영인본을 수록했다. 『목민심감』 연구에 크게 활용할 수 있는 연구 성과이다.

9) 『牧民心鑑』, 牧民心鑑序, "元故西臺中丞濟南張文忠公 嘗爲牧民忠告等書 以行於世 君子偉之 吾友前湖廣憲僉橋李朱君 復爲牧民心鑑一編 所以春官 守 厚民生 固邦本 崇敎化 正己而率物 右德而緩刑者 盆加詳矣 蓋其言 簡而要 曲而遂 其事 固切於今 而其道可幾於古 而信爲有民社者之鑑也."

10) 郭存中 : ?~1428(세종 10). 본관은 청주. 아버지는 軾이다. 1396년(태조 5) 식년문과에 병과로 급제하였으며, 이후 예조참판, 中軍同知摠制를 거쳐 慶昌府尹 등을 역임하였다.

11) 『牧民心鑑』 刊記, "郭正郞存中 以牧民心鑑 一本 囑余鋟梓 以傳諸後 余始讀之 眞近民者之所當講也."

여, 적지 않은 일을 하고 있었다.

추측컨대, 곽존중은 서적의 편찬과 간행에 필요한 능력을 충분히 가지고 있었던 것으로 보인다. 국가에서는 그의 재능을 그 방면에서 적극 펼치도록 하고 있었다. 1414년(태종 14), 정부에서는 원나라 때 간행된『농상집요農桑輯要』를 조선의 이어俚語로써 번역하여 전국 곳곳에 판각板刻하여 반행頒行하게 하였는데, 곽존중은 대제학 이행李行과 함께 이 일을 주관하였다.12)

또 1417년(태종 17)에는 전 예문관 대제학 이행이『농상집요』내의「양잠방養蠶方」을 뽑아내어 판간版刊하여 세상에서 시행하도록 하자, 곽존중은 왕명을 받아「양잠방」구절에 협주夾註를 내고 또 판간하여 광포廣布하는 일을 맡았다.13) 이런 사례로 본다면 곽존중은 중국본中國本 도서를 '이어俚語'로 번역하여 널리 보급하도록 하려는 초기 조선 정부의 정책을 실행함에 아주 중요한 위치에 있던 인물임을 알 수 있다. 그가『목민심감』을 지평에서 간행하도록 한 것도, 정부 정책을 펼치는데 도움이 되는 책에 대한 그의 관심에서 나왔을 가능성이 컸다.

다른 자료로는『사사십해四事十害』가 있다. 이는 1459년(세조 4), 지중추부사知中樞府事 정척鄭陟의 요청으로 간행된 책인데,14) 송나라 유학자 진덕수眞德秀(1178~1235)가 담주潭州와 천주泉州의 지사로 재직하면서 동료들에게 고유告諭했던 내용을 담고 있다.15) 책 제목 '사사십해'에서 '사사四事'는 수령이 갖추어야 할 네 가지 도덕성을,16) '십해十害'는 수령의 정치에서 제거해야할 열 가지 폐단을 말한다.17) 본래 진덕수의 저술인『정경

---

12)『太宗實錄』권28, 14年 12月 6日(乙亥).

13)『太宗實錄』권33, 17年 5月 24日(己酉).

14)『國朝寶鑑』권11, 世祖朝二, 세조 4년 1월.

15) 眞德秀가 潭州와 泉州의 지사로 재직하면서 동료들에게 告諭했던「潭洲諭同官咨目」과「諭州縣官僚」에 비슷한 내용이 실려 있다.

16) 네 가지 도덕성은 '律己以廉', '撫民以仁', '存心以公', '涖事以勤'으로 제시되었다.

政經』에 실려 있었던 글 가운데 일부를 추려서 이 같이 한편의 책자로 엮은 것으로 보인다.

여기서 정척이『정경』의 글을 활용하는 모습은 유의할 만하다.『정경』은 진덕수가『서경』등의 여러 경서로부터 정치에 관한 원론적 언설을 모으고 거기에 지방관 시절 반포했던 글을 합쳐 만든 정론서로, 수령의 지방 행정의 원칙을 제시한 자료였다. 구성이 그다지 복잡하지 않고 내용 또한 학리적學理的 언어로 표현되지는 않았지만 진덕수의 정치사상이 지방 정치의 현장과 어떻게 접맥되고 현실화되는가를 살필 수 있는 책자이다.[18] 그런데『정경』의 기저에 있는 것은 주자학의 정치사상이었다. 진덕수는 주자의 사상을 충실히 계승하였던 인물이었다.[19] 그런 점에서 이 책자의 일부 내용을 조선에서 주목하여 간행하는 것은, 아직 그 여건이 무르익지 않았지만, 주자학의 정치사상을 조선의 정치 현실에서 구현하고자 하는 노력의 하나였다 할 것이다.

---

17) 수령 정치에서 제거해야할 열 가지 해악은 '斷獄不公', '聽訟不審', '淹延囚繫', '慘酷用刑', '重疊催稅', '科罰取財', '汎濫追呼', '招引告訐', '縱吏下鄕', '低價買物'로 거론되었다.

18) 이 책은 영조 대에 목판본으로 간행되었다(『國朝寶鑑』권63, 영조 23년). 한편, 18세기의 주자학자 李宜顯의 경우, 이 책을 수령 목민서로 이해하며 그다지 큰 의미를 부여하지 않은 반면『心經』을 더 중시하였다(『陶谷集』卷28, 陶峽叢說 一百四則, "心經眞西山所輯 而盖於從仕在朝時 輯古聖賢心 學文字爲一書 以爲自省用力之地 又取古人牧民施政之事 爲政經 兩書 當時固並傳 而心經則已經明人程敏政之註釋 政經不過後世守令理郡之蹟 無甚可觀 故仍逐不傳 心經獨傳而猶未大行 退溪先生偶見於逆旅而喜之 首起而表章之 以爲不在四子近思錄之下 由是世輒與近思錄並稱 此其前後此書顯晦之大端也 此書雖晚出 於心學工夫 甚爲要緊 學者其可不刻心於斯乎"). 16세기 후반『政經』을 중시하던 이이를 둘러싼 분위기가 크게 달라져 있음을 볼 수 있다.

19) 진덕수의 학문과 정치사상에 대해서는 이범학(1995),「南宋 後期 理學의 보급과 官學化의 배경」『韓國學論叢』17; 이범학(1998),「眞德秀 經世理學의 성립과 그 배경」『韓國學論叢』20; 이범학(1998),「진덕수의 民衆敎化策」『韓國學論叢』21 참조.

『부현관잠府縣官箴』 또한 이 시기 목민서로서 읽히던 자료였다. 이 책 자는 원나라의 중승中丞 유의劉意가 편찬한 것으로, 진덕수가 동료들에게 이른 '사사십해'에 시사時事를 부록하고 여기에 구헌瞿軒 왕매王邁의 「사 사잠四事箴」까지 담고 있었다. 앞의 『사사십해』를 조금 더 확장한 체재이 다. 1459년(세조 5) 전 지중추원사 정척이 교정하여 읽기 쉽게 만든 뒤, 인 쇄하여 중외에 반포하도록 요청하였다.[20] 정부에서 이 책의 인쇄를 허 락했다는 기록이 없고 또 간행한 실물도 확인되지 않아 간행 여부를 확 정할 수는 없지만, 『목민심감』과는 또 다른 형태의 책자를 조선의 관료 들이 알고 활용하려고 했었던 점은 분명하다.[21]

이와 같이 조선초기에는 중국에서 만들어졌던 목민서들이 유입되어 읽히고 또 간행되어 유포되었다. 이들 책은 비록 조선의 사정을 담고 있 는 책은 아니지만, 관료로서 살아감에 갖추어야 할 도덕성이 무엇이고 정치에서 유의해야 할 원칙이 무엇인지를 제시하고 있었기 때문에 관료 혹은 수령으로서 국정을 수행함에 도움을 받을 수 있었다.

이들 여러 책 가운데 이 시기 조선사회에 영향을 크게 미쳤던 책은 『목민심감』이었던 것으로 보인다. 성종대의 기록에 따른다면, 수령으로 나가는 사람들이 승정원에서 『경국대전』과 함께 이 책을 강하는 것이 관 례를 이루고 있었다.[22] 1476년(성종 7), 『목민심감』을 강하지 못한다는 이 유로 개천군사价川郡事 최함崔涵의 서용을 불허했던 사실을 확인할 수 있

---

20) 『世祖實錄』 권16, 5年 4月 20日(辛未)

21) 「四事十害」, 『府縣官箴』 등은 그다지 크게 활용되지 않았던 것으로 보인 다. 이는 진덕수의 사상을 받아들일 상황이 조선에서 아직 조성되지 않았기 때문이었을 것이다. 3장에서 서술하겠지만, 16세기 후반에 이 책이 주목되 는 것과 비교된다.

22) 『成宗實錄』 권11, 2年 7月 2日(癸酉), "承政院啓日 舊例 新除授守令萬戶試 講牧民心鑑經國大典 若有堂上官除此職者 亦當講乎 傳日 有識者不必講也 然文臣有明經術 而不達吏治者 堂上有不更事驟達者 若此者皆當講 如曾經 觀察使節度使者 勿講."

다.[23] 이 책은 명종 대에도 제주에서 간행되기도 했다.[24] 적어도 16세기 중엽까지 여전히 이 책에 대한 수요가 있었음을 엿볼 수 있는 대목이다.

15세기에 출현, 간행되었던 여러 목민서 가운데 『목민심감』이 조선 사회에서 인정받아 통용될 수 있었던 것은 이 책이 목민서로 활용하기에 적절한 구성, 내용을 갖추고 있었기 때문일 것이다. 우선 들 수 있는 것이 『목민심감』의 다양하고 풍부한 내용이다. 『목민심감』은 근시勤始·초정初政·정가正家·이사莅事·선화宣化·청송聽訟·징료徵料·영선營繕·사상事上·어하馭下·교인交人·비황備荒·선종善終 등 13편목을 설정하고, 각 편목마다 적게는 3개 항목에서 많게는 17개 항목까지 모두 104항목의 관련 내용을 덧붙였다. 수령의 지방 정치에 필요한 사항을 광범하게 포괄하면서도 평이한 문장으로 간략하게 설명하고 있어, 요소 요소 실질적인 도움을 받을 수 있게 되어 있다.

이 책의 또 다른 강점은 책의 구성과 체계가 『대학』의 정치론, 곧 수신→제가→치국의 구조와 맞물려 있었다는 점이다.[25] 이는 『대학』의 정치론에 익숙한 사람들이 이 책의 의미를 쉽게 받아들 수 있는 요소이기도 하고 또 치국의 이념을 성리학에서 구하려던 이 시기 조선의 정책 방향과 부합하는 측면이기도 했다. 이를 구체적으로 살펴보자.

『목민심감』의 13편목은 크게 세 내용으로 구분된다. 첫째, 수령에 관한 사항이다. 책의 전반부에 실린 근시, 초정의 두 편목이 여기에 해당한다. 근시 초정은 수령을 처음 시작할 때 수령이 갖추어야할 마음가짐

---

23) 『成宗實錄』 권73, 7年 11月 28日(戊辰). 최함은 임지가 멀어 부임을 피하기 위해 일부러 『목민심감』을 모른 채한다는 혐의를 받았다.

24) 金成俊(1990), 앞의 책, 31쪽.

25) 修身→齊家→治國으로 설정되는 『대학』의 정치론은, 修己治人의 정치론으로도 이야기할 수 있는데 곧 주자학의 정치론이다. 주자학의 정치론 혹은 그 핵심은 『대학』의 해석 위에서 출발한다. 주자의 『대학』 이해에 대해서는 이동희(1983), 「朱子의 《大學章句》에 대한 辨證 硏究」 『民族文化』 9; 佐野公治(1998), 『四書學史の硏究』, 東京: 創文社, 참조.

과 첫 정사政事 때 유의해야 할 일을 담고 있다. 여기서 핵심은 수령이 지녀야할 태도, 마음가짐인데, 『목민심감』에서는 근시의 '입지절立志節' 항목에서 이를 염廉·신愼·공恭·근勤으로 거론하였다. 그 의미는 다음과 같이 소박한 일상 언어로 설명된다.

　　　　청렴하면 마음이 맑고 욕심이 적어 남이 범하지 못하며, 신중하면 사려가 깨끗하고 밝아 일에 법도를 잃음이 없으며, 공정하면 사사로움이 없어 다스림이 바르게 되며, 근면하며 정사가 이루어져 백성들이 편안해지니, 이 네 가지에 근본을 두면 서무(庶務)가 잘 실행될 것이다.[26]

　둘째, 수령의 가족에 관한 사항으로, 정가가 여기에 속한다. 정가에는 수령의 처첩妻妾, 자제가 주의해야 할 사항이 담겨 있다.

　셋째, 수령의 구체적인 정무와 연관이 있는 내용들이다. 이사·선화·청송·징료·영선·사상·어하·교인·비황·선종이 여기에 속하는데, 행정, 사법, 교육 등 수령이 관장해야할 업무 전반을 담고 있다. 마지막 선종 항목의 경우는 수령의 임기를 마치면서 마무리해야 할 내용, 그리고 그 절차를 다루고 있어 여타 항목과 구별되지만, 크게 보면 수령의 정무와 연관이 있다.

　이와 같이 살피면 『목민심감』은 수령직에 제수 받은 이후 업무를 마무리 할 때까지의 과정을 시간 순 그리고 내용 순으로 일목요연하게 정돈하여 제시하는 체재를 갖추고 있다고 할 수 있을 것이다. 그리고 이러한 구성은 앞서 말한 대로 『대학』에서 제시하는바, 수신 → 제가 → 치국의 구도와 맞물려 있었다. 『대학』의 정치론을 학습하는 일과 수령의 목민 업무를 수행하는 것이 배치되지 않는 접점에 『목민심감』은 서 있었던 셈이다. 이상 논의한 『목민심감』의 전 체재는 다음과 같다.

─────────────

26) 『牧民心鑑』, 勤始, 立志節, "勤則心淸欲寡 人不能干 愼則思慮精明 事無失度 公則無私而理直 勤則政集而人安 志此四端 庶務擧矣."

〈표 1〉『목민심감』의 체재

편목	항목	비고
勤 始	度己分 立志節 克偏見	修身
初 政	愼登堂 正禮義 重言語 明戒約 詢舊政 誓神詞	
正 家	戒家人 訓子弟 先奉養 愼門禁 嚴市直 薄自奉 厚親族	齊家
莅 事	立規程 勤日記 自先勞 究根本 責實效 務精思 察事情 愼發落 明賞罰 密關防 絶奸弊 精法律 詳案牘 覈錢穀 驗公器 嚴巡警 嚴祀典	이하 '治國'에 해당
宣 化	厚風俗 立敎條 明國制 重農事 崇學校 恤民艱 戢强惡 旌善行 禁遊惰 抑邪術 止浮言 表先哲	
聽 訟	弛訟源 察初情 和聽納 詳推讞 審輕重 分故誤 別善惡 存公平 戒延蔓 止穢罵 恕愚戇 謹刑具 愼鞭朴 早疎決 親視獄 重屍視 緩親訟	
徵 料	原賦役 平需具 善收納 量期限 戒多取	
營 繕	明急緩 審農時 立遠圖	
事 上	恪守職 推誠心 加禮貌 奉敎令 絶非謗 審背理	
馭 下	處胥吏 戒里甲 察耆老 嚴皂隸 斥讒間 絶饋遺 杜干託 審任使 詳委任	
交 人	和同寅 睦隣屬 重眞賢 賙患難 務誠實 尙謙和 毋誇衒 絶邪類 引己咎	
備 荒	預堤防 誠祈禱 申實迹 請救濟 陳民情	
善 終	禮新官 告舊政 輕行橐	

　　그러나 이 책은 중국의 지방 사정을 근거로 만들어진 것이었기에 굳이 조선에 필요하지 않거나 혹은 조선에 그대로 적용할 수 없는 내용도 많이 들어 있었다. 이 책이 갖는 한계였다. 이를테면 다음과 같은 내용들이다.

　　사람이 뜻을 이루고 절개를 세움에는 견고함을 귀하게 여긴다. 그러나 오래도록 바뀌지 않도록 하고자 하면 천지의 여러 신기(神祇)에게 나아가 맹세해야 한다. 그러므로 정사에 임하는 처음에는 마땅히 사직(社稷)과 산천(山川) 선성(宣聖) 성황(城隍)을 참배하며 각각 축판(祝板)에

그 지절(志節) 세운 바를 써서 맹세하는 말로 삼아 신령에게 아뢰어 오래
지닐 경계로 삼아야 한다.[27]

관(官)에서 역(役)을 부과하면 백성들은 모름지기 그것을 부담해야 하
지만 백성들 중에는 빈부의 차가 있으므로 관에서는 마땅히 사정을 미루
어 살펴야 한다. 예를 들어 교위(校尉) 순란(巡欄) 두급(斗級) 고자(庫子)
수마역(水馬驛) 체운소부(遞運所夫) 조예(皂隷) 궁병(弓兵) 포병(鋪兵)
등의 항목은 역(役)에 난이(難易)가 있고 일에 경중이 있으므로 모두 위
로는 전장(典章)에 따르고 아래로는 민력(民力)을 조사하여 삼등구갑(三
等九甲)으로 나눈 뒤, 어떤 등급의 호(戶)를 어떤 역에 충원할 수 있는지
그 급수를 편성하여 기록한 후 책으로 만든다.[28]

많은 항목, 특히 구체적인 지방 업무와 연관된 항목들의 사정이 이러
했으므로 『목민심감』이 조선에서 널리 보급되기에는 많은 한계를 자체
지니고 있었던 것이다.[29] 성종대 이후, 『목민심감』에 관한 자료 혹은 기
록이 거의 나타나지 않은 것은 아마 이러한 사정과 연관이 있을 것이다.
17세기 후반, 명재明齋 윤증尹拯이 그의 아들 윤행교尹行敎가 수령으로 나
가자 수령의 임무에 대해 충고하며, 이 책이 매우 중요한 내용을 담고
있으므로 등사해 두었다가 늘 펼쳐보라고 부탁하는 모습을 볼 수도 있
지만,[30] 『목민심감』이 조선사회에 널리 활용되기에는 그 자체 많은 한계

---

27) 『牧民心鑑』, 誓神祠.
28) 『牧民心鑑』, 均力役.
29) 『牧民心鑑』의 한계는 이러한 점들 외에도, 정치의 원칙과 방법 등과 관련
하여 정리할 수 있는 점이 매우 많은 것으로 판단된다.
30) 『明齋遺稿』 권28, 「與子行敎」 臘月三日, "『목민심감』이란 책은 보기에 매
우 좋고 매우 중요한 내용을 담고 있어 보내니, 깔끔하게 등사해 두고 늘
펼쳐보는 것이 좋을 것이다牧民心鑑一册 極好看 極有要語 故送去 精謄而
常覽可也]."

를 가진 것은 분명했다.

이상 살핀 대로 15세기 조선에서는 중국의 목민서류를 들여와 간행한 뒤 이를 적극 활용하고자 하였다. 송宋, 원元, 명대明代에 만들어진『목민충고』,『사사십해』,『목민심감』등이 이때 주목된 서책들인데, 그중에서도 명대에 만들어진『목민심감』의 영향력이 가장 컸다.『목민심감』에 실린 내용이 조선의 현실과 부합하지 않아 널리 이용되기에는 그 한계가 뚜렷했지만,『목민심감』은 지방 정치의 이념과 방향을 수신→제가→치국의 구도를 갖는『대학』의 정치론 위에서 설정하고 있었기에, 국왕이 주도하는 정치가 그러하듯이, 지방의 정치 또한 성리학의 정치론에 따라 행해져야 한다는 점을 조선 사회에 각인시키고 있었다. 그리고 거기에는 엄격한 자기 규율과 탁월한 정무 능력을 바탕으로 수령이 주체가 되어 지방의 정치를 주도해 나가는 상황 또한 설정되어 있었다.31) 목민서가 간행되고 유포되는 가운데 목민학은 이 지점에서 형성되고 있었다고 할 것이다.

3. 16세기 새로운 목민자료와 목민학의 전개

1) 조선 현실을 반영한 목민서 : 유희춘의『치현수지』

16세기로 들면, 조선에서는 새로운 목민 자료가 출현했다. 그 수준이 그다지 높지는 않았지만, 조선의 사정을 반영하여 조선 사람이 지은 목민서가 나타난 것이다. 그 최초의 모습은 16세기 중반, 유희춘이 지은『치현

---

31)『牧民心鑑』과 같은 목민서가 15~16세기 조선사회에서 널리 유통되지 못한 주요한 이유는 결국 수령권을 둘러싼 상황과 연관하여 살필 수 있을 것으로 본다. 중앙정부수령, 京在所·留鄕所의 이중 권력 체제, 部民告訴法의 존재에서 볼 수 있듯 수령권을 허약하게 만드는 지방의 권력 상황은『목민심감』과 같은 목민서를 허용하지 않았을 것이다. 16세기, 새로운 목민서의 출현도 이 측면에서 살펴야 할 여지가 있다.

수지治縣須知』에서 확인할 수 있다.32) 물론, 이 무렵『치현수지』와 유사한
성격의 책으로『규화規畫』이 만들어져 활용되고 있었다. 이 책자를 만든
사람은 유희춘과 친분이 있던 유사柳泗였다.33) 그러나 이 책자는 유희춘
의『치현수지』에서만 그 이름을 확인할 수 있을 뿐 현존 여부가 확인되
지 않는다. 현재로서는『치현수지』를 본격적인 목민서-목민자료로 볼 수
있겠다.

『치현수지』는 유희춘이 무장茂長에서 현감을 지낸 뒤 유배 시절에 재
정리한 작은 분량의 소책자이다. 그런 점에서 이 자료는 유희춘 개인의
수령 경험, 그리고 전라도의 한 군현인 무장이라는 지역성, 그리고 16세
기 중엽의 조선 사회라는 시간성을 동시에 내포하고 있다. 이 자료가 가
진 의미를 알려면 적어도 이 세 가지 요소를 동시에 고려하며 판단을 내
려야 할 것이다. 그러기에 이 자료를 가지고 이 시기 목민자료 전반의
문제를 일반화하는 것은 있을 수 없는 일이지만, 그럼에도 목민 자료의
성격 변화에 대한 일말의 정보는 구할 수 있다.

『치현수지』는 '율신律身', '어리御吏', '목민청송牧民聽訟', '구언용인求言
用人', '치간권선治姦勸善', '알성흥학謁聖興學', '대사접빈待士接賓', '독친념
구篤親念舊' 등 모두 8장으로 구성되어 있다. 이 가운데 '율신' '어리' 등
두 편목 외에는 '목민청송' '구언용인'과 같이 두 주제를 하나의 장으로
묶었다. 그래서 실제 다루는 주제는 14가지이다. 편목의 내용상 순서를
살피면, 첫 머리에는 수령 자신을 규율하고 향리를 다스리는 문제가 나

---

32) 『治縣須知』는 1559년(명종 14), 유배 중에 저술되었으며,『眉巖集』권4에 庭
訓의 하나로 실려 있다. 널리 공간하기보다는 개인적 경험으로서 집안에서
전수되기를 바라는 의식이 있었던 것이 아닌가 생각하게 된다. 한편, 유희
춘은 '立朝治縣通訓'을 庭訓의 말미에 다음과 같이 기록해두었다(書曰 爾
無忿疾于頑 無求備于一夫 必有忍 其乃有濟 有容德 乃大 此最可服膺 又謙
恭愼默 從容詳審 寬和平正 氣象行事 詳具於續蒙求 誠深味之).

33) 柳泗는 광주 출신으로 유희춘과는 절친한 사이였으며, 주로 현감 등의 수
령직을 역임했다. 문집으로『江雪遺稿』가 있는데,『規劃』은 현재 남아 있지
않다.

온다. 다음으로 수령의 구체적인 업무와 연관된 주제를 다루었다. '목민청송', '구언용인', '치간권선', '알성흥학' 등 4항목 8주제가 여기에 해당한다.

이들 8주제는 수령칠사와 직접 연관되어 있다. '목민청송'은 '부역균賦役均'·'사송간詞訟簡'과, '구언용인'·'알성흥학'은 '학교흥學校興', '치간권선'은 '간활식奸猾息'과 내용상 관련이 있다. 반면 '농상성農桑盛', '호구증戶口增', '군정수軍政修'에 해당하는 항목은 빠져 있다. 이와 관련된 내용은 다른 장에도 나타나지 않는다. '대사접빈', '독친념구' 이 마지막 두 항목은 수령의 대외 업무와 연관된 것이다. 여기에서는 수령이 공사 양면으로 맺는 관계를 어떻게 유지하고 풀어갈 것인가 하는 문제를 다루고 있다.

〈표 2〉『치현수지』의 편장 구성과 주요 내용

순서	篇章	내용	守令七事와의 관계	비고
1	律身	律己, 正家, 御屬	없음	수령의 修己와 齊家
2	御吏	鄕吏를 다스리는 법	없음	
3	牧民聽訟	牧民, 聽訟	賦役均 詞訟簡	수령의 구체 업무
4	求言用人	求言, 用人	없음	〃
5	治奸勸善	治奸, 勸善	奸猾息	〃
6	謁聖興學	謁聖, 興學	興學校	
7	待士接賓	待士, 接賓	없음	수령과 외부 관원과의 관계
8	篤親念舊	親知와 親舊 접대	없음	수령과 친지와의 관계

이 같은 구성은 『목민심감』의 그것과 비교하면 어떠할까? 두 책은 그 편장 구성 방식, 담고 있는 내용과 분량은 완전히 다르지만, 두 책 모두 수령의 수기修己·수신修身의 문제를 전반부에서 거론하고, 이어 수령 행정의 실제를 항목별로 제시하는 공통점을 보인다. 수기와 치인治人의 내용으로 구성된 목민서의 특징을 두 책은 온전히 지니고 있다고 할 수 있는 것이다. 『치현수지』는 전혀 새로 만들어진 책자이지만 적어도 『목

민심감』에 보이는 목민서의 특성은 온전히 가지고 있다고 할 수 있을 것이다.

『치현수지』는 16세기 중반, 조선의 실정을 그대로 반영하고 있다. 이를 장별로 살펴보자. '율신'에서 다루는 주제는 수령 본인의 자기 규율, 집안을 다스리는 문제[齊家], 아속에 관한 내용 등 세 가지이다. 수령의 자기 규율에 관한 내용은 청탁·궤헌饋獻·아록衙祿의 사용私用·이익 남기기[贏餘]·뇌물 등을 주의할 것, 출관일出官日의 예식과 음식물을 간소하게 할 것 등을 담고 있다.[34] 정가正家는 수령을 따라간 수령의 집안사람들이 임지에서 어떻게 처신해야 할 것인지, 또 수령은 그들을 어떻게 단속해야 할 것인가 하는 문제를 다루고 있다. 유희춘은 "居官之道 先要正家"라 하여 수령 생활에서 집안 단속이 차지하는 비중을 크게 강조하였다. 율신과 정가를 한 장에 처리한 점이 두드러지게 드러나는 특징이다. 여기서는 처첩이 말을 밖으로 내지 말 것, 자제들이 군현의 의론에 참여하지 말 것, 아비衙婢가 반문半門에 얼굴을 내밀지 못하게 할 것 등을 다루고 있다.[35] 아속衙屬(아속과 관속의 차이)이 뇌물을 받아 청탁을 할 경우, 절대 들어주어서는 안 된다는 내용도 여기에 담겨 있다.[36]

'율신'장에서 흥미로운 점은 여기서 다루는 것이 수령의 자기 규율 문제이지만, 한편으로는 수령의 마음가짐을 어떻게 유지해야 할 것인지, 지방관으로서 갖추어야할 바람직한 덕목이 무엇인지 하는 점에 대해서는 그다지 세세한 주의를 기울이지 않고 있다는 사실이다. 자기 규율의 문제를 엄격한 도덕성과 연관하여 규제하는 것과는 거리가 있는 셈인데, 이는 『목민심감』의 해당 조항과 대비된다.[37]

---

34) 『眉巖集』권4, 治縣須知, "淸淨監臨 不通請謁 不受饋獻 不用衙祿 謂不私用 不求贏餘 無敢思畧 出官之日 簡其承奉之禮 飮饌之物."

35) 『眉巖集』권4, 治縣須知, "居官之道 先要正家 妻妾不得出言于外 子弟不得 參預議論 笞罰衙奴侵求下人 衙婢不得出面于半門 各令糾定."

36) 『眉巖集』권4, 治縣須知, "衙屬受賂而有所干請 則切不可聽."

37) 『牧民心鑑』에서 수령의 廉·愼·公·勤을 강조하는 모습 등은 『治縣須知』

'어리'장에서는 향리를 어떻게 통제하고 관리할까 하는 점을 다루었다. '율신'장 다음으로 이 장을 설정한데서 지방 행정에서 향리가 차지하는 위치가 어떠한 지를 미루어 짐작할 수 있다. 수령이 향리들을 명확히 파악하여 향리들에게 기만당하지 말 것, 향리에게 얕잡아 보이지 말 것, 향리들을 엄하게 다루며 속내를 드러내지 않고 거리를 둘 것, 향리들의 죄악을 철저하게 파악하고 통제할 것과 같은 내용으로 요약된다.

우선, '향리를 통제하는 방법[御吏之道]'에 상·중·하 세 등급이 있다고 하였다. 자신을 바르게 하고 밝게 살펴 이서吏胥들이 악을 저지르면 일벌백계하는 것이 최고이며, 엄하게 강제하여 성실히 일하게 하는 것은 중간, 어리석어 속임을 당하는 것은 최하라고 하였다.[38] 또, 처음 수령이 되었을 때, 수령이 경험이 부족하다고 하여 속이면 발견하는 대로 징계하고 하인들이 조금 재주가 있다고 하더라도 말로 드러내지 않아야 한다고 했다.[39] 의도적으로 수령과 향리 사이에 거리를 유지함으로써 향리들을 통제할 수 있다는 이야기였다.

한편, 향리의 죄를 다스리는 방법에 대해서도 구체적으로 제시했다. 부임 3일 내에 명령을 내려 관속官屬으로서 죄가 발각된 뒤 도망하면 매일 10배의 죄를 더한다고 알리고, 모든 관속의 이름을 공책空冊에 적어두었다가 죄를 지으면 기록하고 이를 세 번하게 되면 태벌笞罰을 가하도록 하였다.[40] 한편, 이 장에서 특기할만한 일은 사신들이 각 읍 하인에게 태장을 치고자 할 경우, 실제 하인이 죄를 저지르지 않았다면, 죄가 있는 자로 하여금 그 벌을 대신하도록 했다.[41]

에는 없다.

38) 『眉巖集』 권4, 治縣須知, "御吏之道有三 正己而明照 嚴臨而不傷 遇大惡則懲一誡百 上也 剛猛制勤 次之 昏懦受欺 下也."

39) 『眉巖集』 권4, 治縣須知, "初爲守令 吏卒以不曾經事有欺慢者 須的見而痛懲之 下人雖有小善小能 不可形之於言而使之氣驕."

40) 『眉巖集』 권4, 治縣須知, "到任三日內 令日 凡官屬罪發而逃者 每日加罪十倍 一切官屬之名 書之空冊 如有小罪者 動輒付過 付過滿三度 則當笞之."

대체로 이 장에서는 유희춘이 향리들을 우호적이라기보다는 부정적으로 생각하고 있는 것을 보게 된다. 수령과 향리 사이의 갈등, 긴장은 군현제 하에서는 일상적일 수 있었다. 수령은 중앙으로부터 파견된 임기의 연한이 있는 외관外官이고 향리는 그 지역에 토착하면서 오랫동안 지방 행정의 실무를 담당하는 직역이었기 때문에, 양자 간에는 언제나 갈등을 일으킬 수 있는 소지가 있었다. 『치현수지』에서 수령의 향리 장악 문제를 심각하게 고려하는 것은 아마도 이러한 군현제가 내재하고 있는 갈등을 보여주는 일일 것이다. 이와 더불어 생각하게 되는 것은 16세기 들어 향리와 사족간의 사회적 갈등이 심화되었던 현실 또한, 『치현수지』의 향리 장악을 위한 깊은 관심을 어느 정도 보여주는 것은 아닌가 하는 점이다.

세 번째로 다루는 것은 '목민청송'이다. 부세, 청송에 관한 내용을 담고 있다. 『치현수지』에서 처음으로 수령의 구체적인 업무를 다루는 장이다. '수령칠사'와 비교한다면 '부역균', '사송간', 두 항목에 해당한다. 수령 업무에서 가장 중심을 이룰 수 있는 영역이다. 유희춘은 이 장에서 다루는 내용을 '형벌을 줄임[省刑罰], 부세를 가볍게 함[薄稅斂]'로 압축하고 이는 목민의 대본大本이라고 했다.42)

'목민청송'장에서 유희춘이 견지하는 기본 태도는 "이익을 일으키려고 하는 것보다는 해로운 것을 제거하고, 일을 만드는 것보다는 일을 줄이라"43)는 것이었다. 목민·청송과 관련된 일을 하면서는 백성들을 침해할 수 있는 가능성을 줄여야 한다는 생각이었다.

부세에 관한 내용은 서너 조항이 담겨 있다. 일체의 공물貢物, 제부諸賦는 전결田結에 기준하여 정하고 상납할 것을 강조하였다. 유희춘은 여

---

41) 『眉巖集』 권4, 治縣須知, "凡使臣 欲笞杖各邑下人 而實非其罪 以有罪者代之."

42) 『眉巖集』 권4, 治縣須知, "省刑罰薄稅斂 此牧民之大本也."

43) 『眉巖集』 권4, 治縣須知, "興一利不若除一害 生一事不若減一事."

기서 백성들이 심하게 침해받게 되면 유사가 지은 『규화揆畫』에 따라야 한다고 하였다.[44] 한 마을에서 다른 마을이 하지 않은 공납을 할 경우, 잡역을 많이 줄일 것, 관청의 봉상물捧上物은 마을 마을에서 공평하게[평간하게] 바치도록 할 것, 신관이 사정을 잘 모른다고 하여 이민吏民들이 옛 관행을 고치기를 청하면 모두 물리친 뒤, 실정을 파악한 후 처리할 것 등이 실려 있다.[45]

사송詞訟과 관련해서, 유희춘은 공심公心으로 분명하게 사건을 판단하고 결정을 내릴 것을 강조하였다. 또 소송을 내는 사람이 문기文記를 위조할 경우 형적이 남으므로 잘 살피고, 긴급한 사안을 담고 있는 첩소牒疏는 치부置簿한 뒤 살피도록 했다. 이외, 사송의 진행 방식, 봉옥초사捧獄招辭의 작성 방법 등을 다루었다.[46]

'구언용인'장은 '구언'과 '용인'으로 구성되어 있다. 수령직을 수행함에 필요한 조언을 어떻게 구할 것인가, 그리고 관내의 인재들을 어떻게 활용할 것인가 하는 점들을 다루고 있다. 이 장에서 담고 있는 내용은 다른 장과 구별되는 점이 있다. 먼저, 구언과 관련하여 주문공朱文公 곧 주희와 본인의 경험을 활용하고자 한 것이 그것이다. 유희춘은 주문공

---

44) 『眉巖集』 권4, 治縣須知, "一切貢物諸賦 一以田結出定上納 色吏檢督 若民不勝其侵擾 當依柳侯仲沿規畫 按規畫曰 通計一邑田結 每年一結 出三升木一匹 酌貢物所入 以其物幾匹定數 而令民自納于官 則民不煩矣."

45) 『眉巖集』 권4, 治縣須知, "一里 有他里所無之貢 而其里之民 困不能堪 則計弊而優減雜役 如漁村民除役之類";"官廳捧上 務要平簡 夫物之不齊 物之情也 一切勿以品好取之 如一箇處有納大者 勿以大者爲準 而合小二者 以備其數 則民不困矣";"吏民 以新官不曉根由 妄請改舊者 姑盡退之 徐觀情實然後處之."

46) 『眉巖集』 권4, 治縣須知, "大抵詞訟 聞近者奪遠人之物矣 未聞遠人奪無緣之物也 聞强詐者奪人之物矣 未聞善柔者奪分外之物也 苟以公心明斷 無不允當 訟者文記僞造 形跡有不可掩者 牒訴事緊者 置簿後考 ○凡元告元隻俱到 始訟(중략) ○凡捧獄招辭 不必以本房色吏 宜令散色某吏捧之 朝夕異人至於決尾 則吾憑案口占 而使他吏寫之."

이 남강南康을 맡아 다스릴 때 했던 방법을 따라 행해야 한다고 하였다. 주희는 이 시절, 관술寬卹의 방도를 구하기 위해 '사인부로士人父老' '승도 군민僧道軍民' 가운데 폐해의 근원을 잘 아는 사람들로 하여금 그들의 의견과 생각을 일일이 진술하게 하였다고 한다.[47] 또 유희춘은 무장 현감 시절의 경험도 같이 제시했다. 예전 현감이 되어 부임했을 때, 유희춘은 도착 직후 방榜을 내어 치군治郡의 방도에 대해 구언하였는데, 이에 대한 교생校生들의 말에서 많은 것을 얻을 수 있었다고 했다. 공론은 사람이 많은 곳에 존재한다는 것이 유희춘의 생각이었다.[48]

　용인用人에 대해 유희춘은 그 장점에 따라 사람을 쓰되, 그 임무를 능히 감당할 수 있고 또 수령을 속이지 않는 사람을 써야 한다고 했다.[49] 여기서 유희춘은 사대부와 상천민의 신분에 따른 업무의 정精·부정不精을 구분하여, '망례하천民隷下賤'이 사대부의 일을 말하면 80~90%가 틀리고 사대부가 농農·어漁·공工·상商의 일을 말함에 50~60%가 어두운 것은 각기 그 직분상 정밀함과 그렇지 않음에 차이가 있기 때문이라고 하였다.[50]

　'치간권선'장은 범죄자를 다스리는 법, 선을 권장하는 문제를 다루고 있다. 수령칠사의 '간활식'과 반드시 일치하지는 않지만 어느 정도 관련이 있다. 치간에서 다루는 내용은 간호姦豪 혹은 간강姦强으로 표현되는 향촌의 실력자, 토호들의 소민 침탈이 중심을 이루며 그 외 여러 사항들을 담고 있다. 유희춘은 이 장의 근본 지향을 "군현을 다스리는 일은 백

---

47) 『眉巖集』권4, 治縣須知, "朱文公初到南康 以士瘠民稀 役煩稅重 求所以寬恤之方 俾士人父老 僧道軍民 有能知利病之源者 悉具以陳 今當依此行之."

48) 『眉巖集』권4, 治縣須知, "余宰茂長 出榜求言 校生所言 率多可採 蓋人衆公論所在."

49) 『眉巖集』권4, 治縣須知, "凡用人 隨其所長而任之 必以能勝其任 不欺我者爲擇."

50) 『眉巖集』권4, 治縣須知, "凡民隷下賤 稱士大夫之事 十差八九 士大夫談農漁工商之事 十昧五六 蓋精粗路殊故也."

성을 아픈 사람 대하듯 해야 한다.[治郡 視民如傷]"는 주희의 가르침과 연
관하여 설정, 강자의 약자에 대한 침탈을 엄중 징계하며 소민을 보호해
야 한다고 하였다. 이를테면, 간호가 세민細民을 침폭侵暴하고 법질서를
흔들어 정치를 해칠 경우, 그 가운데 더욱 심한 자를 골라 두루 다스려
조금도 관대하게 다루지 않았던 사실을 본받아야 한다고 했다. 그러면
서도 유희춘은 이들에 대해 일의 실상이 드러난 뒤에 처벌해야지 미리
'억강抑强'의 마음을 가지고 그들을 심하게 미워하는 것은 불가하다고 경
계하였다.[51] 유희춘은 또한, 주희가 임장臨漳을 다스릴 때는 마치 바람이
풀 위를 지나듯, 간강들이 스스로 위축되었다고 했다.[52]

이와 더불어, 치간과 관련해서는 태벌의 횟수, 관원과 사족·유생에
대한 처벌, 도적에 대한 처벌 등의 문제를 다루었다. 태죄笞罪는 5대에서
50대까지 차등을 두어 시행하며, 수령이 100대를 때리고 싶은 마음을 가
지고 있다하더라도 국법國法에 각 아문衙門에서는 50대를 시행하도록 규
정해 두었으므로 여기에 따라야 한다고 했다.[53] 과오로 유망流亡한 자는
용서하며, 탐리貪利로 범죄를 저지른 자는 반드시 다스리고, 죄를 자복하
고 뉘우치는 자는 가벼운 벌로 처리하며, 교묘하게 죄를 다른 사람에게
미루는 자는 벌을 더하라고 했다.[54]

사족과 유생의 범죄를 처벌하는 것에 대한 내용은 특별하다. 유희춘
은 이들이 범죄를 저질렀을 경우, 일반인과는 다르게 대우할 것을 강조

---

51) 『眉巖集』 권4, 治縣須知, "朱文公治郡 視民如傷 姦豪之侵暴細民 撓法害政
　　者 擇其尤者 偏治而不少貸 此可法也 然必事狀發露 然後可治 不可先有抑
　　强之心而疾之已甚也."

52) 『眉巖集』 권4, 治縣須知, "文公之至臨漳 風行草偃 姦强自縮 無復撥制之跡矣."

53) 『眉巖集』 권4, 治縣須知, "凡笞罪 自單五至五十 各有等差 守令雖以己意 杖
　　至一百 文案則只書五十 國法各衙門笞五十爲定; 過誤遺忘者 不可不恕 貪
　　利故犯者 不可不治 服罪輸情者 自重趁輕 巧飾推人者 罪上加罪."

54) 『眉巖集』 권4, 治縣須知, "凡笞罪 自單五至五十 各有等差 守令雖以己意 杖
　　至一百 文案則只書五十 國法各衙門笞五十爲定" "過誤遺忘者 不可不恕 貪
　　利故犯者 不可不治 服罪輸情者 自重趁輕 巧飾推人者 罪上加罪."

하여, 중죄가 아니면 당사자를 때리지 않으며 그들의 가노家奴에게 태벌을 가해야 한다고 했다. 또 사류를 도천盜賤의 예에 따라 다스려서는 안되고 다만 착가着枷·쇄항鎖項해야 한다고 했다.[55] 잃어버린 물건을 되찾은 뒤에는 절대로 추치追治해서는 안된다고 했다. 추치할 경우, 뒤에 훔치는 사람이 있다면 그는 더 깊숙하게 숨기게 된다는 것이었다.[56]

권선에 대해서는 효자·열녀와 더불어, '우애청렴友愛淸廉', '융사구우隆師救友', '돈족목린敦族睦隣', '경장회인敬長誨人' 등 일체 선행 사실이 두드러지게 드러난 경우에는 포상하며, 이미 고인이 된 경우에는 제수祭需를 지급하면 좋다고 했다. 또 명사名士의 노친이나 현신賢臣의 아내[內子]가 경내에 있을 경우에는 우술優卹하고 혹 찾아본다고 했다. 선행에 대해서는 천천히 방문하며 갑자기 상을 내려서는 안 된다고도 했다.[57]

'알성흥학'장은 유교의 진흥, 향교 교육의 진흥과 관련된 내용을 담고 있다. 수령칠사의 '흥학교' 조항과 연관이 있다. 그러나 내용은 비교적 간단하다. 부임한 다음날 향교를 찾아 흑단령黑團領의 시복時服을 입고 알성謁聖한 뒤, 교생들에게 술을 내린다고 했다. 이때 교생 가운데 문장과 행실이 뛰어난 자는 잘 키워 학문을 권장하도록 했다.[58]

'대사접빈'장은 수령이 지방의 사류를 대접하는 방식, 그리고 수령을

---

55) 『眉巖集』 권4, 治縣須知, "士族及儒生 非重罪 勿打當人 只當笞奴 若以盜賤例治士類則不得 着枷鎖項而已." "甲乙交攻 官員則量其罪而處之 或有治甲而增乙之氣 治乙而增甲之氣 不可不察."

56) 『眉巖集』 권4, 治縣須知, "凡失物還得之後 切不可追治 追治則後有偷者藏之愈密矣 昔裴度在中書省 左右忽自失印 度飲酒自如 頃之 左右復白於故處得印 或問其故 度曰 此必吏人盜之 以印書券 急之則投諸水火 緩之則復還故處 人服其識量."

57) 『眉巖集』 권4, 治縣須知, "凡孝子烈女 世亦知褒獎矣 若友愛淸廉 隆師救友敦族睦隣 敬長誨人 一切善行事實著白者 皆當有褒賞 已死者 可給祭需 名士之老親 賢臣之內子在境內 必加優卹 或有月致 凡善行 徐徐訪問 勿以遽賞."

58) 『眉巖集』 권4, 治縣須知, "到任翌日 以時服黑團領謁聖 仍賜校生酒 校生之有文行者 養育而勸獎之."

찾아 지방으로 내려오는 관원들에 대한 수령의 접대 방식에 대해 다루고 있다. 다른 장에 비해 분량이 매우 많다. 지방의 사류를 접대하는 것과 관련된 조항은 모두 네 항목이다. 사류 가운데 덕행과 학식이 있는 자는 예를 갖추어 순방巡訪하도록 하고,[59] 수령이 심방尋訪하는 사람은 먼저 식물을 보내며,[60] 상견할 때는 동등하게 하여 한 쪽은 예복禮服을 하고 한쪽은 편복便服을 하는 일이 있어서는 안 된다고 했다.[61] 또, 수령이 관아에 나아가는 날에는, 교의交椅에 앉아 있다가 공경할만한 인물을 만나면 일어서서 맞이하라고 했다.[62]

감사監司나 도사都事, 경차관敬差官, 사신使臣, 조관朝官 등 외부에서 온 관료를 접대하는 접빈 항목은 매우 복잡하다. 접대 대상은 대체로 수령보다 상위 직위에 있는 사람들인데, 수령과 빈객의 지위, 그리고 빈객 상호간의 지위와 위계에 맞추어 격식을 갖추어야 한다는 것이 주된 내용을 이룬다. 이를테면, 신임 감사가 군현으로 오면, 수령은 오리정五里亭에 나아가 연명延命하여 돌아와 대청의 마당에서 교서敎書 숙배肅拜의 예를 행하며, 관찰사가 한림원의 설서設書와 같이 올 경우, 그 설서를 동벽東壁에 앉히며 도사 아래에 앉혀서는 안 된다고 하였다.[63]

마지막 장인 '독친녑구'장은 친지와 옛 친구와의 관계를 어떻게 유지할 것인가 하는 점을 다루고 있다. 현달했다고 할지라도 포의布衣 때의 옛 친구들을 만날 경우, 그들을 귀하게 여기며 천하게 생각하여 옛 정리를 잊어서는 안 되며,[64] 또 친척 옛 친구 등 나에게 은덕을 베풀었던 사

---

59) 『眉巖集』권4, 治縣須知, "士類有德行學識者 當敬禮而詢訪之."

60) 『眉巖集』권4, 治縣須知, "守令尋訪人 先送食物 所謂遮面也."

61) 『眉巖集』권4, 治縣須知, "凡相見同等 不可一禮服一便服."

62) 『眉巖集』권4, 治縣須知, "凡守令上官之日 據交椅而坐 見可敬之人 起而立."

63) 『眉巖集』권4, 治縣須知, "凡新監司到邑 守令必延命於五里亭而來 行敎書 肅拜之禮於大廳庭中 ○觀察使待翰林說書 坐之東壁 不可坐之都事下 三館 可置都事下."

64) 『眉巖集』권4, 治縣須知, "凡貴顯 見布衣時故舊及前日從遊 乃貴不忘賤 不

람들에게 균제하기에 힘쓰며, 비록 사소한 물품이라도 두루 미치도록 힘써야 한다고 했다.[65] 나를 알아주는 것에 대한 보답은 반드시 융성하고 두텁게 한다는 것이 이 장에서 유희춘이 강조하는 마음가짐이었다.

이상 살핀 대로 『치현수지』는 수령이 수행해야 할 구체적인 일을 여덟 편장으로 분류하여 제시하고 있다. 그 규모가 그다지 체계적이지도 담고 있는 내용이 풍부하지도 않다. 책의 제목을 '군현을 다스리며 반드시 알아야할 내용'이라고는 했지만, 수령의 업무 전반을 두루 다루고 있는 것은 아니다. 이를테면 수령칠사 가운데, '호구증戶口增''군정수軍政修'에 관련된 항목은 빠져 있다. 이들 항목을 의도적으로 배제했는지, 원래 있었는데 현 자료에서는 누락되어 확인할 수 없는지 그 사정이 명확하지 않다. 다만, 현재의 자료 상태로 본다면 『치현수지』가 포괄하는 범위가 그다지 풍부하지 않은 것만은 사실이다.

『치현수지』는 수령직을 수행해야 함에 갖추어야할 기본 자질과 자세, 마음가짐, 그리고 수령직을 행함에 반드시 염두에 두어야 할 내용 등을 담고 있다. 이 자료를 통하여 16세기 중반, 조선사회에서 본격적으로 나타나기 시작하는 수령 목민서의 특질이 어떠한지, 그리고 수령 목민서 발달 과정에서 이 시기가 차지하는 위상이 어떠한지 살필 수 있을 것이다.

첫째, 수령에게 요구되는 능력 혹은 마음 가짐을 무엇으로 설정하고 있었던가 하는 점을 살필 수 있다. 공명의 마음 등이 요구되는 것을 알 수 있다.

둘째, 수령의 업무 범위이다. 여기에서는 목민, 청송, 치간, 권선, 흥학, 대사, 접빈 등의 문제가 중요하게 다루어짐을 알 수 있다. 수령칠사의 '군정수', '호구증'과 관련된 항목은 내용이 빠져 있다.

셋째, 수령의 업무를 수행함에 필요한 것으로 주자의 경험들, 혹은

　　　遺故舊之道也."
65)『眉巖集』권4, 治縣須知, "凡親戚故舊及嘗有恩德於我者 期於均濟 雖些少
　　　之物 務要周遍而無或闕漏 報知己 必隆厚."

주자의 논리를 적절하게 활용하려고 하는 것을 볼 수 있다. 주자학에 대한 관심은 유희춘이 『주자전서朱子全書』나 『주자어류朱子語類』를 교정하여 간행하려는 데서 확인할 수 있거니와,[66] 여기서 주목하게 되는 것은 수령의 업무와 주자학적 경험 혹은 주자학적 교설을 직접적으로 연결시키는 점이다. 이전 시기 조선에서는 보기 힘든 일로 여겨진다. 다른 사례가 있을 수 있겠지만 현재로서는 눈에 띄지 않는다. 주자학의 지방 행정의 활용을 구체적으로 활용할 수 있는 데에서 구체적으로 확인되는 사례라 할 것이다.

넷째, 지방행정의 실제 내용을 확인할 수 있다. 향리를 처리하는 문제, 공납물貢納物 납부의 실제 등을 확인할 수 있으며, 또 수령 행정에서 향소鄕所의 역할 혹은 향중鄕中 공론을 공시하는 점을 볼 수 있다. 여기서 향소의 역할 혹은 향중 공론을 중시하는 사고는 17세기에 이르러 수령의 향소 장악 혹은 향소의 수령권으로 귀속 현상에 대비된다 하겠다.

다섯째, 이 시기 향촌 사회의 사회적 관계를 확인할 수 있다. 유희춘은 향리에 대해서는 가능한 한 엄하게 통제하며 그들이 가진 역할을 제한하려고 했다. 반면, 사류 등에 대해서는 최대한의 예우를 베풀려고 하는 의식을 지니고 있었다. 이를테면 유생과 사족들이 범죄를 저지를 경우, 중죄가 아니면 당사자에게 태벌을 가하는 것을 금한다거나 사류를 도천의 예에 따라 다스리지 말고 다만 '착가쇄항'해야 한다고 한 것은 그 예이다. 유희춘에게서 나타나는 이러한 사고는 향리의 사회적 위상을 약화시키는 한편으로 사류 중심의 질서를 보다 강하게 만들어 가려는 이 시기 조선사회의 전반적인 흐름을 반영한 것이라 할 것이다.

이 작은 책자가 가진 의미는 적지 않다. 조선인의 손으로 정리된 본격적인 목민자료라는 점을 무엇보다 먼저 꼽아야 할 것이다. 15세기에 나와 유통되던 『목민심감』과 뚜렷이 구분되는 점이 여기에 있었다. 이를 통하여 16세기 중반, 수령 행정의 실체를 개략적이나마 살필 수 있는

---

66) 정호훈(2007), 「眉巖 柳希春의 학문 활동과 ≪治縣須知≫」 『韓國思想史學』 29.

것도 이 자료가 가진 또 다른 장점일 것이다. 한편 이 작은 책자는 주희의 경험을 두루 활용하고 있다. 유희춘이 주희를 중시하고 이를 실제 지방 행정에서 구현하고자 했던 모습의 한 편린이다. 그러나 이 자료의 '율신' 조항에서 유희춘은 율신을 도덕성과 연관하여 구체적으로 설정하지 않았다. 청탁·궤헌·아록의 사용·이익 남기기[贏餘]·뇌물 등을 주의할 것, 출관일의 예식과 음식물을 간소하게 할 것 등의 여러 사례는 제시하지만, 그것이 도덕성의 차원에서는 설명되지 않는다. '율신'과 관련하여 주자학적인 방식을 취한다면 다양한 이야기가 나올 것으로 기대되지만, 『치현수지』는 이를 보여주지는 않는다. 유희춘은 이 문제에 대해서는 그다지 많이 유의하지 않았던 것이다.

2) 진덕수의 『정경』과 조선 현실의 결합
: 정철의 『유읍재문』

수령의 목민 자료는 16세기 후반이 되면 또 다른 모습을 보인다. 정철의 『유읍재문諭邑宰文』에서 이를 확인할 수 있다. 이 자료는 1580년선조 13, 정철이 강원도 감사로 재직[67] 중 작성하여 관내 예하 수령들에게 보낸 글이다.[68] 정철은 이 자료에서 수령이 어떤 마음가짐을 가지고, 어떤 정치를 펼쳐야 할지, 그리고 실제 군정을 수행하는 과정에서 어떤 폐단들을 고쳐나가야 할지를 간략하게 제시하였다. 이 자료를 지방의 수령들이 어떻게 받아들였을지, 그리고 이후 이 자료가 얼마만큼 확산되

---

67) 이때 정철의 나이는 45세였으며, 대사간에서 체직된 뒤 여러 차례 徵召되고도 나아가지 않다가 강원도 감사직을 맡았다(『宣祖修正實錄』 권14, 13년 2月 1日 辛未, "以鄭澈爲江原道觀察使 澈自遞大諫之後 累召不赴 及拜是職 欲追榮先人 乃拜命 澈 忠淸剛介 一道欽風 而喜飮酒 醉必失儀 人以此病之"). 감사 재임 중, 정철은 魯山君의 무덤을 수축하고 제사 지낼 것을 조정에 청하기도 하였다(『松江別集』 권2, 年譜, 庚辰 45세조).

68) 『松江別集』 권1, 雜著, 諭邑宰文.

었을지 쉽게 확인되지는 않지만, 그 담고 있는 내용에서 매우 의미 깊은 점들을 보게 된다.

강원도의 감사로서 관내 수령들에게 내려 보내며 작성된『유읍재문』은 정철이 감사의 선화 업무를 충실하게 수행하였음을 보이는 징표이다.[69] 그런데 이 글은 정철이 자작自作한 것이 아니라, 송대 학자 진덕수가 장사·천주의 지방관으로 있던 시절 관내에 효유했던 글 가운데 두 편을 활용하여 재구성한 것이었다. 이들 글의 제목은「담주유동관자목潭洲諭同官咨目」[70],「유주현관료諭州縣官僚」[71]로 뒷날『정경政經』에 실렸다. 정철은 이 두 글을 편집하여 하나로 묶는 한편으로 불필요한 내용은 삭제하여 간추렸다. 여기에 조선의 군현 정치에서 나타나는 폐해를 덧붙였다. 그러니까 이 자료는 진덕수의 목민 자료를 정철 나름대로 재활용하여 만든 것이라 할 수 있을 것이다.[72]

『유읍재문』은 형식상 크게 두 부분으로 구성되어 있다. 첫째, 위정爲

---

69) 1519년(중종 14), 황해도 감사 金正國이 관내 수령들에게 내려 보낸『警民篇』도 감사의 宣化 업무와 연관하여 이해할 수 있는 책자이다. 여기에 대해서는 정호훈(2006),「16~7세기『警民篇』의 간행과 그 추이」『韓國思想史學』26 참조.

70)『眞西山集』권7. 이 글은 1222년(嘉靖 15) 담주 지사가 되었을 때 작성했다. 조선후기에 간행된『政經』에는「西山帥長沙咨目呈兩通判及職曹官」이란 이름으로 실려 있다.

71)『眞西山集』권7. 이 글은 1232년(紹定 5)에 작성했다. 조선후기에 간행된『政經』에도 같은 이름으로 실려 있다.

72)『松江別集』권1, 論邑宰文, "右西山眞先生帥長沙時 示通判及職曹官之咨目 與知泉州時 諭州縣官僚之文也 載在政經之末 詞備義明 眞爲吏之模範也 余以菲才 叨受方嶽重寄 惟負乘致寇是懼 不遑寢處 竊思 承流宣化 責在守令 宜倣古迪民 以成美俗 而如欲牖民 必先自治 玆取西山示論二文 輯編爲一 刪煩去複 彙成次序 間以己意 敷說命弊 以足其意 通行告論 切祈列邑之宰 體翫服行 期副朝廷委以字牧之意 區區至望也." 여기서 정철이 이 자료를 만들었다고 했지만, 나중에 보는 대로 필자와 관련해서는 유보해서 파악해야할 점이 있다.

政의 근본을 다룬 서론에 해당하는 단락이다. 여기에서는 정치의 중심이 풍화風化에 있음을 강조하였다.[73] 풍화란 민간의 풍속을 유교적으로 교화함을 가리킨다. 진덕수는 밀학密學 진양陳襄이 선거仙居의 수령이었을 때, '부의父義·모자母慈·형우兄友·제공弟恭'의 윤리를 백성들에게 가르치자 백성들이 감화 받아 심복했다는 이야기를 들며,[74] 현재에도 이를 실현할 수 있다고 하였다. 고금의 백성들의 천성天性이 동일하므로, 예전에 행했다면 현재에도 행할 수 있다함이었다. 여기에서 강조하는 수령정치의 지향은 교화에 있었다. 교화란 성현의 도덕을 민에게 가르침으로써 민의 자발적 복종을 끌어낸다는 의미였다. 이 방향은 형벌에 기초한 처벌, 징치懲治 위주의 정치를 대신하여 교화의 정치를 실현해야 한다는 것과 맞닿아 있었다. 관내 백성들의 인심을 사로잡아 귀복시키는 정치는 곧 교화의 정치였다. 여기에서는 청송조차도 '엄명분嚴名分·후풍속厚風俗'에 도움이 되는 것이어야 한다고 할 정도로,[75] 교화를 강조하였다. 교화의 정치란, 민의 도덕성에 기초하여 도덕질서를 자발적으로 이끌어내는 것이었다.

둘째, 수령이 갖추고 실현해야 할 일을 '정기지도正己之道'와 '애인지의愛人之意'로 나누어 거론하였다. 『유읍재문』의 본론 격에 해당한다. 여기에서 담고 있는 내용은 수령이 '네 가지 힘써야 할 일', 그리고 수령

---

73) 『松江別集』 권1, 論邑宰文, "蓋聞爲政之本 風化是先 今欲因俗迪之於善 爲文諭告 俾興孝悌之行 厚族隣之恩 不幸有過 許之自新 若夫推此意而達之民 則令佐之責也 繼今邑民 以事至官 願不憚煩而諄曉之 感之以至誠 持之以悠久 必有油然而興起者 若民間有孝行純至 友愛著聞與夫叶和親族 賙濟鄕閭 爲衆所推者 請采訪以上 優加褒勸 至於聽訟之際 尤當以正名分厚風俗爲主 昔密學陳公襄爲仙居宰 敎民以父義母慈兄友弟恭 而人化服焉 古今之民 同一天性 豈有可行於昔 而不可行於今."

74) 이 내용은 『小學』 권5, 廣明倫篇에도 실려 있다. 효종대 李厚源이 『警民篇』을 再刊할 때, 이 내용 또한 부록으로 실었다(정호훈(2007), 「조선후기 ≪警民篇≫의 再刊과 그 敎育的 活用」『미래교육연구』 20-2).

75) 『松江別集』 권1, 論邑宰文, "至於聽訟之際 尤當以正名分厚風俗爲主."

정치에서 '제거해야 할 열 가지 해악'이다.[76] 앞의 네 가지는 수령이 제대로 된 수령직을 수행하기 위해 갖추어야할 덕목과 관련된 것이었다. 염廉, 인仁, 공公, 근勤 네 요소를 거론했다. 『유읍재문』에서는 이를 '정기지도'라 하였다. 뒤의 열 가지는 수령의 대민對民 정치를 내용으로 한다. 단옥斷獄, 청송聽訟, 수계囚繫[77], 용형用刑, 최세催稅, 취재取財, 추호追呼, 고알告訐, 종리하향縱吏下鄕, 매물買物 등의 문제를 다루고 있다. 『유읍재문』의 표현대로라면 '애인지의'와 연관된 것이었다.

한편, 『유읍재문』은 '힘써야 할 네 가지 일'과 '제거해야 할 열 가지 해악'을 거론하며 중간 중간에 부가 조항을 덧붙여 관련 내용을 보완하였다. 이때 부가한 내용은 진덕수가 장사와 천주의 지방관 시절에 공포했던 유문諭文, 그리고 정철이 파악한바 현재 조선의 군현 행정에서 드러나고 있는 여러 폐단[78]들이었다.

부가 조항을 덧붙이는 방식은 사안 사안마다 다른데, '힘써야 할 네가지 일'의 경우에는 각 조항마다 장사 시절의 글과 천주 시절의 글을 합쳐 문장을 구성했다.[79] 이어 마지막 네 번째 항목을 설명한 뒤 '천주유문泉州諭文 숭풍교조崇風敎條'를 붙였다. 그러니까 염, 인, 공, 근 네 덕목의 설명문은 두 지역 지사 시절 자료의 관련 내용을 하나로 편집한 것이다.

'제거해야 할 열 가지 해악'의 경우에는 좀 복잡하다. '참혹용형慘酷用

---

76) 조선에서는 이를 흔히 '四善十害'라고 표현했다.

77) 원문에는 '淹延囚擊'로 표기되어 있으나, '淹延囚繫'가 맞다.

78) 구체적으로는 강원도 관내에서 발견할 수 있는 폐단이라고 할 수 있다.

79) 이를테면 '廉'을 설명하는 전체 문장은 "凡明士大夫 萬分廉潔 止是小善 一點貪汚 便爲大惡 不廉之吏 如蒙不潔 雖有他美 莫能自贖 昔人有懷四知之畏 而却暮夜之金者 隱微之際 最爲顯著 聖賢之敎 謹獨是先 願力修氷蘗之規 各厲玉雪之操 使士民起敬 可珍可貴 孰有踰此"인데, 전반부의 "凡明士大夫 萬分廉潔 止是小善 一點貪汚 便爲大惡 不廉之吏 如蒙不潔 雖有他美 莫能自贖"는 「潭洲諭同官咨目」, 후반부의 "昔人有懷四知之畏 而却暮夜之金者 隱微之際 最爲顯著 聖賢之敎 謹獨是先 願力修氷蘗之規 各厲玉雪之操 使士民起敬 可珍可貴 孰有踰此"는 「諭州縣官僚」의 관련 항목이다.

刑'이 끝난 뒤에 천주 유문의 '청옥안지조淸獄狂之條', '과벌취재科罰取財'가 끝난 뒤에 천주 유문의 '평부세지조平賦稅之條', '저가매물低價買物'가 끝난 뒤에 천주 유문의 '금가요지조禁苛撓之條'를 덧붙였다. 그러므로 '제거해야 할 열 가지 해악'에는 새로운 내용이 3조항 더 부가되어 있는 셈이다. 이와 함께 『유읍재문』은 덧붙인 천주 유문의 '청옥안지조', 천주 유문의 '평부세지조', 천주 유문의 '금가요지조'마다 각기 시폐時弊에 대한 정철의 생각을 '절념竊念'이란 이름으로 덧붙였다. 이상의 내용을 표로 정리하면 다음과 같다.

이와 같이 『유읍재문』은 수령 정치는 교화를 근본으로 삼는다는 견지에서 출발, 이를 위해서 수령이 해야 할 일이 무엇인지를 구체화하는 형태를 취하고 있다. 글의 주된 내용은 후자에 집중되어 있다. 이제 이를 네 가지 힘쓸 일, 열 가지 제거해야 할 일 순으로 구체적으로 살피도록 하자.

<표 3> 정철의 『유읍재문』의 구성과 항목

구성	항목	비고
導論		
正己之道 : 네 가지 힘써야 할 일	①律己以廉 ②撫民以仁 ③存心以公 ④涖事以勤	
	附 : 泉州論文 崇風敎之條	泉州 知事 때의 글
愛人之意 : 열 가지 제거해야할 악	①斷獄不公 ②聽訟不審 ③淹延囚繫 ④慘酷用刑	
	附 : 泉州論文 淸獄狂之條	泉州 知事 때의 글
	附 : 竊念	현재 조선의 지방 정치의 폐단
	⑤重疊催稅 ⑥科罰取財	
	附 : 泉州論文 平賦稅之條	
	附 : 竊念 － 今弊	현재 조선의 지방 정치의 폐단
	⑦汎濫追呼 ⑧招引告訐 ⑨縱吏下鄕 ⑩低價買物	
	附 : 泉州論文 禁苛撓之條	
	附 : 竊念	현재 조선의 지방 정치의 폐단

네 가지 힘쓸 일은 '율기이렴律己以廉', '무민이인撫民以仁', '존심이공存心以公', '이사이근涖事以勤'으로 제시되었다. 수령의 정치에 갖추어야 할 덕성이 염, 인, 공, 근 네 가지 요소라는 내용이다. 이 네 덕목은 일상의 용어로 표현된 공직자의 태도, 마음가짐이라 할 것인데, 전통적인 관잠류官箴類에서 강조해왔던 덕목들이다.80) 그런 점에 이 생각은 관잠류, 목민서류가 지니는 전통을 잇는 것이라 하겠다. 그러나 그 구체적인 내용에서는 성리학의 언어로 설명하는 것을 볼 수 있다. 이 점이 이 자료가 갖는 개성이라 하겠다.81)

염은 자기를 규율함에 필요한 덕목으로, 탐오의 마음과 대비된다. 한 점이라도 탐오한 마음을 가지면 큰 악을 저지르게 된다고 하였다. 수령이 힘써 노력해야 할 것은 규칙을 지키고 깨끗한 행동을 하도록 하는 일이며, 이같이 할 경우 사민들은 그를 공경하게 된다고 했다.82)

인은 백성을 대함에 가져야 할 수령의 덕목을 집약한 것으로, 천지가 만물을 낳는 마음과 부모가 어린 아이를 보호하는 마음을 체득할 때 갖추어진다고 했다.83) 이는 달리, 수령이 민들에게 참각慘刻·분질忿疾의 마음을 갖지 않는 일이었다. 『유읍재문』에 의하면 이는 "자기가 하고 싶

---

80) 呂祖謙의 『舍人官箴』에는 "當官之法 惟有三事 曰淸 曰愼 曰勤 知此三者 則知所以持身矣(『呂東萊文集』 권10)"라고 하여 淸 … 愼 … 勤 세 요소를 들었다. 정도전이 善最法으로 들었던 항목은 公·明·廉·勤 네 항목이다. 주 4) 참조.

81) 『牧民心鑑』에는 謹始篇의 '立志節' 항목에서 志를 '廉·愼·公·勤' 네 가지로 거론하였다. 진덕수의 글에서 廉·仁·公·勤 네 가지를 거론하는 것과 비교하면 미묘한 차이가 있음을 보게 된다.

82) 『松江別集』 권1, 諭邑宰文, "凡明士大夫 萬分廉潔 止是小善 一點貪汚 便爲大惡 不廉之吏 如蒙不潔 雖有他美 莫能自贖 昔人有懷四知之畏 而却暮夜之金者 隱微之際 最爲顯著 聖賢之敎 謹獨是先 願力修氷蘗之規 各厲玉雪之操 使士民起敬 可珍可貴 孰有踰此."

83) 『松江別集』 권1, 諭邑宰文, "爲政者 當體天地生物之心與父母保赤子之心 有一毫之慘刻 非仁也 有一毫之忿疾 亦非仁也."

지 않은 일은 다른 사람에게 시키지 않는 서[恕; 己所不欲 勿施於人 名之日 恕]"의 차원에서 구현될 일이었다. 구체적으로 "자신이 편안히 거처하고 자 하면 백성들을 뒤흔드는 것은 부당하며, 자신이 풍족한 재물을 누리 고자 한다면 백성들에게 수탈하지 말아야 한다[己欲安居 則不當擾民 己欲豊 財 則不當浚民 故日己所不欲 勿施於人 其在聖門 名之日恕 强勉而行 可以致仁]"함이 었다.

공은 수령이 갖추고 보존해야할 마음의 덕목으로, 사의私意를 갖는 것과 대비되었다. 공에서 밝은 지혜가 나오며, 사의가 조금이라도 싹트 면 시비가 전도되고 이理에 맞추어 일을 하고자 해도 실현할 수 없다고 하였다. 그러므로 공을 지키는 것은 참으로 중요한 일이 되는데, 사가 공을 이기게 되는 것은 화뢰貨賂를 좇고, 희노에 몸을 맡기며, 친척을 당 여黨與로 삼고 호강豪强을 두려워하며 화복을 엿보고 이해를 계산하는데 서 생긴다고 하였다.[84]

한편, 『유읍재문』에서는 여기서 한걸음 더 나아가 공을 지키는 것은 '천리天理를 지키고 국법國法을 준수하는 일'이라고까지 하였다. 사에게 공이 지배당할 경우 끝내는 천리를 거스르고 국법을 어기는 일이 발생 한다는 것이었다.[85] 공과 사를 대비시키고, 천리와 국법에 맞추어 시비 를 가리고 경중을 따질 것을 강조하는 것을 볼 수 있다.

근은 수령의 정무 수행에 필요한 덕목으로, 정사를 부지런하게 돌보 아야 함을 주장하는 내용을 담고 있다. 이를테면 옛 성현들이 날이 저물 도록 먹지 않고 일하고 앉아서 아침을 기다린 것을 본받아야 한다고 했 다. 또, 수령이 오직 민사民事에만 힘을 쏟아야 정치가 균평해지고 송사

---

84) 『松江別集』 권1, 論邑宰文, "蓋徇貨賄則不能公 任喜怒則不能公 黨親戚畏 豪强 顧禍福計利害 則皆不能公."

85) 『松江別集』 권1, 論邑宰文, "然而人之情 每以私勝公者 蓋徇貨賄則不能公 任喜怒則不能公 黨親戚畏豪强 顧禍福計利害 則皆不能公 殊不思是非之不 可易者天理也 輕重之不可踰者國法也 以是爲非 以非爲是 則逆乎天理矣 以 輕爲重 以重爲輕 則違乎國法矣 居官臨民 而逆天理 違國法 於心安乎."

訟事가 제대로 처리되며 전리田里의 민들은 그 삶을 편안하게 할 수 있다고 하였다.[86]

4가지 조항 뒤에 붙인 '천주유문泉州論文 숭풍교崇風敎'는 수령이 갖추어야할 덕목의 성격과는 조금 구별된다. 두 가지가 거론되었다. 인도人道에서 무엇보다 앞서는 것은 효제이므로 효도를 장려하고 이를 어기는 경우가 있으면 항상 형벌을 가한다는 것,[87] 학교는 풍화風化의 으뜸이므로 학교 교육을 강화, 과거를 위한 공부 이외에 경서經書와 사서史書의 의리를 익히게 하고 세무世務를 밝혀야 한다는 것[88]이 그것이었다.

요컨대, 4가지 조항은 수령이 갖추어야할 덕목에 초점을 맞추어 작성되었으며, 전통적인 관잠류의 항목이되 성리학적인 언어로 그 의미를 설명하는 특성을 지니고 있었다.

수령 정치에서 제거해야할 열 가지 해악은 단옥불공, 청송불심, 엄연수계,[89] 참혹용형, 중첩최세, 과벌취재, 범람추호, 초인고알, 종리하향, 저가매물로 거론되었다. 모두 구체적인 업무 과정에서 나타날 수 있는 폐단들이었다. 이 가운데 단옥불공, 청송불심, 엄연수계, 참혹용형은 수령칠사의 '사송간詞訟簡' 혹은 수령의 사법권 행사와 관련된 내용이다. 옥사를 공정하게 처리하지 않는 것, 청송聽訟을 상세히 살피지 않는 것, 오랫동안 죄수를 감옥에 가두어 두는 일, 참혹하게 용형用刑하는 일 등을 해서는 안 된다고 하였다. 형벌의 경우, 형이란 하늘을 대신하여 죄

---

86) 『松江別集』권1, 諭邑宰文.
87) 『松江別集』권1, 諭邑宰文, "人道所先 莫知孝悌 編民中有孝悌尤異者 優加賞勸 或身居子職 有闕侍養 或父母在堂 別畜私財 或犯分凌忽 不顧長幼之倫 或因利忿爭 遽興骨肉之訟 凡若此者 皆有常刑."
88) 『松江別集』권1, 諭邑宰文, "學校風化之首 訪問諸縣 間有不以敎養爲意者 或雖住學 而未嘗供課 或雖供課 而所習不過擧業 凡此皆失國家育材待用之本意 請立課程 擧業之外 更課以經史 使之紬繹義理 講明世務 庶幾異時 爲有用之材."
89) 원문에는 '淹延囚擊'로 표기되어 있으나, '淹延囚繫'가 맞다.

지은 자를 벌하는 것이므로 수령의 개인적인 분노를 드러내어 사사로이 형벌을 가해서는 안 된다고 강조하는 것을 유의해서 보게 된다.[90]

한편, 참혹용형이 끝난 뒤에 부록한 '천주유문泉州論文 청옥안지조淸獄 奸之條'에서는 감옥이 민의 생명과 연결되어 있으므로 현의 수령[知縣者]이 직접 살펴 민들의 옥살이에 억울함이 생기지 않도록 하고 또 옥의 여러 폐단들을 제거해야 한다고 하였다.

이와 관련된 조선의 폐단에 대해서 정철은 작은 죄를 지었는데도 수 금하고 즉시 판결하지 않는 것, 혹 부세를 내지 않을 경우 '차지次知'라고 이름 하여 구속하는 것, 과객의 관절關節을 사용하였다고 하여 '칭념稱念' 이라고 하여 붙잡아 들이는 폐단을 적시하고, 판결과 석방을 신속히 하 여 감옥에 수금자囚禁者를 두지 않게 되면 능히 국법을 지킬 수 있을 뿐 만 아니라 음즐陰騭에게 적선積善하게 된다고 하였다.[91]

중첩최세, 과벌취재는 부세수취와 연관된 규정이다. 중첩重疊해서 부 세를 받아서는 안 되고, 비법적인 벌과금을 부과하여 재산을 취해서는 안 되며, 죄상을 확대하여 추후 계속 호출해서는 안 된다고 했다. 과벌 취재 조항 뒤에 붙인 '천주유문泉州論文 평부세지조平賦稅之條'에서는 백성 이 납부하는 세미稅米는 납세호納稅戶에서 스스로 계량하게 하고 조금이 라도 많이 거두어서는 안 되며 이서들의 농간을 막아야 한다고 했다.

정철은 이와 연관하여 감납監納 관리들의 규정 외 수세, 공납, 과외 징렴에 관한 문제를 거론하였다. 정철은 조선에서 통렬히 혁파해야 할

---

90) 『松江別集』 권1, 論邑宰文, "刑者 不獲己而用 人之體膚 卽己之體膚也 何忍 以慘酷加之乎 今爲吏者 好以喜怒用刑 甚者或以關節用刑 殊不思刑者國之 典 所以代天糾罪 豈令吏逞忿行私者乎 不可不誠."

91) 『松江別集』 권1, 論邑宰文, "竊念牢獄之間 死生所繫 而守令鮮加省念 囚繫 赤子 無異捕蠅 或囚以微罪 不卽辨決 或以催科未納 名曰次知 或用過客關 節 名曰稱念 追捕多端 彌滿淹滯 傷和召沴 職此之由 切宜矜惻 可辨者速放 可警者速決 元無罪名者 愼勿濫繫 使囹圄常淸 則非徒能守國法 亦積善陰隲 之一端也."

폐단으로 감납鑑納 관리官吏들이 1/30로 규정된 수세율보다 2-3배 더 징색
하는 것을 들고 법대로 수세하되 1두당 가식미加息米 3-4되[升]을 수납자輸
納者에게 주어 운송경비[路費]로 삼게 하면 폐단을 줄일 수 있다고 했다.[92]

공물에 대해 정철은 공납물 대신에 공납 가격으로 10배 100배씩 거두
어들이는 폐단을 주현州縣 차원에서 고치는 것은 쉽지 않지만, 반면 공
물을 담당하는 관리[貢物之使]가 사사로운 이익을 취하는 것은 수령이 분
명히 살펴 엄하게 금하도록 해야 한다고 했다.[93] 또, 공물가를 양정量定
하여 1결당 몇 되씩 내도록 하여 상사上司의 수요에 공상供上하도록 하고
또 영여贏餘를 조금 남겨 사리使吏들이 쓰는 경비로 이용하게 해야 한다
고 했다. 그리고 이 법이 이미 정해진 뒤에는 사리들로 하여금 민전民田
의 다과를 살펴 사창司倉의 곡식을 환상還上로 재록載錄하게 하고 가을
추수 후 사창司倉에 바치게 하면 공사 모두 편해질 것이라 하였다.[94]

또 수령이 일용의 자산으로 삼을 봉록俸祿이 없어 유명·무명으로 과
외 징렴하는 것을 면하지 못하게 되니, 무명의 징렴을 없애고 모곡耗穀
을 사용하며, 법으로 수납해야 할 곡식은 납세자로 하여금 스스로 헤아
리게 하여 이배吏輩들이 침탈하지 못하게 해야 한다고 하였다.[95] 환곡
운용 또한 개선해야 한다고 하였다.

범람추호는 범죄를 확대하여 함부로 민을 관부官府로 불러들이는 폐
단, 초인고알은 남의 비밀을 몰래 고자질하게 하여 범죄자를 적발하는
관행을 문제 삼는 조항이다. 종리하향은 민과 향리와의 관계를 다룬 내
용이다. 민에 대한 향리의 침탈을 경계하고 있다. 향리가 수령을 기만하
고 권력을 마음대로 행사하는 문제를 어떻게 처리할 것인가 하는 점보

---

92) 『松江別集』 권1, 諭邑宰文, "賦稅出於生民膏血 當奉公愛民 愼勿聚斂 以今
　　之弊言之 則國法稅甚輕收 有同三十稅一 而緣監納官吏多有徵索 遂致收以
　　三倍 或二倍 民力甚困 而國稅不加 此當痛革誅求之弊."
93) 『松江別集』 권1, 諭邑宰文.
94) 『松江別集』 권1, 諭邑宰文.
95) 『松江別集』 권1, 諭邑宰文.

다는 민과 향리와의 관계를 염두에 둔 조항이다.

저가매물은 관청에서의 민간 물품 구입과 관련된 것으로, 공정하게 제 값을 치루고 물품을 구매하라는 내용을 다루었다. 저가매물이 끝난 뒤에 붙인 '천주유문泉州論文 금가요지조禁苛撓之條'에서는 제색諸色 공리公吏들이 향촌으로 들어가 소요를 일으키는 폐단을 엄금하라고 하였다.

조선의 폐단에 대해 정철은 이서들이 민들을 괴롭히는 단서는 하나 둘이 아니므로 수령이 명찰 엄단해야 금절될 수 있다고 하였다.[96] 그러는 한편으로 수령이 이서들을 다스릴 수 있으려면 수령이 스스로 가요苛撓하지 않아야 이서들을 다스릴 수 있다고 하였다. 수령이 먼저 '정기격물正己格物'한 연후에야 이서들이 그를 두려워하고 백성들이 그의 은혜를 생각하게 된다 함이었다.[97] 이상의 내용을 정리하면 다음과 같다.

〈표 4〉『유읍재문』의 주요 내용

구성	항목	주요 내용	비고
導論		정치의 근본은 풍화에 있으나 수령의 正己와 愛人이 제대로 안되면 효과가 없음.	
正己之道： 네 가지 힘써야 할 일	律己以廉	貪汚의 마음을 없앨 것.	
	撫民以仁	민들에게 慘刻 忿疾의 일을 하지 않음.	
	存心以公	私意를 갖지 않음.	
	泣事以勤	오직 民事에만 힘씀.	
	附：泉州論文 崇風教之條	人道의 근본은 효도. 學校는 風化의 으뜸.	泉州論文
愛人之意： 10가지 제거해야할 악	斷獄不公	공정한 옥사 처리.	
	聽訟不審	치밀하고 공정한 송사 처리.	
	淹延囚繫	죄수의 빠른 석방.	

---

96)『松江別集』권1, 論邑宰文, "吏胥撓民 不止一端 邑宰明察嚴斷 然後可以禁絶 邑宰不明不嚴 則百怪競出."
97)『松江別集』권1, 論邑宰文, "但邑宰自不苛擾 然後可以御治吏胥矣 … 如此之類 皆爲苛擾 邑宰先絶此習 正己格物 然後吏畏民懷矣."

慘酷用刑	사사로운 용형 금지.	
附 : 泉州論文 淸獄犴之條	감옥 관리를 잘 할 것.	泉州論文
附 : 竊念	可辨者는 급히 석방하고 경고할 자는 속히 결행하며 원래 죄명이 없는 자는 구속하는 것을 신중히 하여 늘 감옥이 비어 있도록 하면 國法을 지키고 積善陰騭하게 됨.	조선의 행정 폐단
重疊催稅	중복해서 세금을 징수해서는 안 됨.	
科罰取財	벌과금으로 재산을 불려서는 안 됨.	
附 : 泉州論文 平賦稅之條	민이 납부하는 稅米를 過取해서는 안 된다.	泉州論文
附 : 竊念 -今弊	- 법대로 出稅하게 하되 1두당 食米 3, 4升을 주어 路費로 삼게 한다. - 貢物之使의 私利 추구를 明察 嚴禁할 것 - 수령의 과외 징렴을 금하고 환곡 운영을 제대로 할 것.	조선의 행정 폐단
汎濫追呼	백성들을 함부로 잡아 가두는 것을 금함.	
招引告訐	告訐의 관행을 없앨 것.	
縱吏下鄕	향리를 향촌에 보내지 않음.	
低價買物	공정 가격으로 물품 구매.	
附 : 泉州論文 禁苛撓之條	諸色 公吏들이 향촌으로 들어가 소요를 일으키는 폐단을 엄금.	
附 : 竊念	- 이서의 폐단을 수령이 明察하여 엄금 - 수령의 正己格物이 필요함.	조선의 행정 폐단

　이상 살핀 대로, 「유읍재문」은 장사와 천주에서 진덕수가 관원과 민간인을 대상으로 공표하고 실행한 유문論文, 그리고 조선 현실에서의 여러 폐단에 대한 정철의 생각 이 세 가지 요소를 바탕으로 구성되었다. 정철은 진덕수의 생각과 조선의 지방 행정에서 나타나는 폐단을 두루 섞어 지방 수령들이 염두에 두어야 할 사항들을 정리하여 제시했던 것이다. 『유읍재문』은 그 성격상, 선화宣化의 책임을 맡은 감사가 예하 수령들에게 내려 보낸 행정 지침서이면서 동시에 송대宋代 성리학性理學의

지방정치론을 근간으로 하여 조선의 지방관들이 유의해야 할 내용은 담아낸 목민 자료였다.

이 자료는 조선 초기 이미 조선사회에서 주목받았으나 그다지 중시되지 못하던 진덕수의 생각을 다시 불러내어 거기에 새로운 생명력을 부여한 성과였다. 진덕수의 글을 바탕으로 하면서도 조선의 구체적인 시폐時弊를 담음으로써, 성리학의 사유가 현실의 이념으로 작동하도록 하게 하는 요소가 이 자료에는 들어 있었다. 이 책자는 또한 유희춘의 『치현수지』에 비해 수령의 자기 규율, 수령의 도덕성을 성리학적 논리에 입각하여 보다 강조하는 특징을 지니고 있었다. 조선의 현실을 담아내는 측면에서 본다면 『치현수지』에 조금 뒤떨어졌지만, 수령의 도덕성을 성리학과 연관하여 강조하는 것은 큰 강점이었다. 말하자면, 『유읍재문』은 앞선 시기 조선에서 출현했던 여러 목민 자료에 비하면 내용상 여러 차원에서 변화 성장한 면이 있었다. 그런 점에서 이 책자는 조선사회에서 전개되었던 한 세기의 시간 변화를 나름대로 적절히 반영하고 있었다고도 할 수 있을 것이다.

이 점은 정철의 『유읍재문』을 정철 개인 차원에서 살필 것이 아니라, 정철을 둘러싸고 있었던 정치·사상적 상황과 연관하여 이해할 필요가 있음을 의미한다. 이와 관련하여 필자는 다음 두 가지 측면에서 질문을 하고자 한다. 하나는 정철이 『유읍재문』의 실제 작성자인가? 또 하나는 『유읍재문』은 정철이 속해있던 경기·황해 지역 서인의 학문 사상, 구체적으로는 서인의 핵심 이론가였던 율곡栗谷 이이李珥와 어떤 맥락에서 연결되는가? 몇 자료를 통해 그 답을 유추해볼 수 있겠다.

우선, 약포藥圃 이해수李海壽가 1581년 2월에 작성한 글을 보면, 이이가 『유읍재문』과 유사한 책자를 만들었다는 기록이 나온다. 곧, 이해수가 강원도 감사직을 제수 받은 뒤 당시 황해도 석담石潭에 살던 이이를 찾아 갔는데, 이이가 진덕수의 글 두 편을 합치고 또 시폐에 대한 자신의 생각을 덧붙여 하나의 책자로 만든 뒤 그에게 주어 참고하도록 했다는

것이다.[98]

한편, 이해수의 생애를 다룬 『연보』에 따르면 이해수는 여기에 자신의 발문跋文을 붙이고 간행하여 주군州郡에 보급했다고 한다.[99] 이때가 1580년이었다.[100] 이해수는 이 책의 의미를 "승선承宣의 책무는 비록 방

---

98) 이이와 이해수는 관료 생활을 같이 했으며, 정칙적으로 같은 서인으로 상호 절친하게 지냈다. 1566년(명종 21), 두 사람은 동시에 병조좌랑에 임명되어 같은 일을 보기도 했고(『明宗實錄』 권32, 21年 2月 15日 丁丑) 1567년에는 賜暇讀書를 같이 했다. 이때 도의의 친교를 맺었다고 한다(『藥圃遺藁』 藥圃先生年譜, "穆宗皇帝隆慶元年丁卯春 賜暇讀書湖堂 先生與月汀柏潭松江 栗谷高峯白麓諸賢 定爲道義之交 情義甚篤").

99) 이 생각을 실제 행했는지는 확인되지 않는다. 간행된 실물 자료를 현재는 확인할 수 없다. 다만, 선조 18년에 간행된 『故事撮要』에는 순천부에서 『諭邑宰文』을 소장하고 있다는 기사가 나온다(김치우(2007), 『고사촬요 책판 목록과 그 수록 간본연구』, 아세아문화사, 219면). 강원도가 아닌 전라도의 순천 지역에 이 책이 소장되어 있는 것으로 본다면, 이해수가 간행한 책일 가능성이 높다.

100) 이에 대해서는 두 종류의 기록이 있는데 내용이 차이가 난다. 『藥圃遺稿』의 연보 기록에서는 이해수가 이이와 의논하여 책자를 만들어 간행했다고 했고(『藥圃遺稿』, 藥圃先生年譜, "八年庚辰 以兵曹參議 出爲黃海監司 是時 栗谷先生退居海州石潭 先生到界 乃詣石潭 講論迪民敦化之道 遂取西山眞氏治長沙泉州時 論宰諭俗之文 輯編爲一通 係之以跋文 開局印出 頒布列邑 以爲承宣敎養 牖民成俗之本 人謂先生之平生心上經綸 得展於一方云爾"), 이해수가 작성한 「眞西山諭宰文跋」에서는 이이가 작성해서 이해수에게 주었다고 한다(『藥圃遺藁』 권6, 「眞西山諭宰文跋」, "余以菲才 叨受方岳重寄 惟負乘致寇是懼 夙夜瞿瞿 思效職分之萬一 顧玆西海一路 去王畿不遠 而民頑俗囂 聲敎未盡曁 急先之務 惟在倣古迪民 以敦風化 而才微責鉅 茫然若大水之無津 李栗谷叔獻 時在石潭 一日 謂余曰 眞西山先生在長沙及泉州 有諭宰諭俗之文 辭備義明 眞爲吏牖民之要訣也 盍寫一通 布于列邑 以爲宣化之一助乎 余樂聞之 起拜而請益 栗谷於是取二文 輯編爲一 刪煩去複 彙成次序 間以己意 陳說今獒 以足其義 其所筆削而敷演者 非獨述之而已也 余取而三復焉 則古人治己治人之法 愛民成俗之方 不一而足 郡邑之獒瘝 閭里之怨咨 昭然若耳聞而目見 此實作宰者一準的也 而觀風者尤不可略也 古人爲民之血誠 蓋可想見 而栗谷之公心誠意 亦足尙已 余無似固不足言此 然道無古今 善無彼此 寧得僭踰之罪 而不可掩人之美 玆用開局 印出若干件

백方伯에게 더 중하게 주어졌다 할지라도 교의敎養의 실제는 오직 수령에게 달려 있다."[101]의 차원에서 이해하며, 이 책에는 옛 사람들의 '치기치인治己治人'의 법, '애민성속愛民成俗'의 법이 제대로 갖추어져 있고, 군읍郡邑의 폐막弊瘼, 여리閭里의 원자怨咨가 눈으로 보듯 귀에 들리듯 훤하여 이 책이 수령의 준적準的이 된다고 감탄하였다.[102]

여기에 언급된 내용에 따른다면 이이가 만든 책자의 구성은 정철의 『유읍재문』의 구조와 매우 유사하다. 그런데 이 글에서 이해수는 정철에 대해서는 일체 언급하지 않고 있으며 이이에게서 받은 자료도 그와 이이 두 사람이 만난 그 자리에서 만들어진 것이라고 했다. 한편 이 자료를 작성한 해는 1580년이었다. 이는 정철이 강원도 감사로 있으면서 『유읍재문』을 군현에 공포한 그 해이다.[103]

다음, 1591년 7월에 성혼이 작성, 경기도 감사 이수준李壽俊[104]에게 준 편지에 의하면, 『유읍재문』과 비슷한 형태의 글을 이이와 정철 두 사람이 의논하여 정리, 1권의 책자로 만들어 두었던 사실이 있었던 것을 알 수 있다. 곧, "서산西山 진덕수가 민간을 깨우치고 읍재邑宰를 깨우친 글

廣布于州郡 以永其傳 此亦若已有 與人同之意也"). 이해수의 기록을 믿어야 할 것으로 보인다.

101) 『藥圃遺稾』 권6, 「眞西山諭宰文跋」, "承宣之責 雖重乎方伯 而敎養之實 惟在於守令."

102) 『藥圃遺稾』 권6, 「眞西山諭宰文跋」, "余取而三復焉 則古人治己治人之法 愛民成俗之方 不一而足 郡邑之弊瘼 閭里之怨咨 昭然若耳聞而目見 此實作宰者一準的也."

103) 조헌이 1586년에 올린 상소문에도 이 내용이 나온다. 조헌은 "이이가 海西에 있을 때 眞西山이 지은 『政經』에서 수령으로서 마땅히 해야 될 조목을 뽑아내어 그곳 方伯 李海壽와 함께 강론하여 시험하였고, 대사헌이 되었을 때에는 『정경』을 표본으로 戒書를 만들었는데 고금의 제도를 참작하고 쉽게 행할 수 있게 하여 팔도에 나누어 주어 깨우치게 했다"고 하였다(『宣祖修正實錄』 권20, 19년 10월 1일 임술).

104) 李壽俊(1559~1607)은 자가 台徵, 호는 龍溪·志範齋이고, 본관은 全義이다. 淸江 李齊臣의 아들이며, 成渾의 문인이다. 지방관을 주로 역임했다.

을 율곡이 송강과 함께 요점을 뽑아 간행하면서 지금 시속의 민간의 고통을 아울러 부록하여 합해서 한 질帙을 만들었다"는 것이다. 만약 이 글의 내용 그대로라면, 정철의 『유읍재문』은 그 혼자만의 작품이 아니었다.

이상의 여러 자료를 두고 보면 내용상 상충되는 측면이 있다. 하지만 이들 자료는 정철 혼자서 『유읍재문』을 만든 것이 아닐 가능성을 강하게 제기하고 있다. 적어도 이이가 먼저 만들었거나 아니면 이이와 정철이 서로 의견을 주고받는 가운데 같이 만들었을 가능성이 크다.[105] 어찌되었던, 중요한 것은 1580년 무렵에 진덕수의 『정경』의 글을 중시하고 이를 조선의 지방 행정에 활용하려던 움직임이 16세기 후반, 이이를 중심으로 하는 경기·황해 지역 사림들 사이에서 나타났다는 점이다.

이는 1575년 조헌이 상소하여 『동몽수지童蒙須知』와 함께 이 책을 간행하자고 정부에 요청하던 데서도 확인할 수 있다. 조헌은 백성을 기르는데 『정경』과 같은 책이 없다고 하고 "1본本은 중앙에 두고 그 나머지는 책 첫 면에 어보御寶를 찍고 아울러 경계하는 말을 써서 8도의 대읍大邑에 반포"하라고 하였다.[106]

이런 맥락에서 살핀다면, 『유읍재문』은 『정경』을 매개로 주자학의 사상을 지방 수령의 정치 이론 혹은 정치 지침으로서 구체화한 성과였다. 지방의 세세한 사정을 속속들이 파악하고 반영하지 못하는 한계를 지녔지만, 이 책자에는 수령이 위정자로서 갖추어야할 덕목과 개혁해야 할 지방 정치의 폐단이 개략적으로 정리되어 있었다. 그것은 이이가 『성학집요聖學輯要』를 통하여 군주君主 성학聖學을 정리, 국가의 수장인 군주의 정치론을 제시한 것에 대응하는, 군현 단위의 정치 수장의 정치론을 제시한 것이라고도 할 수 있을 것이다. 이 책자는 17세기 이후 조선에 나

---

105) 이이와 정철은 평소 친분이 두터웠다. 두 사람의 친분은 『松江續集』 권2, 栗谷祭文에서 확인할 수 있다.
106) 『宣祖實錄』 권9, 8年 3月 16日 乙卯.

타나 발전하게 되는 목민서, 그리고 목민학의 한 선하先河였다.

4. 맺음말

15~16세기 조선에서 목민학이 발전하는 양상은 크게 세 단계로 정리할 수 있다. 첫 단계는 15세기, 중국의 목민서류를 들여와 간행한 뒤 활용하던 시기이다. 송, 원, 명대에 만들어진『목민충고』,『사사십해』,『목민심감』 등이 이때 주목된 서책들인데, 그중에서도 명대에 만들어진『목민심감』의 영향력이 가장 컸다. 이 시기의 목민서는 어느 것이나 조선의 현실 사정은 반영하고 있지 않았다. 그럼에도 수기와 치인의 온전한 성취를 지향하는 성리학적 원리에 따라 군현을 다스려야 한다는 방향성은 뚜렷하게 제시하고 있었다.

두 번째 단계는 16세기 중반, 유희춘의『치현수지』를 작성하던 때이다. 필자의 지방 수령 경험이 실려 있는 이 책자는 수기와 치인의 구조를 견지하며 내용을 구성하는 가운데 조선의 현실을 적극적으로 담아내려고 했다. '수령칠사'와 연관되는 내용들이 간단하면서도 요령 있게 여러 편장篇章 속에 녹아 있는 것을 확인할 수 있다. 이는『목민심감』에 대비되는 모습이었다. 유희춘이 '기묘사림'의 일원인 김안국金安國의 학통을 잇고 주자학의 학습에 깊은 관심을 기울였던 인물인 점으로 미루어 본다면, 이 책은 주자학에 기초해서 조선 사회의 운영방안을 적극 모색하던 이 시기 양반 사대부 일각의 노력이 수령의 지방정치론과 연관하여 응결된 것이라 평가할 수 있다.

세 번째 단계는 16세기 후반, 정철이『유읍재문』을 만들어 군현에 유포하는 단계이다. 정철의『유읍재문』은 송대 학자 진덕수의 글을 저본으로 하되 조선의 군현에서 발견할 수 있는 여러 폐단을 덧붙여 만들어졌다. 수령의 수기와 관련된 내용을 성리학·주자학의 언어로 보다 강렬하게 제시하는 한편으로 치인의 영역에서 풀어가야 할 폐단을 구체적이

되 골자만 추려 제시한 특성을 갖는다. 이 책자는 조선의 현실을 반영하면서도『치현수지』와 달리 진덕수의 발언, 중국 주자학자의 정치론에 적극적으로 의지하는 특성을 보인다.

한편, 이러한 정철의『유읍재문』은 그 자신만의 문제의식으로 만들어진 것이 아니라 실상은 이이를 중심으로 하는 이 시기 경기·황해 지역 서인들의 학문적 배경 위에서 출현한 것이었다. 1580년 무렵, 이이가『유읍재문』과 비슷한 구조의 책자를 만들어 동료들과 공유하고 있었음을 확인할 수 있다.[107)]

이와 같이 15~16세기 목민서가 출현하고 변화하는 양상은 형태상으로 본다면, 중국의 목민서를 활용하던 단계에서, 조선의 현실에 맞추어 목민서를 새롭게 만들거나, 중국과 조선의 목민서 경험을 절충하는 양상으로 변화하였다. 내용의 측면에서는, 수령이 공직자로서 갖추어야 할 기본 태도와 자세를 수기와 치인의 원리에 기초하여 제시하면서도 뒤시기로 갈수록 주자학의 논리에 보다 충실해지는 모습을 보여주었다. 전체적으로 보아, 조선의 지방 현실을 고려하고 수령의 역할을 주자학적으로 강조하는 변화가 두드러지게 일어났다고 할 것이다.

목민서에서 나타나는 이러한 변화는 이 시기 조선의 여러 부면에서 일어나던 변동을 반영하며 이루어진 것으로 보인다. 우선은, 집권체제의 강화를 염두에 들 수 있다. 수조권收租權 분급제分給制의 폐기, 토호土豪로 대표되는 토착의 지방 세력에 대한 통제 강화와 같은 현상이 이 시기에 진행되었던 것에서 볼 수 있듯, 이 시기 정치체제는 전반적으로 집권성을 강화하는 방향으로 움직이는 추세를 보였다. 군주를 대신하여 지방을 다스리는 수령에게 정치적 책무가 강조되고, 그와 연관하여 그들의

---

107) 이이의『聖學輯要』·『小學集註』·『擊蒙要訣』저술,『政經』을 활용한 목민서 편집은 일관된 맥락 위에서 이루어진 일이었다. 그리고 이 사실에 대한 보다 폭넓은 해석은 16세기 후반의 조선의 정치사상계의 움직임과 연관하여 이루어져야 할 것이다.

정치론이 마련되는 것은 필연이었다. 수령에게 수기와 치인의 논리로 수령의 역할을 강조하는 목민서의 출현은, 군주성학론을 강조하며 군주의 책무를 강조하는 흐름과 일치되어 있었다.

둘째, 주자학의 사회적 역할의 강화 현상이다. 15세기와 16세기 사회는 주자학을 활용하는 방식, 그리고 활용의 수준에서 차이를 보였다. 16세기로 올수록 주자학의 이념과 정치성이 더 강화되게 되는데, 그것은 조선사회에서 주자학의 필요성이 더 한층 고조되고 있었던 것과 관련이 있다. 집권성을 강화하는 방향으로 움직이는 현실에서, 이기론理氣論에 기초하여 통일적 정치를 구현할 수 있는 이론을 갖추고 있던 주자학은, 강화된 체제의 운용과 관련된 다양한 논리를 제공할 여지를 지니고 있었다. 목민서가 본격 발달하는 것은 그러한 활용의 한 양상이었다.

셋째, 『유읍재문』에서 볼 수 있듯, 이이와 서인들이 16세기 후반 사회에서 지방의 수령에게 필요한 이념 방책을 적극 모색하고 있었던 것은 이들의 학문적 성향, 정치적 지향을 잘 보여주는 것이라 할 수 있다. 『유읍재문』은 『정경』을 매개로 주자학의 사상을 지방 수령의 정치이론 혹은 정치 지침으로서 구체화한 성과였다. 이 책자에는 수령이 위정자로서 갖추어야할 덕목과 개혁해야 할 지방 정치의 폐단이 강력한 언어로 정리되어 있었다. 이것은 이이가 『성학집요』를 통하여 군주 성학을 정리, 국가의 수장인 군주의 정치론을 제시한 것에 대응하는, 군현 단위 정치 수장의 정치론을 구체화한 것이라고 할 수 있을 것이다. 그 의미는 군현제적 정치질서의 주요한 구성 요소인 군주와 지방 수령에 대해 각각의 직분에 맞는 정치론을 명확하게 하는 한편, 근본적으로 군현제를 운영함에 필요한 통일적 성격의 정치론을 구축하고자 하는 노력으로 파악된다. 그리고, 이러한 형태의 작업은 같은 시기의 남인들 혹은 북인들에게서는 찾아볼 수 없는, 서인들만의 개성이었다. 17세기 이후, 서인들의 정국 운영도 이러한 개성과 연관되어 있을 것이다.

18세기 '목민서'와 지방통치
-『목민고』를 중심으로 -

김용흠 | 연세대학교 국학연구원 HK연구교수

1. 머리말

조선후기, 특히 18~19세기에는 다양한 종류의 목민서가 출현하였다.[1] 이것은 우리나라만 그런 것이 아니라 중국도 마찬가지였다. 중국 역시 명·청대, 그중에서도 특히 청대에 조선의 목민서와 유사한 책의 편찬이 집중되어 있다.[2] 이것은 이 시기가 집권적 봉건국가의 성격에 큰 변화가 있었음을 보여주는 징표일 수도 있다.[3] 잘 알려진 것처럼 목민서는 수령의 지방통치를 위한 지침서로서의 성격을 갖는 것이므로, 이처럼 다양한 목민서의 출현을 통해서 이 시기의 사회변동에 대한 정부·지배

---

1) 조선후기 목민서에 대해서 다음 논고가 참고된다. 金英珠(1982), 「耳溪 洪良浩의 牧民思想－『牧民大方』을 중심으로」 『淑大史論』 11·12; 安秉直(1985), 「牧民心書考異」 『丁茶山研究의 現況』, 民音社; 鄭奭鍾(1997), 「『牧民心書』分析」 『韓國 古代·中世의 支配體制와 農民』, 金容燮教授停年紀念 韓國史學論叢 2, 지식산업사; 沈載祐(1998), 「조선후기 牧民書의 편찬과 守令의 刑政運營」 『奎章閣』 21; 원재린(2006), 「順菴 安鼎福의 '牧民'觀－『臨官政要』 「政語」 분석을 중심으로」 『韓國思想史學』 26; 임형택(2007), 「목민심서(牧民心書)의 이해－다산 정치학과 관련하여」 『韓國實學研究』 13; 원재린(2008), 「순암 안정복의 鄕政方略－『臨官政要』 「時措」 분석을 중심으로」 『大同文化研究』 64; 김선경(2010), 「조선후기 목민학의 계보와 『목민심서』」 『朝鮮時代史學報』 52. 목민서에 대한 자료 해제는 內藤吉之助(1942), 「牧民篇解說」 『朝鮮民政資料 牧民篇』(이하 『민정자료』로 줄임); 金仙卿(1986), 「『朝鮮民政資料叢書』 해제」 『朝鮮民政資料叢書』, 驪江出版社 등이 있다.

2) 임형택(2007), 앞의 글 참조.

3) 집권적 봉건국가의 개념과 특징에 대해서는 다음 논고가 참고된다. 李炳熙(1997), 「中世封建社會論」 『韓國史 認識과 歷史理論』, 金容燮教授停年紀念 韓國史學論叢 1, 지식산업사; 南智大(1997), 「集權官僚制論」, 『韓國史 認識과 歷史理論』, 金容燮教授停年紀念 韓國史學論叢 1, 지식산업사; 김용흠(2010), 「한국 중세 국가 연구의 방향과 사회인문학」 『東方學志』 150, 연세대 국학연구원.

층의 대응 방안을 엿볼 수 있다.

조선후기에 편찬된 다양한 목민서는 19세기 초 정약용丁若鏞의『목민
심서牧民心書』로 종합되었다고 볼 수 있는데, 여기에는 크게 두 가지 유
형의 목민서가 결합되어 있다. 하나는 중국의 사례를 크게 참고한『선각
先覺』으로 대표되는 유형이고, 다른 하나는 여기서 검토하고자 하는『목
민고牧民攷』인데, 이것은 철저히 조선의 현실에 바탕을 두고 편찬되었다.
『선각』이 중국 명대『목민심감牧民心鑑』의 영향을 크게 받은 것이라면,『
목민고』는 이로부터 벗어나서 조선의 현실 그 자체를 중심으로 편찬되
었다는 점에서 차이가 있었다.4) 이러한 차이에 유의하여 필자가 파악한
조선후기 대표적 목민서를 분류해 보면 아래 〈표 1〉과 같다. 물론『목민
고』에도 중국의 역사적 사례가 아주 없는 것은 아니고,『선각』역시 조
선의 현실을 무시한 것은 아니었다. 그렇지만『선각』류에는 중국 사례
가 내용상 큰 비중을 차지하고 있는 것에 비해 그것이 현저하게 축소된
『목민고』류는 그 계통을 달리한 것으로 보고자 한다. 정약용의『목민심
서』는 이 두 계통의 목민서를 종합했다는 점에서 조선후기 목민서의 결
정판으로 간주할 수 있다.5)

---

4) 『牧民心鑑』에 대해서는 다음 논저를 참조. 金成俊(1990),『牧民心鑑 研究』,
　　高大 民族文化研究所 出版部.
5) 『先覺』은 上·下 2권으로 되어 있는데, 상권은『목민심감』을 변용한 것이
　　고, 하권은『목민고』류와 유사한 내용을 포함하고 있다. 이에 대해서는 김
　　선경(2010), 앞의 글, 164~166면 참조. 김선경은 이 시기 목민서를 '선각류',
　　'목민고류', '기타 단독 저술'로 분류하였는데(김선경, 위의 글, 172면), 본고
　　에서는 그 내용에서 '중국 사례'와 '조선의 현실'이 차지하는 비중을 중심으
　　로 크게 '선각'류와 '목민고'류로 분류하였다. 정약용의『목민심서』는 이 양
　　대 조류를 종합한 목민서의 결정판이지만, 내용상 중국 사례 역시 중요한
　　비중을 차지하고 있으므로 선각류에 포함시켰다. 이러한 두 부류 목민서의
　　내용상 차이는 결국 남인 실학과 소론 실학의 차이를 가늠하는 성격을 가
　　질 것으로 보이는데, 이에 대해서는 별도의 논고가 필요하다고 생각된다.

〈표 1〉 조선후기 목민서 분류

『牧民攷』류		『先覺』류	
治郡要訣	18세기 전반	臨官政要	1757년
牧民攷 1	18세기 중엽	牧民大方	1792년
牧民攷 2	18세기 후반	先覺	1794년 경
四政考	1800년 경	七事問答	18세기 말
居官大要	19세기 전반	三到	1808년 경
牧綱	19세기 중반	牧民心書	1818년

『목민고』에는 장서각본(B12FB11, 이하『목민고1』로 줄임)과 규장각본(古 5120-172, 이하『목민고2』로 줄임)의 두 가지 대표적 이본異本이 존재하는데, 이 둘 사이에는 편찬 시기의 선후 관계가 뚜렷하여 『목민고』의 변천 과정을 살필 수 있다. 또한『목민고』는 이광좌李光佐(1674~1740) · 조현명趙顯命(1690~1752)과 같은 영조대 대표적인 소론少論 탕평론자蕩平論者가 그 편찬에 관여되어 있다. 따라서 이를 통해서 소론 탕평론자들의 국가 구상의 일단을 엿볼 수 있다. 잘 알려진 것처럼 탕평론은 숙종대 박세채朴世采 · 최석정崔錫鼎 등에 의해 제출되었는데, 이는 당시 조선왕조 국가가 처한 대내외적 위기로부터 벗어나기 위해 새로운 정책과 제도를 모색하고 이를 정치의 중심 문제로 끌어들이려는 관인官人 · 유자儒者 일각의 노력의 산물이었다.[6] 이광좌 등은 이를 계승하여 영조대 중앙정치에서 각종 제도와 법령의 개혁을 주장하면서 노론老論 반탕평론자反蕩平論者들과 대립하고 있었는데, 이들이『목민고』류와 같은 목민서 편찬에 적극적이었다는 사실이 주목된다. 본고에서는『목민고』의 내용과 그 변천을 통해서 18세기 변화하고 있는 현실 속에서 수령의 지방통치 지침에서 드러난 소론 탕평파의 국가 구상의 일단을 살펴보고자 한다.

---

6) 김용흠(2008), 「南溪 朴世采의 變通論과 皇極蕩平論」『東方學志』 143; (2009), 「숙종대 소론 변통론의 계통과 탕평－明谷 崔錫鼎을 중심으로」『韓國思想史學』32

2. 『목민고』의 편찬과 탕평책

1) 『목민고』의 편찬과 변천

　　우선 이 책의 출발점이 된 것은 규장각 소장의 『치군요결治郡要訣』(규
12357)이다. 『치군요결』은 내등길지조內藤吉之助에 의해 조선의 목민서 가
운데 가장 오래된 것으로 평가받았다.[7] 이 책 안에는 이광좌가 한지韓祉
(1675~?)와 박사한朴師漢(1677~?)을 위해서 지은 것이라고 명시된 부분이 있
으며, 한지의 아들인 한덕일韓德一(1708~?)이 이천부사로 있을 때 누군가에
게 보낸 편지 「利川府使韓戚之書」가 맨 끝에 붙어있다. 『목민고1』에는 여
기에 조현명이 그 조카 조재건趙載健(1697~1733)에게 보내는 편지(「거
관지도居官之道」를 덧붙이고 마지막으로 작자 미상의 「호은당난행결好隱
堂難行訣」이 실려 있다. 『목민고1』의 전체 목차를 『민정자료』 및 『목민심
서』와 비교하여 작성한 것이 다음 〈표 2〉이다.[8]

　　아직까지는 『목민고1』의 출발점이 된 『치군요결』의 편자와 편찬 시
기는 알 수 없다. 숙종 24(1698년)에 편찬된 『수교집록受敎輯錄』의 이름이
보이고, 「이정절목里定節目」이 들어있어서 숙종 말년인 18세기 초보다 빠
를 수는 없다. 『목민고1』 안에 보이는 이광좌의 기록과 이어서 붙여진
조현명의 편지는 모두 18세기 전반의 것들이다. 이광좌가 한지를 위해
지어 준 것은 한지가 감사일 때인데, 한지는 1718년 충청감사, 1720년 전
라감사, 1727년 의주부윤을 각각 역임하였으므로 1718~27년 사이의 일이
다. 이광좌가 박사한에게 편지를 보낸 것은 박사한이 봉화 현감일 때라
고 하였으므로, 1722~24년의 일이다.[9] 조현명의 조카인 조재건은 1733년

---

　7) 內藤吉之助(1942), 앞의 책, 16면 참조.
　8) 內藤吉之助가 본 『牧民攷』는 여기의 『목민고2』를 가리킨다. 그는 『목민고1
　　』은 보지 못한 것 같다. 그리고 『治郡要訣』과 『목민고2』는 내용상 차이가
　　있음을 알고 있었지만 『목민고2』는 『治郡要訣』의 대조본으로만 사용하고
　　수록하지 않았다고 밝히고 있다(위의 책, 18면).

〈표 2〉『목민고1』과 『민정자료』 차례 비교

목민고 1	朝鮮民政資料에 보이는 『治郡要訣』10)	牧民心書11)
居官大要, 未到任前雜細事宜, 到任後事, 民訴, 傳令, 臨下, 謹守公穀, 考察文書下記, 定排朔, 定式例, 賓旅之供, 興學校, 正風俗, 勸農桑, 武備, 火藥改擣法, 治盜法, 治盜節目, 考籍案, 作邑摠, 鄕薦差法, 留意解由, 獄修理	治郡要訣	治縣訣
糶糴法, 嚴守庫直, 先整斗斛升合, 以附近作統法, 定日分給, 還上還捧法, 軍政, 里定節目, 閑丁勿侵式, 里定報草, 軍布收捧法, **禁松作契節目**,12) 田政, 傳令, 單子規式	政要一	
田政法, 家坐法, 缶甬**法**, **爲政之要**	政要二13)	政要
治郡要法	治郡要法	
政要, 自治, 得人, 飭勵, 治民, *教民*, *鍊武*, 良役, 田政, 糶政	政要三14)	雲谷政要
政要, 坐衙, 訴牒, **待吏卒**, 田政, 軍政, 糶政	政要四15)	
利川府使韓咸之書	利川府使韓咸之書16)	없음
居官之道17)	없음	
好隱堂難行訣	없음	

에 죽었으므로,18) 조현명이 보낸 편지는 이때를 넘지 못한다.

---

9) 『承政院日記』 경종 2년 4월 3일 丁巳; 경종 4년 5월 17일 己未

10) 〈표 2〉에 제시된 『민정자료』 내용은 규장각본 『治郡要訣』과 완전히 일치한다. 이 자료는 「治郡要訣」에서 「利川府使韓咸之書」에 이르는 내용을 필사하고, 맨 앞의 「治郡要訣」을 편의상 제목으로 삼은 것 같다. 본고에서는 이 두 가지를 각각 『治郡要訣』과 『治郡要訣』로 구분하여 표기하고, 정약용이 「治縣訣」이라는 제목으로 인용한 「治郡要訣」과 「政要一」을 합하여 『치군요결』로 표기하여, 『목민고1』과 그 편찬 시기를 구분하여 접근해 보고자 한다.

　　한덕일이 이천부사로 있었던 것은 1759~60년 사이의 일이었다.[19] 그런데 『목민고1』을 보고 후대에 정리하여 편찬된 것으로 생각되는 『목민고2』에는 영조 31(1755)년에 반포된 「을해감척시사목乙亥減尺時事目」이 있는데, 『목민고1』에는 이것이 빠져 있다. 따라서 한덕일의 편지를 예외로 한다면 전체적인 내용은 1750년을 넘지 못한다고 보는 것이 합리적이다. 「호은당난행결」은 맨 끝에 '4촌'이라는 표현이 있는 것으로 보아서 이광좌가 그와 이종사촌 사이인 박사한에게 지어 준 것일 가능성이 높다. 그렇다면 이것 역시 이광좌가 죽은 1740년 이전의 일이 된다. 그렇지만 한덕일의 편지를 포함한 『목민고1』의 편찬 시기는 분명히 한덕일이 이천부사로 부임한 1759년 이후의 일일 텐데 정확한 시기에 대해서는 더

---

11) 『牧民心書』에 반영된 『목민고1』의 내용에 대해서는 內藤吉之助(1942), 앞의 책, 15쪽 참조.

12) 이하 짙은 글씨로 표기한 부분은 『목민고2』에서 삭제된 부분이다.

13) 『목민고1』과 『민정자료』 모두 '以下李庶尹所錄'이라고 밝혀져 있는데, '李庶尹'이 누구인지는 불명이나 李光佐일 가능성이 많다. 이광좌는 1715년에 漢城府 右尹에 임명된 적이 있고, 1721년에는 漢城府 左尹을 지냈다. 「行狀」 『雲谷實紀』 권16, 15 · 18쪽 참조.

14) 『민정자료』에는 '李雲谷, 爲韓監司作'이라고 이광좌가 韓祉에게 보낸 편지임이 명시되어 있다.

15) 『민정자료』에는 '朴師漢宰奉化時, 李雲谷作此以贈之'라고 이광좌가 박사한에게 보낸 편지임이 명시되어 있는데, 이때는 박사한이 奉化縣監이라고 하였다. 그런데 『목민고1』에는 '朴師漢宰禮安時, 李光佐作此以贈之'라고 '禮安縣監'이라 하여 차이가 난다. 박사한은 경종 2년 4월 3일~경종 4년 5월 17일 봉화현감, 영조 16년 3월 25일~7월 24일까지 예안현감을 역임하였다(해당 일자의 『承政院日記』 참조). 이광좌가 영조 16년 5월 26일에 죽었으므로 봉화현감 때라고 보는 것이 보다 타당하다고 생각된다.

16) 韓祉의 아들인 韓德一이 누군가에게 보내는 편지이다.

17) 趙顯命이 그 조카인 趙載健에게 보낸 편지로 구성되어 있다. 『목민고2』에는 이 편지가 항목별로 분산되어 실려 있다.

18) 『歸鹿集』 권14, 「用元墓表」[民族文化推進會 편, 『韓國文集叢刊』 212책 522쪽 나면(이하 '총간 212-522나'로 줄임)]

19) 『承政院日記』 영조 35년 7월 2일 庚戌; 영조 36년 11월 19일 己未.

이상 알 수 없다. 여기서는 『목민고1』의 편찬 시기를 일단 18세기 중엽으로 비정하고자 한다. 그리고 정약용이 『치현결治縣訣』이라는 제목으로 인용한 『민정자료』의 「치군요결」과 「정요1」은 이것보다 앞선다고 보고 그 시기를 편의상 18세기 전반으로 비정하고 이 두 자료를 합하여 『치군요결』로 표기하고자 한다.

아래 〈표 3〉은 『목민고2』의 목차를 따라서 『목민고1』의 내용을 재배치해 본 것이다. 『목민고2』는 『목민고1』과 내용상 중복되는 곳이 많지만 한덕일의 편지와 「호은당난행결」이 없고, 이광좌 편지에서는 편지투의 표현이 삭제되고 그 내용이 객관화되어 실려 있으며, 조현명의 편지는 관계되는 항목에 나뉘어서 실려 있어서 완전히 다른 자료임을 알 수 있다. 『목민고1』 가운데 『목민고2』에서 삭제된 항목은 다음과 같다.

　　禁松作契節目, 鹻箭法, 爲政之要, 治郡要法, 政要, 鍊武, 待吏卒, 利
　　川府使韓咸之書, 居官之道, 好隱堂難行訣(위 〈표 2〉에서 짙은 글씨로
　　표기하였다)

〈표 3〉 『목민고』 이본 내용 비교

목민고 2	목민고 1	목민고 2 추가 문단	인용서적 또는 인물
居官大要	居官大要, 居官之道	+4	『宋子大全』, 『明齋遺稿』
自治	自治(정요3), 居官之道	+20	『明齋遺稿』, 『退陶言行錄』, 『歸鹿集』, 俞棨
嚴內外	居官之道		『明齋遺稿』
得人心			
除拜	未到前雜細事宜(3)	+8	
中路	未到前雜細事宜(1)	+11	
到任			
坐衙	到任後事(2), 坐衙	+4	
聽訟	民訴, 居官之道 訴牒(정요4)	+26	宋時烈
傳令	傳令	+5	

臨下	臨下, 居官之道	+20	李滉, 趙顯命, 朴文秀
鄉所	鄉薦差法	+5	
得人	得人, 飭勵(정요4)	+1	
文報	考察文書下記	+3	
考察下記文書	定排朔, 定式例, 賓旅之供, 作邑摠	+2	
官廳	居官之道	+대부분	崔奎瑞
謹守公穀	謹守公穀		
糶糴法	嚴守庫直, 糴政(정요4)	+2	
先整斗斛升合	先整斗斛升合		
以附近作統法	(以附近作統法)		
定日分給	定日分給		
分糴			
分給科式			
還上還捧法	還上還捧法	+16	
治民	治民	2(대체)	李滉 사례
正風俗	正風俗	+3	
勸農桑	勸農桑	-1	
考案籍	考案籍		
家座法	家座法		
五家統事目			
興學校	興學校		『警民篇』, 栗谷 鄉約
小學講節目			
居齋節目			
武備	武備		
火藥改擣法	火藥改擣法	+5	
束伍	里定節目, 鍊武		
軍布收捧法	軍布收捧法	+3	
里定節目	里定節目, 閑丁勿侵式		
里定報草	里定報草, 良役(정요1), 軍政(정요4)	+4	목민고1의 편지 생략
良役變通節目	軍政(정요4)		
寺奴婢弊端			
乙亥減尺時事目			
治盜法	治盜法		
治盜節目	治盜節目	+1	
田政	田政		
傳令	傳令		

單子規式	單子規式, 田政法		
作結法	田政法		
養戶之弊	田政法		
單子規式	田政(정요3)		
折給之法	田政(정요3)		
田政又一法	田政(정요4)		
虛卜	田政(정요4)		
結卜移來移去之弊			
復戶			
田政			
査括漏結法			
踏驗定式			
獄政	獄修理, 居官之道	+8	
刑杖	居官之道	+7	
上司	居官之道	+9	
別星秩	居官之道	+7	宋時烈, 李滉
節用	居官之道	+9	尹拯, 李滉, 趙顯命
賑政			尹拯
解由	留意解由	+2	
刑獄			『朝鮮王朝實錄』
私酬應	居官之道	+10	尹拯
생략	禁松作契節目		『臨官政要』
생략	政要		
생략	敎民		
생략	鍊武		
생략	待吏卒		
생략	利川府使韓咸之書		
생략	好隱堂難行訣		
생략	蛄蒂法		『牧綱』
생략	爲政之要		
생략	治郡要法		

두 『목민고』는 이외에도 다음과 같은 차이점이 있었다. 첫째, 『목민
고2』에서는 송시열宋時烈과 윤증尹拯 및 이황李滉 편지가 추가되어 있다
는 점이다. 『목민고1』이 이광좌와 조현명의 편지만을 싣고 있는 것과 대
조된다. 이것은 『목민고2』의 편찬자가 소론이라는 당색을 넘어서 노론·

남인에 속하는 수령들도 이 목민서를 이용하여 지방 통치에 임할 수 있
는 길을 열어놓으려는 의도로 보인다. 즉 탕평책의 취지를 보다 충실하
게 반영하고 있다고 볼 수 있다.

둘째, 『목민고2』에 내용이 새롭게 설정된 항목은 다음과 같다.

> 得人心, 到任, 分糶, 分給科式, 五家統事目, 小學講節目, 居齋節目,
> 寺奴婢弊端, 乙亥減尺時事目, 結卜移來移去之弊, 復戶, 田政, 査括隱結
> 法, 踏驗定式, 賑政, 刑獄(아래 〈표 3〉에서 짙은 글씨로 표기하였다)

우선 환자의 분급에 관한 「분조分糶」 항목이 새로 설치되고 「환상환
봉법還上還捧法」 항목이 『목민고1』에 비해 16문단이나 늘어났다. 전정田政
에서는 「결복이래이거지폐結卜移來移去之弊」, 「복호復戶」, 「사괄은결법査括
隱結法」, 「답험정식踏驗定式」 등이 추가되었고, 군정軍政에서는 「오가통사
목五家統事目」과 「양역변통절목良役變通節目」이 추가되었다. 이는 『목민고2
』가 『목민고1』에 비해 전정·군정·환곡 운영에 대한 통제를 보다 강화
하려 하였음을 분명히 볼 수 있다. 즉 국가의 집권력을 강화하려는 의도
가 보다 강하게 반영되어 있다는 것이다.

셋째, 그 밖에 새로 만들어졌거나 그 내용이 늘어난 항목을 살펴보
면, 조현명의 편지인 「거관지도居官之道」를 이용하여 「형장刑杖」, 「상
사上司」, 「별성질別星秩」, 「절용節用」, 「사수응私酬應」 항목이 새로 마련되
었으며, 「거관지도」의 내용을 포함한 『목민고1』의 「민소民訴」, 「소첩訴牒」
을 확대시켜서 「청송聽訟」 항목이 새로 만들어져서 내용상 그 분량이 대
폭 늘어났다. 이것은 「형옥」 항목이 새로 설정된 것과 함께 수령의 형정
운영을 비롯한 전반적인 실무 역량을 보다 강화하려는 의도로 보인다.

넷째, 「자치自治」와 「임하臨下」 항목의 내용 역시 대폭 증가되었다. 이
것은 『목민고2』의 편찬자가 『목민고1』의 내용이 수령의 수신修身 부분에
서 취약하다고 보았음을 알 수 있다.[20]

『목민고1』은 이광좌와 조현명의 편지를 그대로 수록한 것에서 드러나듯이 아직 보편적으로 사용할 수 있는 일반적인 지침서 역할을 하기에는 부족하였다. 아마도 이러한 문제의식을 갖고 『목민고1』의 내용을 개편한 것이 『목민고2』였던 것으로 생각된다. 『목민고1』이 18세기 중엽이라면 『목민고2』는 일단 18세기 후반으로 비정해 두고자 한다. 어쨌든 『치군요결』에서 『목민고1』, 『목민고2』로 발전하여 간 것은 분명하며, 이것은 결국 정약용의 『목민심서』에도 그 내용이 반영되기에 이른다.[21] 즉 『목민고』는 이와 같은 목민서 발전의 흐름 가운데 18세기를 대표하는 목민서의 한 유형이라고 간주할 수 있을 것이다. 그 발전의 방향은 수령의 실무 역량을 강화하여 국가의 집권력을 강화시키려는 것에 있음을 볼 수 있다.

2) 『목민고』 편찬자와 탕평책

『목민고』의 성격을 규명하는데 관건이 되는 인물은 이광좌, 한지, 박사한, 조현명 등이다. 이광좌는 백사白沙 이항복李恒福(1556~1618)의 현손이며, 어머니는 구당久堂 박장원朴長遠(1612~1671)의 딸이다. 박사한은 박장원의 손자이므로 이광좌와 박사한은 이종 4촌 사이가 된다.[22] 영조대 활동한 유명한 암행어사 박문수朴文秀(1691~1756)는 박사한의 형 박항한朴恒漢의 아들이다.

이광좌는 1694년(숙종 20)에 별시 문과에 장원 급제하여 삼사와 이조의 낭관과 같은 청현직에서 주로 활동하였으며, 1705년 상주목사尙州牧使를

---

20) 내용에 대한 자세한 분석은 2장 3절 참조.
21) 정약용이 『목민심서』에서 『治郡要訣』을 활용한 것에 대해서는 內藤吉之助 (1942), 앞의 책, 15면 참조. 그런데 그는 『목민고1』을 보지 못하였으므로, 이처럼 목민서가 변화되어 간 것을 인식하지 못하였다.
22) 『明齋遺稿』 권42, 「吏曹判書久堂朴公神道碑銘」(총간 136-392다).

비롯하여, 1708년 전라도 관찰사, 1713년 함경도 관찰사 등 지방관도 두루 역임하였다.23) 그는 1694년 갑술환국 이후 소론 탕평파와 정치적 입장을 같이 하였으며,24) 경종대에는 노론에 맞서 경종 보호를 주장하면서 연잉군(뒤의 영조)의 대리 청정에 반대하였다. 그러나 김일경金一鏡 등 소론 강경파와도 거리를 두면서 탕평파의 입장을 견지하였다.25) 그리하여 영조 즉위 후 영의정이 되어 탕평책을 추진하였으며, 1728년 소론과 남인 급진파가 일으킨 무신란戊申亂에도 불구하고 영조의 신임을 받았다. 그러나 그의 탕평 노선은 노론 강경파의 집요한 공격의 대상이 되었으며, 결국 1740년 노론이 주도하는 삼사의 탄핵과 모함을 받고 울분 끝에 죽고 말았다.26) 그리고 1755년 나주괘서사건羅州掛書事件으로 소론 강경파의 대부분이 역적으로 처형될 때 관작마저 추탈되었으며, 이후 정조 초까지 관작의 복작과 추탈을 반복하였다.27)

이광좌는 영조 앞에서 스스로 최석정의 아들인 최창대崔昌大와 한태동韓泰東의 아들인 한지韓祉와 가장 절친하다고 자처할 정도로 이들과 친교가 깊었다.28) 최석정과 한태동은 조지겸趙持謙·박태보朴泰輔 등과 함께 숙종 전반에 훈척勳戚에 맞서 청론淸論을 주도하여, 김익훈金益勳 등 훈척을 비호한 송시열 등과 갈라서서 서인西人이 노론과 소론으로 분당될 때 소론을 대표하는 인물이었다.29) 한지는 숙종 말년과 경종 초에 자

---

23) 『雲谷實紀』 권16, 「行狀」.

24) 갑술환국 직후 소론 탕평파의 정치적 입장에 대해서는 김용흠(2000), 「朝鮮後期 肅宗代 老·少論 대립의 論理-甲戌換局 직후를 중심으로」 『韓國史의 構造와 展開』, 河炫綱敎授定年紀念論叢, 혜안 참조.

25) 김용흠(2001), 「肅宗代 後半의 政治 爭點과 少論의 內紛-'己巳 義理'와 관련하여」 『東方學志』 111.

26) 『雲谷實紀』 권2, 「年譜」, 26~27면.

27) 李熙煥(2000), 「李光佐의 정치 활동과 老·少論의 대립」 『朝鮮時代史學報』 14.

28) 『英祖實錄』 권16, 영조 4년 戊申 3월 5일 乙卯.

29) 洪順敏(1986), 「肅宗初期의 政治構造와 '換局'」 『韓國史論』 15, 서울대 국사

신의 부친인 한태동을 옹호하는 상소를 올렸다.[30] 즉 이광좌와 한지는 서인이 노·소론으로 분당될 때 소론 청론과 이들이 주장한 탕평론을 계승 발전시킨 인물로 볼 수 있다.

조현명 역시 소론 명문가 출신으로서 소론 탕평파와 정치적 입장을 같이 하였다. 그는 1719년 증광 문과에 급제한 뒤 역시 삼사에서 활동하였으며, 영조 즉위 후 용강현령을 거쳐서 경상도와 전라도 관찰사 등 지방관을 두루 역임하였다. 그는 이광좌보다도 더 완화된 탕평론을 주장하였는데, 그의 탕평론은 영조의 적극적인 지지를 받아서 1740년 우의정, 1750년 영의정으로 현달하였다. 그러나 그 역시 노론 강경파의 탄핵을 받고 물러나지 않을 수 없었다.[31]

이처럼 『목민고』와 관련된 주요 인물들은 모두 소론 탕평파라는 공통점이 있다. 따라서 이 책의 편찬과 탕평론·탕평책과는 밀접한 관련이 있다고 보지 않을 수 없다. 숙종대 전반 박세채가 공식적으로 제기하여 최석정 등 소론 청론의 지지를 받은 탕평론은 단순히 당색을 조제보합하는 정국운영론의 차원을 넘어서, 당시의 조선 봉건국가를 유지 발전시키기 위해서는 양반과 지주의 전횡과 특권을 일정하게 제한하지 않을 수 없다는 인식에 그 바탕을 두고 대동大同과 균역均役 등을 원칙으로 하는 제도의 변통과 개혁을 구현하기 위한 정치론이었다. 이것은 당시의 심화되고 있던 봉건사회의 모순을 국가 주도의 집권력 강화를 통해서 해소해 보고자하는 일군의 관인·유자들의 입장을 반영한 것이었으며, 이러한 관인·유자들의 체제 개혁론은 이른바 '조선후기 실학'으로 발전

학과; 李熙煥(1995), 『朝鮮後期黨爭研究』, 國學資料院, 58~66면.

30) 『肅宗實錄』 권62, 숙종 44년 戊戌 8월 19일 乙未; 『景宗實錄』 권1, 경종 즉위년 庚子 8월 30일 甲子.

31) 鄭萬祚(1986a), 「歸鹿 趙顯命 研究」 『韓國學論叢』 8, 국민대 한국학연구소; 金亨姿(1997), 「朝鮮後期 趙顯命의 政治·經濟思想」 『實學思想研究』 9, 毋岳實學會; 李根浩(2009), 「趙顯命의 現實認識과 國政運營論」 『韓國思想史學』 32.

하였다.[32)

이광좌와 조현명은 모두 당시의 국가적 위기를 타개하기 위해서는 대대적인 제도의 개혁이 절실하다고 보았다. 그런데 숙종대 이래 당쟁이 격화되어 이러한 제도 개혁 추진에 걸림돌이 되는 정치 현실을 타개하기 위해서는 탕평책 추진 역시 필수 불가결하다고 여겼다.[33) 그렇지만 두 사람은 영조대 전반의 정국에서 약간 그 입장을 달리하였다. 그 핵심은 경종대 신축년辛丑年 환국換局과 임인년壬寅年 옥사에 관련된 노론 당인들에 대한 입장 차이에 있었다. 이광좌가 노론 4대신에 대한 엄격한 처벌을 주장하였다면, 조현명은 분등설分等說을 제기하여 그 처벌을 완화시킬 것을 주장하였다.[34) 이러한 정치적 입장 차이는 양역변통 문제에서도 드러났다. 영조대 조정에서 양역변통 문제를 가장 강력하게 제기한 것은 이광좌였는데,[35) 그는 균역법과 같은 타협적 방안은 반대하였다.[36) 이에 비해 조현명은 감필론減疋論과 결포론結布論을 주장하면서 균역법 추진의 주역이 되었다.[37)

그러나 조현명은 분등설을 노론 4대신에게만 적용한 것이 아니라 경종대 소론 대신들에 대해서도 적용하면서 이광좌는 단연코 역逆이 아니

---

32) 김용흠(2009), 「조선후기 정치와 실학」『다산과 현대』2, 연세대 강진다산실학연구원.

33) 영조대 탕평책에 대해서는 다음 논고가 참고된다. 鄭萬祚(1983), 「英祖代 初半의 蕩平策과 蕩平派의 活動」『震檀學報』56; 崔完基(1983), 「英祖朝 蕩平策의 贊反論 檢討」『震檀學報』56; 朴光用(1984), 「蕩平論과 政局의 變化」『韓國史論』10, 서울대 국사학과; 鄭萬祚(1986b), 「英祖代 中半의 政局과 蕩平策의 再定立」『歷史學報』111; 朴光用(1994), 『朝鮮後期 '蕩平' 研究』, 서울대 박사논문; 朴光用(1997), 「영조대 탕평정국과 왕정체제의 정비」『한국사』32, 국사편찬위원회.

34) 鄭萬祚(1986a), 앞의 글.

35) 鄭萬祚(1997), 「양역변통론의 추이」『한국사』32, 국사편찬위원회, 154면.

36) 崔誠桓(2009), 『正祖代 蕩平政局의 君臣義理 연구』, 서울대학교 박사학위논문, 25면.

37) 金亨姿(1997), 앞의 글.

라고 옹호하였고,[38] 이광좌와 마찬가지로 이정법里定法의 중요성을 강조하였다.[39] 그리고 이른바 소론 준론峻論으로 분류되는 정제두鄭齊斗, 유수원柳壽垣 등의 개혁론을 긍정하고, 특히 유수원의 관제개혁론을 조정에서 적극 주장하여 관철시킨 것을[40] 보면, 당시의 국가적 위기를 타개하기 위해서는 대대적인 체제 개혁이 필요하다는 것을 인정하였다는 점에서 이광좌 등과 기본 입장을 같이 하였다고 보아도 무리가 없을 것이다. 또한 이광좌와 조현명은 그러한 체제 개혁이 중앙정치 차원에서 제도적으로 달성되더라도 지방관이 그것을 어떻게 집행하느냐에 따라서 그 성패가 결정된다는 점에 깊이 유의하였던 것으로 생각된다. 이것이 바로 이들이 지방관의 통치 지침에 해당되는 목민서에 주목한 이유였던 것이다.

『목민고』는 바로 이러한 특징을 반영하여 지방관이 지역의 토착 토호 세력인 양반 지주와 향리들의 권력 남용과 전횡을 배제하고 국가의 통치 방침을 지역 사회에 구현하는 방안들을 세밀하게 제시하고 있다. 수령직 임명으로부터 시작하여, 도임과 그 직후의 일상적인 업무의 지침은 물론이고, 전정田政, 군정軍政, 환곡還穀 등 조세 징수와 관련된 세세한 규정, 그리고 이서들을 부리는 방안과 향촌 교화 및 수령 자신의 정신 수양에 이르기까지 다양한 내용이 망라되어 있다.

3. 『목민고』의 변천과 지방통치

앞서 『치군요결』을 18세기 전반, 『목민고1』을 18세기 중엽, 그리고 『목민고2』를 18세기 후반으로 각각 그 편찬 시기를 비정하여 보았는데 여기서는 그 내용을 시기별 차이에 유의하여 검토해보고자 한다. 이 세 가지

---

38) 金亨姿(1997), 위의 글, 47면.

39) 『歸鹿集』권13,「與載健書」(총간 212-495라),"軍丁則里代定之法寂妙."

40) 金亨姿(1997), 앞의 글, 54~57면; 李根浩(2009), 앞의 글, 342~345면.

의 목민서는 그 편찬 시기의 차이가 아무리 크게 보아도 30년을 넘지 않을 것인데, 그럼에도 불구하고 그 내용에 차이가 있다는 것은 18세기 사회변동을 반영한 것으로 보지 않을 수 없다.

1) 『치군요결』단계 : 국가체제 정비와 목민서 편찬

우선 세 목민서에 공통적으로 보이는 맨 앞의 「거관대요居官大要」는 이 시기 수령에 의한 지방통치의 중요성을 설파하고, 수령이 스스로를 다스리기 위한 학습 방법을 제시하고 있다. 즉 수령의 역할이 임금과 그 근심을 나누는 책임을 지니고 있으며, 백성과 사직이 의존하는 존재임을 강조하였다.[41] 그리고 수령이 '마음에 항상 두려움을 간직하고 함부로 방자하지 않게 된다면 정치가 제대로 될 것'이라면서 그 요체로서 의리와 법, 관장官長, 그리고 소민小民을 두려워해야 한다고 지적하여 국가의 집권성을 강화하여 소민을 보호하는 것이 수령의 책무임을 설파하였다.[42]

『치군요결』에는 수령에 임명된 직후부터 수령직을 떠날 때까지 주의해야 할 일들이 포괄되어 있다. 「미도임전잡세사의未到任前雜細事宜」가 수령에 임명된 직후에서 부임하기 전까지의 일이라면, 「도임후사到任後事」와 「전령傳令」은 도임 직후에 할 일을 적어 두었고, 「유의해유留意解由」는 수령직을 떠날 때를 미리 대비하라는 내용이다. 그리고 수령직을 수행함에 있어 기록을 매우 강조하고 있음도 볼 수 있다. 대동미大同米 및 환재還上와 같은 여러 가지 공고公庫 곡물穀物 관련 문서인 도록치부책都錄置簿冊, 방하치부책放下置簿冊, 분결치부책分給置簿冊은 물론,[43] 호적戶籍과

---

41) 『민정자료』,「治郡要訣」, 3~4면.

42) 『민정자료』, 4면, "其要則畏義也, 畏法也, 畏官長也, 畏小民也. 心常存畏, 無或自肆, 其於爲政, 庶乎其可也."

43) 『민정자료』,「治郡要訣」,「謹守公穀」, 15면.

각종 문안의 관리를 강조하고,[44] 전정과 관련한 전안대장田案大帳 및 각
년의 행심책行審冊 등을 마련하고 있는 것,[45] 환곡과 관련하여 원수성책
願受成冊과 장건기長件記를 만들어 두라고 한 것[46] 등이 그것이다. 이들
문서들에 대해서는 따로 항목을 설정하여 엄격하게 관리할 것을 강조하
고 있다.[47] 심지어는 각 면의 자세한 지명을 적은 서책을 책상 위에 비
치해 두고 그 거리를 적어 둔 뒤, 민의 소장이 있으면 그 사람의 이름을
리里 아래 적어두라고까지 말하고 있다.[48] 도임 직후 읍의 지도를 만들
어서 집무실 벽에 붙여놓으라고 한 것도 같은 의도로 보인다.[49]

또한 수령칠사와 유사한 항목도 눈에 띈다.[50] 「권농상勸農桑」, 「흥학
교興學校」가 그것이다. 수령칠사 가운데 '사송간詞訟簡'은 「민소」 항목,
'간활식奸猾息'은 「임하」 항목의 대원칙으로 간주할 수 있다. 또한 「무비
武備」·「화약개도법火藥改搗法」 항목은 '군정수軍政修'에 해당되고, '호구증
戶口增'과 '부역균賦役均'은 「정요1」의 대원칙으로 간주할 수 있다. 그러나
『치군요결』에는 수령칠사로 포괄되지 않는 항목이 훨씬 많다는 점을 통
해서 이 시기가 조선전기와는 비교할 수 없을 정도로 사회변동이 격심
하게 진행되고 있음을 짐작할 수 있다.

「민소」 항목에서 이를 구체적으로 살필 수 있다. '소민이 양반의 침
학을 받았다'는 것은 조선시대 전 시기에 일어난 일이겠지만 '양반이 완

---

44) 『민정자료』, 「治郡要訣」, 「考案籍」, 28면.

45) 『민정자료』, 「정요1」, 「田政」, 52면.

46) 『민정자료』, 「정요1」, 「糶糴法」, 36면.

47) 『민정자료』, 「治郡要訣」, 「考察文書下記」, 16면. 수령의 지방통치에서 기록
   의 중요성을 보여주는 최근의 연구로서 李仙喜(2009), 「조선후기 영남지방
   지방관의 행정소통 체계와 조정방식」, 『嶺南學』 16 참조.

48) 『민정자료』, 「治郡要訣」, 「民訴」, 9면.

49) 『민정자료』, 「治郡要訣」, 「到任後事」, 5면.

50) 守令七事는 農桑盛, 學校興, 詞訟簡, 奸猾息, 軍政修, 戶口增, 賦役均이다.
   이와 관련된 논고는 金成俊(1990), 「朝鮮守令七事와 『牧民心鑑』」『牧民心鑑
   研究』, 高大 民族文化研究所 出版部 참조.

민頑民에게 욕을 당했다'는 것은 이 시기의 새로운 현상이었다. 노비와 토지 등 재산에 관한 소장 역시 늘 있는 일이겠지만 노비 추쇄 관련 소장은 이 시기의 빈번한 노비 도망과 관련되어 있을 것이다. 또한 '농사철에 본주가 경작을 못하게 한다'는 소장은 지주·소작인 간의 다툼이 격화된 것을 반영한 것이며, 물을 둘러싼 다툼으로 인한 소장 등 역시 이앙법이 확대·보급된 현실에서 나온 것이다. 「민소」 항목에서는 이러한 소장에 대한 '제사題辭'를 미리 제시해 두고 있는데, 이는 이러한 일이 매우 광범위하게 발생하고 있는 현실을 말해준다고 볼 수 있다. 또한 '백성들의 소장에는 맹랑한 것이 많다'는 지적은 이 시기 계급·계층 간의 갈등이 격화되어 민소民訴가 남발되는 현실을 지적한 말로 이해된다.

주목되는 것은 수령이 이러한 첩소牒訴에 묻혀 지내는 것은 '말무末務'라는 지적이다.[51] 민의 고통과 즐거움은 긴요하지 않은 소장을 잘 처리하는 여부에 달려 있는 것이 아니라 신역身役과 전역田役·요역徭役을 잘 처리하는 것이 관건이라고 강조한다. 여기서는 이것을 '대절목大節目'이라고 표현하였는데, 그 방향은 호강과 간리의 농간을 명석하게 밝혀서 타파하는 것에 있었다.[52] 『치군요결』에서는 「임하」 항목에서도 이 '대절목'을 강조하였다. 이서를 다스릴 때는 엄격해야 되고, 명령이 수령에게서만 나와야 하지만 그것보다 근본적인 것이 바로 군정·전정·환곡 등에서 대절목을 만들어 두는 것이라는 지적이다.[53]

이서를 다스리는 요령으로서 더욱 주목되는 것은 이서와 향회鄕會 사이에 상호 견제하는 구조를 제시한 것이다. '모든 이서는 이방吏房과 호장戶長으로 하여금 영솔하게 한다'는 원칙을 세우고, '이들 수리首吏들로 하여금 검찰하게' 하지만, 이 두 수리에 대해서는 또한 향청鄕廳에서 규찰하게 한 것이 그것이다.[54] 또한 면 단위의 면임面任인 존위尊位와 풍헌

---

51) 『민정자료』, 「治郡要訣」, 「民訴」, 7면, "爲宰者, 埋頭牒訴, 卽是末務."
52) 『민정자료』, 「治郡要訣」, 「民訴」, 8~9면.
53) 『민정자료』, 「治郡要訣」, 「臨下」, 13면.

風憲·약정約正, 그리고 심지어는 리里 단위의 두두인頭頭人들을 통해서
관속官屬이나 면주인面主人을 감시하게 할 것을 말하고도 있다. 그리고
향임鄕任을 차출할 때 향청에 일임하지 말고 수령이 향청의 추천을 받아
서 직접 선정하게 하였다.[55] 이러한 수령의 이서와 향임 통제는 이 시기
에 재지 사족의 향촌 통제권이 약화되고 수령권이 강화되어 가는 현실
을 반영한 것으로서 주목된다.[56]

이제 이른바 '대절목'인 전정·군정·환곡에 대해서 살펴볼 차례이다.
먼저 환곡과 관련하여 주목되는 것은 통 단위로 운영할 것을 강조한 점
이다. 환곡의 폐단을 바로잡는 방법은 부근附近에서 '통을 만드는 것'[作
統]만큼 좋은 것이 없다[57]고 지적한 것이 그것으로서, 통을 만들 때는 리
나 면 단위가 아니라 반드시 촌락 단위로 10가 또는 30~50가를 헤아려서
한 통으로 삼으라고 하였다.[58] 그리고 통마다 토지가 있고 오래 살았으
며 기력이 있어 능히 통을 통솔할 수 있는 사람을 한 명 뽑아서 통수統首
로 삼되, 양반은 절대 통수로 삼지 말고 중인中人이나 상한常漢을 써서
조적糶糴을 전담하게 하라고 하였다. 환곡 분급에 대해서는 ①면 촌에
먼저 분급한 후 가까운 촌에 분급한다, ②검찰하는 군교軍校의 무리를 정
하여 소란스러움과 잡인雜人 및 투절偸竊을 금한다, ③상례喪禮와 장례葬
禮를 제외하고는 별환別還을 일체 막는다, ④올해 환자를 갚지 못한 사람
은 초출抄出하여 알려주고, 다음 해 환자 분급대상에서 제외한다[59] 등의

---

54) 『민정자료』, 「治郡要訣」, 「臨下」, 13면.

55) 『민정자료』, 「治郡要訣」, 「鄕薦差任」, 28~29면.

56) 이해준(2000), 「'관 주도' 지방지배의 심층화」, 한국역사연구회 조선시기 사
    회사 연구반, 『조선은 지방을 어떻게 지배했는가』, 아카넷; 吳永敎
    (2001), 『朝鮮後期 鄕村支配政策 硏究』, 혜안.

57) 『민정자료』, 「정요1」, 「糶糴法」, 34면.

58) 이것은 조선후기에 법제화된 五家作統制와 형태는 다르지만 그 기본 원리
    는 통한다고 볼 수 있다. 吳永敎(2001), 앞의 책, 257~260면 참조.

59) 『민정자료』, 「정요1」, 「定日分給」, 37~39면.

원칙을 제시하였다. 그리고 환곡 회수와 관련해서는 ①받아들이는 날짜
는 면 단위로 하지 말고 각 촌을 교차로 받아들인다, ②통 내에서 곡해을
만들어 납부하게 한다, ③총액 영수증[都尺刈]은 환곡을 회수하는 대로 바
로 내어준다[60] 등의 원칙을 제시하였다.[61]

　　군정과 관련된 항목은 「이정절목里定節目」, 「한정물침식閑丁勿侵式」, 「
이정보초里定報草」, 「군포수봉법軍布收捧法」 등인데, 그 핵심은 이정법里定
法을 엄격하게 시행하는 것에 놓여 있었다.[62] 이정법은 분명히 농업생산
력 발전에 따른 자연촌의 성장을 기반으로 새로운 면리편제가 이루어지
면서 나온 것이었지만 단순히 양역 부과의 기능을 촌락에 맡겨서 양역
운영상의 폐단을 줄여보고자 한 것으로만 볼 수는 없다. 당시에는 양역
의 폐단을 극복하기 위해 호포戶布 · 구전口錢 · 유포遊布 · 결포結布 등 양
역변통론良役變通論이 논의되었지만 별다른 결론을 내지 못하고 있는 상
태에서,[63] 이광좌 등 소론 탕평파의 일각에서　적극 추진한 것이 바로
이정법이었다.[64]

　　이정법이란 인징隣徵과 족징族徵과 같은 양역에서의 고질적인 폐단을
극복하기 위해 리 단위에서 한정閑丁을 정확하게 파악하여 사망자 · 도망
자 · 노제자老除者를 대정代定하게 한 제도이다. 이를 위해서 「이정절목」
에서는 리 단위의 철저한 남정男丁 파악, 호적戶籍 · 물고입안物故立案은

---

60) 『민정자료』, 「정요1」, 「還上還捧法」, 39~40면.

61) 이 시기 환곡 운영과 관련해서는 다음 논고가 참고된다. 梁晋碩(1989,
　　 「18 · 19세기 還穀에 관한 연구」『韓國史論』 21, 서울대 국사학과; (1999), 「17
　　 세기 후반 환곡분급방식의 형성」『奎章閣』 22.

62) 里定法에 대해서는 金俊亨(1984), 「18세기 里定法의 展開 -村落의 기능 강
　　 화와 관련하여」『震檀學報』 58 참조. 그런데 김준형은 숙종 37년에 나온 「
　　 良役變通節目」만을 분석하였을 뿐 「里定節目」을 본격적으로 주목하지는 않
　　 았다. 「이정절목」은 「양역변통절목」과 비슷한 시기에 나온 것으로 보이는
　　 데, 그 정확한 연대는 알 수 없다.

63) 鄭萬祚(1997), 앞의 글, 125~155면.

64) 『備邊司謄錄』 영조 5년 己酉 6월 11일.

물론, 도안都案里과 사정책査正册官과 같은 관련 기록의 철저한 관리를 규정하였다. 또한 리 단위에서 이를 담당한 유사有司인 두두인頭頭人을 두고 이를 규찰관糾察官과 풍헌風憲·약정約正이 검찰하도록 하였으며, 호적감고戶籍監考와 이정里正·통수統首가 협력하여 사망자와 도망자 및 노제자를 파악하고 한정閑丁을 관리하도록 하였다. 그리고 이를 군·현 단위의 좌수座首와 군무도감軍務都監과 같은 향청鄕廳의 임장任掌들과 함께 연대 책임을 지도록 하였다. 즉 수령이 지휘하는 작청作廳의 이서들과 향청의 임장들 이외에 리 단위의 여러 담당자들을 두고 이들이 상호 감시하면서 연대 책임을 지게 한 점에 이 제도의 특징이 있었다. 이것은 17세기 생산력 발달, 자연촌의 보편적 발전, 농민의 자율성과 촌락 자치 기능의 제고라는 여러 요인에 의해 새롭게 면리제가 편제되면서 가능해진 제도였다. 이 시기에 정부는 향촌구조의 변화와 면리의 단위성 강화에 주목하여 면리제·오가통제五家統制를 정비하고, 면임·이임·통수 등의 직임자를 선발하여 이를 중앙정부의 말단 기관화하여 촌락통치를 새롭게 강화하고자 하였는데, 이정법은 바로 이러한 향촌 통치정책의 연장선상에서 나온 제도였다.[65]

「이정보초」에서는 그 모두冒頭에서 "이정법은 조정의 아름다운 제도이다. 민의 소란스러운 원성이 없게 만들고, 이서가 농간을 피우는 폐단을 없애는 것으로서 이보다 좋은 제도는 없다"고 강조하였다.[66] '각 면에 한정이 있고 없음은 그 리의 풍헌·약정 및 호적감고가 모를 리가 없다'고 보고 이들을 잘 다스리면 인징·족징과 같은 양역의 폐단을 제거할 수 있다는 것이다. 즉 이 시기에 경영형부농經營型富農과 같이 새롭게 성장하고 있던 평민층을 면리임직面里任職에 참여하도록 유도하여 양역의 폐단에 대처하려는 것이었는데, 이러한 의도는 단순히 양역 문제에

65) 金俊亨(1995), 「지방행정체제의 변화」『한국사』34, 국사편찬위원회; 吳永敎 (2001), 앞의 책, 210~211면.
66) 『민정자료』, 「정요1」, 「里定報草」, 46면.

만 국한되지 않고 오가통제와 함께 전정이나 환곡의 운영 및 관령 전달, 치안 유지 등 각종의 향촌 통치에서도 볼 수 있다는 점이 주목된다.[67] 이것은 양반 사족의 반발로 인하여 양역변통론과 같은 대변통론을 시행할 수 없는 현실 속에서, 성장하는 새로운 계층을 끌어들여서 국가의 집권력 강화를 통하여 양반사족의 특권을 제한 내지 제거해 보자는 의도의 표출이었던 것이다. 이러한 오가통제와 이정법은 박세채와 최석정 등 소론 탕평파의 국가 구상에서 이미 제출된 것이었다.[68]

『치군요결』 단계에서 전정에 대해서는 「전령傳令」, 「단자규식單子規式」의 두 항목만 보이는데, 이 역시 이정법의 취지와 마찬가지로 리 단위에서 존위·풍헌·약정 등에게 재실을 답험踏驗하여 이를 기록한 단자를 만들도록 하고 수령이 이를 감독하는 내용으로 구성되어 있다. 그러나 여기서는 이것이 매우 간략하여 이광좌의 기록으로 추측되는 「전정법」이 이어서 부록된 것으로 여겨진다. 전체적으로 볼 때 『치군요결』 단계는 오가통제와 이정법과 같은 양란기 이래 국가의 체제정비 과정의 연장선상에서 다양한 목민서를 편찬하여 이를 지방통치에 관철시키려는 의지를 보여주고 있다.

2) 『목민고1』 단계 : 수령의 책임과 개혁의지 강조

이 단계에서 수령의 자세와 관련하여 우선 주목되는 것은 수령의 책무의식이 한층 강화되었다는 것이다. 수령이 '하루 종일 생각할 일'이란 '손상익하損上益下, 즉 재물을 흩어서 은혜를 베푸는 정치를 급무로 삼는 것'이라고 강조하였는가 하면,[69] "우리들은 국가의 그릇이므로 아래의

---

67) 吳永敎(2001), 앞의 책, 제3장 「鄕村對策과 面里制의 확립」 참조. 「禁松作契節目」이 「軍布收捧法」 아래 부록되어 있는 것 또한 이를 입증하는 증거로 볼 수 있다.

68) 김용흠(2008) 및 (2009), 앞의 글.

한 고을을 맡아서 잘 다스려서 넉넉하게 만들어야 한다"[70]고 말한 것이 그것이다. 이러한 수령의 책무를 수행하기 위해 스스로를 다스리는 원칙으로서 '[宅心之公 察理之明 持守之確 居養之簡]'을 제시하였다.[71]

또 다른 하나는 다음과 같은 법에 대한 관점이다.

> 법이 비록 지극히 좋은 것이라도 잘 적용하지 못한다면 효과가 없을 뿐만 아니라 폐단이 생기기 마련이다. 반드시 형편에 따라서 잘 헤아려서, 특별한 법을 치우치게 믿다가 폐단을 낳는 일이 없게 하는 것이 좋다.[72]

법과 제도의 개혁만으로 좋은 정치가 저절로 이루어지는 것은 아니라는 지적으로서, 여기에 목민서를 지어서 수령의 지침으로 삼게 한 이유가 있었던 것이다.

이광좌는 수령의 '치민대법治民大法'에는 양민養民과 교화敎化가 있는데, 양민이 먼저라고 하였다. 양민의 방법은 민의 질고를 제거하는 것, 산업을 넉넉하게 하는 것, 환과고독鰥寡孤獨과 노인들에게 특별한 은혜를 베풀어 기르는 것, 결혼과 초상에 때를 놓치지 않게 하는 것 등을 들었다. 민의 질고를 제거하는 첫 번째 과제로서 이졸吏卒과 임장任掌이 민생에 폐단을 낳지 못하게 하는 것을 제기하였는데, 여기서 임장이란 위로는 향소鄕所부터 아래로 호수戶首와 통수統首까지 포함된다고 하였다. 즉 군현 단위의 향임에서부터 면임과 이임은 물론이고 통 단위의 통수까지를 수령의 감독 대상으로 설정하고 있는 것은 앞서 이정법에서 살펴본

---

69) 『목민고1』, 「爲政之要」, "日夕所思, 惟以損上益下, 散財爲惠之政爲急務.";『민정자료』, 59면.

70) 『목민고1』, 「政要」, "吾人是國器, 當一下邑, 自辦之有餘";『민정자료』, 73면.

71) 『목민고1』, 「自治」;『민정자료』, 74면.

72) 『목민고1』, 「爲政之要」, "法雖至美, 用之不善, 則不但無效, 弊亦隨生. 必爲隨便商量, 無或偏信別法, 而徒致弊亂, 好矣.";『민정자료』, 59면.

바와 같다. 수령이 이들을 지휘하여 전정과 군정 및 환곡에서 폐단을 제거해야 한다고 말하고, 마지막으로 호우豪右의 침탈을 금해야 한다는 지적을 빠트리지 않았다.73)

산업을 넉넉하게 하는 것이 '가장 어렵다'고 하면서 정전제가 폐지된 이후 제산지도制産之道가 없어졌다고 말한 것도 주목된다.74) 이것은 이광좌가 당시 만연하고 있던 지주제의 폐단을 인식하고 있었음을 분명하게 보여준다. 이 글은 이광좌가 한지에게 준 글임은 앞서 밝힌 대로 인데, 한지의 아비인 한태동은 소론의 대표적인 정전제 시행논자였다.75) 이광좌가 한지와 가장 절친한 친구 사이라고 영조 앞에서 고백한 것을 상기한다면 그 역시 당시 지주제의 폐단을 정전제 시행을 통해서 극복해야 한다고 생각하였을 가능성이 많다고 볼 수 있다. 그러나 그는 이어서 토지제도 개혁과 같은 '대변통'을 기대할 수 없더라도 늘 그러한 마음을 갖고 권농勸農과 진휼에 전념한다면 산업이 넉넉해질 수 있다고 말하고 있다.76)

요컨대 이광좌는 양역변통과 토지개혁을 통해서 양반과 지주의 특권을 제거 내지 약화시켜야 한다고 본 것은 분명하지만 제도개혁 자체만으로 모든 폐단이 사라지는 것은 아니며, 대변통, 즉 제도개혁이 없더라도 수령의 노력 여하에 따라서 민생안정을 이룰 수도 있다고 보고 있었다. 이러한 그의 생각은 군정에서 이정법에 대한 확신으로, 전정에서는 연분年分 단자규식單子規式과 이를 토대로 한 깃기책·작부책 등 답험 관

73) 『목민고1』, 「治民」; 『민정자료』, 75~76면.
74) 『목민고1』, 「治民」, "贍産業, 最難. 井田廢後, 無制産之道."; 『민정자료』, 76면.
75) 金容燮(2007), 「朝鮮後期 土地改革論의 推移」 『신정 증보판 朝鮮後期農業史研究 Ⅱ』, 지식산업사, 567면.
76) 『목민고1』, 「治民」, "然大變通, 雖不可望, 常存得此意思, 刻意勸農, 無奪其時, 乏種者貸之, 絶粮者賑之, 無田土者, 使富人分之, 無耕牛者, 使隣里借之, 有疾疫者, 使隣里助之 … 則其爲贍産也亦大矣."; 『민정자료』, 76면.

련 상세한 기록 작성으로 나타났다.

그는 양역의 폐단을 제거하는 데는 이정법이 '최선의 방법'이라고 주장하면서, '구구절절이 편리하고 좋기 때문에 영구히 시행하는 데에 의심을 품지 말아야 할 것'이라고 말하고, 그 중요성을 강조하였다.[77] 이어서 양역변통론이 결실을 맺지 못한 상황에서 이 제도는 '소변통'을 위한 최선책인데 세상 사람들이 소홀히 여겨 살피지 않고 '어쩔 수 없다'는 말만 하면서 시간을 낭비하고 있다고 이에 대해 무관심한 사람들을 비판하였다.[78]

전정에서 이광좌가 가장 역점을 두고 제기한 것은 토지소유자 개인별로 연분 단자규식을 작성하고 이를 토대로 하여 개인별 수세 장부인 깃기책[衿記冊]과 수세단위 별로 작부作夫하여 기록한 작부책作夫冊을 만드는 방법이다.[79] 이광좌는 이것을 작성하는 방법을 실무 책임자가 누구인가를 기준으로 세 가지로 제시하고 있다. 첫째는 면임, 둘째는 양반 또는 중인으로 본래 '엄근嚴謹'하다고 일컬어지는 사람,[80] 즉 민이고, 셋

---

77) 『목민고1』, 「良役」, "節節便好, 其爲可行於永久, 斷斷無疑矣. 二百年痼弊, 爲亡國之根者, 一朝將大紓, 豈有如許大事業乎."; 『민정자료』, 80면.

78) 『목민고1』, 「良役」, "旣不能行戶布口錢, 則此爲小變之最善者, 而世人忽焉不省, 亦消無奈何三者矣."

79) 깃기책과 작부책에 대해서는 崔潤晤(2006), 『朝鮮後期 土地所有權의 발달과 地主制』, 혜안, 155~1556면 참조. 최윤오는 깃기책과 작부책을 구별하지 않았는데, 여기서는 그것이 구별되어 있다. 『민정자료』 86면, "移來移去, 則單子中所書者, 抄出別冊, 以去準來, 以來準去, 俾無差錯. 然後盡退當初叩算吏, 更選一番每面各一吏, 使之謄書單子實庫及移來條, 爲衿記冊, 各人之下, 皆出實已上. 又退其吏, 更選一番, 使謄書各人實已上, 爲作夫冊, 而次第一從統戶書之, 以防養戶者收聚之弊. 又退其吏, 更選一番, 打算作夫."; 앞책, 89쪽, "移來移去, 互相憑準, 抄出衿記冊, 以出小已上, 抄出小已上, 以爲作夫冊, 復打算作夫." 개인별 답험상황을 기록한 것이 연분단자라면, 그 가운데 實結을 기록한 것이 깃기책이고, 그것을 作夫하여 기록한 것이 作夫冊인 것으로 이해된다.

80) 『민정자료』, 「정요3」, 87면, "又一法. 待事目來到, 極擇每面兩班或中人, 素

째는 서원書員이 그것인데, 이광좌는 이 가운데 민을 쓰는 것을 가장 바람직스럽다고 보았고, 이전처럼 서원에게 맡기는 것은 불가피한 경우에만 쓰라고 말하고 있다.[81]

　그는 이 규정이 매우 간단해서 시행하기 쉽지만, 이를 맡아줄 양반을 얻기 어렵다는 것을 인정하였다.[82] 이서를 쓰는 것도 한 가지 방법이라고 말하였지만, 서원에게 맡기면 반드시 속임수를 쓸 것이 뻔하다고 보았다.[83] 그래서 비록 이서를 쓰더라도 전에 서원을 했던 자는 모두 제외해야 한다고 말했다. 그 대신 이전에 삼공형三公兄을 지낸 자로서 '염치가 있고 자기 몸을 아낄 줄 아는 자'[有廉恥愛惜其身者], 또는 여러 이서 가운데 '성품이 본래 청렴하고 몸가짐이 바른 자'[性素廉潔, 而有執守者] 또는 '집안이 부유하면서도 겉으로 거만을 떨지 않는 자'[家富不外慕者]를 선택하여 일을 맡길 것을 권장하였다. 여기에는 분명히 이 시기 사회변동으로 새롭게 성장한 서민지주나 경영형부농이 포함되어 있었을 것이다.

　연분단자규식을 보면, 그 서명자가 면임과 함께 리의 상존위上尊位와 하유사下有司로 명기되어 있어서 실제 작성에 참여하는 실무자는 이 단위로 선발하였음을 알 수 있다.[84] 즉 전정에서 면임과 이임을 중시하고, 이서들의 농간을 가장 경계하였다. 그가 깃기책과 작부책을 만드는 과정에서 이서들의 농간을 막기 위해 얼마나 주의를 기울이고 있는가는 작부와 타산打算, 등서謄書 등에서 세 번이나 담당 이서를 바꾸어서 진행하라고 말한 데서 드러난다.[85] 이와는 대조적으로 양안에 기재되지 않

稱嚴謹者一人, 請來委托十分當付." 『목민고1』의 '田政' 부분은 착간이 심하여, 여기서는 『민정자료』의 해당 부분을 인용하였다.

81) 이것은 원래 書院이 담당하던 일이었다. 崔潤晤(2006), 앞의 책, 151면 참조.

82) 이 시기에는 五家統制와 面里制가 강화되면서 재지사족과의 갈등이 심화되어 양반사족은 면임을 기피하는 것이 일반적 현상이었다. 이에 대해서는 吳永敎(2001), 앞의 책, 181면 참조.

83) 『민정자료』, 「정요3」, 90면.

84) 『민정자료』, 「정요3」, 85면.

은 곳을 추가로 기경起耕한 곳은 빠트려도 무방하다고 하였는데, 그 이유는 서원을 쓰지 않았다면 그것은 민에게 돌아갈 것이기 때문이라고 말한 것에서 그의 소민을 보호하려는 단호한 의지를 엿볼 수 있다.[86) 그는 "이서와 민은 본래 마땅히 하나로 보아야 하지만 사세事勢가 차이를 두는 것을 면치 못하게 한다"면서, '이졸은 다른 사람을 침해하는 자이고, 민은 침해를 받는 자'라고 구별하였던 것이다.[87)

이광좌가 한지에게 보낸 편지(이하 「정요3」으로 줄임)에 앞서 말한 세 가지 방법이 모두 제시되어 있는데, 박사한에게 보낸 편지(이하 「정요4」로 줄임)에는 둘째의 경우만 나와 있어 그가 이 방법을 중시하고 있음을 분명히 볼 수 있다. 「정요4」에서는 '향인鄕人' 가운데 면마다 감색관監色官 한 사람을 정하라고 하면서, 그 책임자가 사부士夫이면 사정소査正所, 향품鄕品이면 사정관査正官이라고 칭하였다.[88) 그리고 그 이행 절목을 4가지로 압축하여 제시하였다. 이것은 이광좌가 수령을 보좌하는 세력을 공적 조직으로 파악하려는 의지를 보여준다. 이처럼 『목민고1』에서는 수령의 책임과 개혁의지를 강조하고, 공적 영역을 확대시켜 제도화시키려는 의지가 분명히 드러나 있다.

3) 『목민고2』 단계 : 수령 실무 지침의 강화와 공공성

『목민고2』가 『목민고1』과 구별되는 두드러지는 특징은 수령의 수신 관련 내용이 대폭 늘어났다는 점이다. 수신 관련 내용은 전편에서 보이

---

85) 위의 주 79) 참조.
86) 『민정자료』, 「정요3」, 86면, "量外加起, 雖失之無妨. 盖不用書員, 則所失皆失於民故也."
87) 『민정자료』, 「정요3」, 92면, "吏民本當一視, 而事勢自不免差異. 盖吏卒則侵人者也, 民則侵於人者也."
88) 『민정자료』, 「정요4」, 97면.

지만 대체로 「거관대요」·「자치」·「임하」 항목에 집중되어 있다. 여기에
는 조현명이 그 조카인 조재건에게 보낸 편지를 수록한『목민고1』의 「거
관지도」의 내용에 송시열과 윤증 및 이황의 편지를 추가하여 탕평책의
취지를 강화시키려 하였음은 앞서 이미 지적하였다. 그렇지만 양적으로
보면 조현명과 윤증의 편지가 압도적으로 많아서 소론 명색을 굳이 감
추려 들지 않았음을 알 수 있다.

　　퇴계 이황의 편지는 아들 이준李寯에게 보내는 것인데, 그 외에도 그
제자들이 이황의 행적을 기록한『퇴도언행록退陶言行錄』에서도 인용하였
다. 그리고 이황이 수령으로 있을 때의 사례를 직접 수록한 것도 있다.
예를 들면, 이황이 단양군수를 그만두고 떠날 때 그 아사衙舍가 깨끗하
였는데, 그것은 '공부의 결과'라고 한 것[89]은 목민서 편찬자가 직접 그
사례를 수록한 것이고, 풍기군수를 그만두고 떠날 때 그 짐바리가 간소
하였다는 학봉 김성일의 기록[90]은 이황의 제자가 기록한 것을 인용한
것이다. 그리고 이황이 그 아들 이준에게 보낸 편지를 직접 인용한 것도
있다.[91] 송시열 편지는 그 아우인 송시도宋時燾에게 보낸 것도 있지만 그
손자인 송은석宋殷錫에게 보낸 편지가 대부분이다. '모든 일은 성신誠信
으로 힘써 행해야지' '거짓을 꾸며 명예를 구해서는 결코 안 된다'거
나[92], "청신淸愼은 본래 사대부가 관직에 있을 때의 법도이나 얻기가 쉽
지 않아서, 내가 일찍부터 개탄스럽게 여겼다"[93]고 하여 '성신'과 '청신'

---

89)『목민고2』, 「自治」, 金仙卿 편(1987),『朝鮮民政資料叢書』, 驪江出版社(이하
　　『목민고2』의 인용은 모두 이 영인본에 따르고 쪽 수만 밝힘), 300~301면.

90)『목민고2』, 「自治」, 301면;『鶴峰集』 續集 권5, 「退溪先生言行錄」(총간 48
　　-241다).

91)『목민고2』, 「自治」, 301면;『退溪先生續集』 권7, 「答子寯」(총간 31-194다).

92)『목민고2』, 「居官大要」, 294쪽;『宋子大全』 권126, 「答殷錫」, 1682년 11월(총
　　간 112-347다).

93)『목민고2』, 「自治」, 298면;『宋子大全』 권126, 「答殷錫」, 1681년 11월(총간
　　112-346다).

을 수령의 수기修己 지침으로 제시하고 있다.

윤증의 편지는 모두 그의 아들인 윤행교尹行教에게 보낸 편지인데, 일반적인 관인의 자세를 확인하는 것과 함께 목민관의 할 일을 구체적으로 지적한 것도 있다. '공검근근恭儉勤謹 검신율기檢身律己'하고, 관아官衙가 파하면 "조용한 곳에서 청심성사淸心省事하고 조용히 서책에 침잠하여 스스로를 개발하도록 하라"는 것94)이 전자에 속한다면, '망궐례望闕禮, 향교鄕校의 분향焚香, 사직단社稷壇 등의 일을 태만하지 말라'든가, '이서들을 성신誠信으로 대우하고, 사송詞訟은 교화를 우선하라'는 것95)은 후자에 속한다.

그렇지만 이들 편지 외에도 정기正己·정물正物을 말하고, 노여움을 다스리고 여색과 술, 기생을 경계하는 내용도 많이 보인다. 『목민고1』이 앞서 언급한 이광좌의 책무의식처럼 개혁과 책임을 보다 강조하였다면 『목민고2』에서 추가된 내용은 보다 처신을 중시한 인상을 준다. 수령에게 '소심이자小心二字'를 강조한 것이나96) '인기교因其教 불역기속不逆其俗'을 권장하고,97) '불우민不擾民'을 내세우는 것이 그것이다.98) 요컨대 『목민고2』는 『목민고1』에 나타난 수령의 책무의식 대신 수신을 강조하고 개혁성이 완화된 느낌을 준다.

그리고 수령의 업무에 대해 보다 세밀한 지침을 제시하고 있는 점도 처신 또는 처세의 연장선상에서 이해된다. 『목민고1』의 「미도임전잡세

---

94) 『목민고2』, 「自治」, 299면; 『明齋遺稿』 권28, 「與子行教」, 1698년 정월 보름 (총간 136-77라~78가).

95) 『목민고2』, 「居官大要」, 294면; 『明齋遺稿』 권28, 「與子行教」, 1697년 10월 21일(총간 136-76가).

96) 『목민고2』, 「居官大要」, 295면, "大抵*小心二字*, 爲守令者, 尤不可頃刻放倒也."

97) 『목민고2』, 「得人心」, 307면, "有一善治稱於世者, … 答以*因其教不逆其俗*七字, 可以不失人和云."

98) 『목민고2』, 「得人心」, 308면, "上引見曰, 何以治民. 對曰, 小臣無他才能. 只欲*不擾民*而已. 上亟稱善."

사의未到任前雜細事宜」 내용을 분리하여 「제배除拜」, 「중로中路」 항목을 새
롭게 만들고 그 내용을 대폭 늘린 것이나, 「도임到任」 항목이 새롭게 설
정된 것, 「관청」 항목을 따로 만들어서 산자요화식散子蓼花式, 접객식接客
式, 아객식상衙客食床, 제수祭需, 오일찬물식례五日饌物式例 등에서 찬물의
종류별로 세세하게 식례를 제시하고 있는 것 등에서 그것을 볼 수 있다.
아울러서 부임 초기에 먼저 공책空冊 한 권을 만들어서 각종 서류의 출
납을 기록하라고 하면서 그 방법을 세세하게 제시하고,[99] 각종 물품의
출납을 기록한 '정간책井間冊'을 만들게 한 것,[100] 이서가 교대할 때 '전장
기傳掌記'를 만들어서 신구 이서가 서명하게 한 것[101] 등도 『목민고2』가
『목민고1』에 비해 수령 업무에 대한 보다 세밀한 지침을 제시하고 있음
을 볼 수 있다.

　또한 『목민고1』에 보이는 조현명이 그 조카 조재건에게 보낸 편지인
「거관지도居官之道」 항목의 한 문단을 토대로 「형장刑杖」, 「상사上
司」, 「별성질別星秩」, 「절용節用」, 「사수응私酬應」 항목을 따로 만든 것은
수령의 업무 전반을 망라하는 지침서를 만들려는 의도의 표출로 간주된
다. 『목민고1』의 「흥학교」 항목에 「소학강절목小學講節目」과 「거재절목居
齋節目」을 추가한 것이나[102] 노비와 관련된 「사노비폐단寺奴婢弊端」, 「을
해감척시사목乙亥減尺時事目」 항목이 새로 마련된 것도 그러한 의도의 반
영으로 볼 수 있다.[103] 「소학강절목小學講節目」과 「거재절목居齋節目」은 양
란기 이래 공교육 강화를 도모해 온 변통 지향 경세론의 연장선상에 있

99) 『목민고2』, 「文報」, 363면.
100) 『목민고2』, 「官廳」, 369면.
101) 『목민고2』, 「糴糶法」, 385면.
102) 이와 관련하여 다음 논고가 참고된다. 鄭萬祚(1987), 「朝鮮後期 鄕村敎學振
　　 興論에 대한 檢討-地方官의 興學策을 중심으로」『韓國學論叢』 10, 국민대
　　 한국학연구소.
103) 당시의 寺奴婢 폐단에 대해서는 全炯澤(1989), 『朝鮮後期 奴婢身分硏究』,
　　 一潮閣, 145~149면 참조.

다.[104]

이것은 『목민고2』가 편찬된 시기의 사회가 그 이전보다 훨씬 다양해
지고 복잡해진 현실을 반영한 것이기도 할 것이다. 「청송聽訟」 항목이
대폭 늘어난 것 역시 그와 무관하지 않다. 진처陳處·점산占山 등과 관련
된 각종 입지立旨, 관속官屬을 고소하거나 징채徵債, 분동分洞, 산송山訟, 노
비奴婢 추쇄推刷 등과 관련된 소장은 물론이고 노제老除·질폐病廢·물고物
故 등 군역을 면하게 해달라는 소장 등에 대한 언급은 이 시기가 『목민
고1』 단계보다 더욱 빠르게 변화하면서 계급·계층간 갈등이 심화되고
있음을 보여준다. 이들 소지所志와 관련해서는 심지어 다음과 같은 지침
을 내릴 정도이다.

> 공책(空冊) 5권을 만들어서 매번(每番) 통인(通引) 가운데 문자를 알
> 고 믿을 만한 사람 한두 명, 혹은 서너 명을 골라서 매일 소지(所志) 가운
> 데 윤기(倫紀)에 관계되는 일, 전정(田政)·군정(軍政)·환곡(還穀)·관속
> (官屬)의 작폐 등에 관련된 일 등 다섯 가지 사항의 일과 그 밖의 가치지
> 사(可治之事)는 반드시 엄제(嚴題)를 내려서 낱낱이 통인(通引)에게 넘겨
> 주어 공책에 치부(置簿)한 다음 소지를 내어 준다.[105]

그리고 수령으로 도임하자마자 소지는 올라오는 대로 받아들일 것을
'영갑令甲'으로 정해두고, 개좌開坐 여부與否나 심지어 식사 시간에도 막
지 말고 올라오는 대로 받아들일 것이며, 지체 없이 처리할 것을 반복하
여 강조하고,[106] 하루 안에 발괄白活은 오는 대로 몇 번이고 들어주고,

---

104) 兩亂期의 공교육 강화론에 대해서는 다음 논고가 참고된다. 金容欽(2001),
  『浦渚 趙翼의 學問觀과 經世論의 性格』『韓國 實學의 새로운 摸索』, 韓國
  史研究會 編, 景仁文化社; (2006), 「잠야(潛冶) 박지계(朴知誡)의 효치론(孝
  治論)과 변통론」『역사와 현실』 61.

105) 『목민고2』, 「聽訟」, 338면.

106) 『목민고2』, 「聽訟」, 334면 및 337면.

한 사람이 거듭 발괄해도 상세히 들어주라고 말하였다.107) 청송聽訟은 크든 작든 '반드시 공정한 마음으로 충분하고 상세히 살필' 것이며,108) '안색을 온화하게 하고 민이 하고 싶은 말을 다할 수 있게 하며', '절대로 자신의 의견을 세우지 말고 평심으로 공평하게 듣고 법문을 자세하게 살펴서 처결할 것'을 말하고도 있었다.109)

「임하臨下」 항목에서는 『목민고1』의 내용에 이어서 이서들을 엄격하게 단속할 것을 강조하는 내용도 대폭 첨가되었다. 이들은 '관과 민 사이에 자리 잡고 있어서 마치 몹쓸 담痰이 상초上焦와 하초下焦를 가로 막는 것과 같으니, 이들의 폐단을 통렬하게 제거해야만 관과 민 사이에 소통이 원활하게 이루어질 것'이라고 말하면서도, 이졸 가운데 '빈피편고자貧疲偏苦者'가 많아서 '기한飢寒에 절박한 것이 매우 가엽다'면서 그들 또한 '인자人子'라는 생각을 항상 가져야 한다고 말하기도 하였다.110) 그런가하면 관속들이 생계를 지탱하기 어려운 폐단은 반드시 변통해야 하며, 그들이 저지른 잘못은 너그럽게 대해야 하지만 관장을 속이고 백성들을 병들게 만드는 행위는 일체 중치重治해야 한다고 말하기도 하였다.111) 심지어 향임 보기를 도적과 같이 하고, 이서를 원수처럼 대하여 경계를 늦추지 않아야만 정치가 맑아지고 민이 편안해진다고까지 말하였다.112)

주목되는 것은 이방 이하 이서들을 감찰하는 '도검독都檢督'을 임명해

---

107) 『목민고2』, 「聽訟」, 334면, "一日內白活, 隨到屢次, 進來聽之 … 一人屢次白
    活者, 亦詳聽."
108) 『목민고2』, 「聽訟」, 339면, "大小聽訟, 必以公正之心, 十分詳察."
109) 『목민고2』, 「聽訟」, 340면.
110) 『목민고2』, 「臨下」, 349면.
111) 『목민고2』, 「臨下」, 350면, "官屬難支之弊, 必須變通之, 其過誤亦須平恕. 而
    惟欺官病民, 一切重治."
112) 『목민고2』, 「臨下」, 354면, "視鄉任如盜賊... 待吏胥如仇讐... 然後政得以淸,
    民得以安, 而一世許之爲良吏."

둘 것을 말한 것이다. 이방이 비록 적합하지 않다고 하더라도 죄도 없이 바꾸는 것은 중난重難할 것이라고 지적하고, 이서 가운데 '식사리근간자識事理勤幹者'를 골라서 '도검독'이라 칭하여 차첩差帖을 주고 이방 이하 이서들을 검칙하게 하라고 하였다. 그래서 만약 이서 가운데 일을 그르치는 자가 있으면 해당 이서와 도검독 및 이방을 모두 매질하여, 그들이 항시 힘을 합하여 일하게 만들어야 된다는 것이다.[113] 그리고 유식한 향소를 얻으면 믿고 맡길 일이 많아진다면서, '공평조심지인公平操心之人'을 좌수座首로 삼으라고 하였다.[114] 향소와 감관監官이 적합하지 않으면 '인사태법因事汰去'하는데, 이를 향회에 알려서, 이전에 향임을 지낸 자 가운데 사리에 밝은 자를 공론에 따라 삼망三望을 갖추어 들이게 한 뒤 사람됨됨이를 살펴서 차출하라고 말하였다.[115] 삼향소三鄕所에게는 각 창고와 현사縣司, 빙고氷庫, 회계會計 등의 임무를 분장하게 하고, 고을의 민원을 탐문하여 보고하는 임무를 부여하도록 하였다.[116]

또한 면임과 이임의 농간을 단속하라는 내용이 자주 보이는 것도 주목된다. 여러 역군을 감관監官과 색리色吏가 제멋대로 동원하는 일이 있는데, 이때 면리임面里任 역시 이들과 같이 농간을 부린다거나[117] 환곡을 받을 때 민이 바칠 환곡을 미리 받아서 사사로이 나누어 먹고 도망·사망이라고 거짓 보고하는 폐단이 있다는 것이다.[118] 『목민고1』에서는 서원에 대한 불신을 강하게 표명하였는데, 『목민고2』에서는 경작자와 농임이 권농 전령을 제대로 이행하는지를 서원에게 적간摘奸하게 하고 있는 점도 변화된 것이다.[119] 각 면의 권농 담당 존위를 차출하여 권농의

113) 『목민고2』, 「臨下」, 351면.
114) 『목민고2』, 「鄕所」, 357면.
115) 『목민고2』, 「鄕所」, 357~358면.
116) 『목민고2』, 「鄕所」, 358면.
117) 『목민고2』, 「治民」, 414면.
118) 『목민고2』, 「還上還捧法」, 407면.
119) 『목민고2』, 「勸農桑」, 418면.

임무를 부여한 뒤, 불시에 탐문하여 진황처陳荒處나 후시처後時處가 있으면 존위와 풍헌 및 전주를 매질하라 하였으며, 향소로 하여금 적간하게 하기도 하였다.[120) 면리임의 농간을 서원이나 향소에게 적간하게 한 것은 18세기 중엽 『목민고1』 단계와는 분명히 달라진 모습이다.

그러면 이제 앞서 『치군요결』과 『목민고1』 단계에서 말한 '대절목'에서 『목민고2』는 어떻게 변화되었는지를 살필 차례이다. 전정과 관련하여 『목민고1』과 『목민고2』의 차이점은 아래 〈표 4〉와 같다. 이를 통해서 『목민고2』가 『목민고1』의 내용을 주제별로 분류하려고 시도하였음을 알 수 있다. 즉 「정요2」의 「전정법」에서 「작결법作結法」, 「양호지폐養戶之弊」 항목을 뽑아내고, 「정요3」의 「전정」에서 「절급지법折給之法」, 「정요4」의 「전정」에서 「허복虛卜」 항목을 설정한 것에서 그러한 의도를 읽을 수 있다. 그렇지만 편찬자의 시도는 별로 성공적이지 못하였다. 단자규

〈표 4〉 전정 내용 비교

목민고2	목민고1	민정자료
田政	田政	정요1
傳令	傳令	
單子規式	單子規式	
又一法		
又一法	田政法	정요2
作結法		
養戶之弊		
單子規式	田政	정요3
折給之法		
田政又一法	田政	정요4
虛卜		
結卜移來移去之弊	없음	없음
復戶		
田政		
査括漏結法		
踏驗定式		

120) 『목민고2』, 「勸農桑」, 422면.

식과 관련된 내용이 '우일법又一法'의 형태로 반복되는 것이나, 따로 「전
정」항목이 다시 설정된 것도 그것을 보여준다.

　또한 『목민고2』에서는 「결복이래이거지폐結卜移來移去之弊」, 「복호復戶
」, 「전정田政」, 「사괄누결법査括漏結法」, 「답험정식踏驗定式」이 따로 추가로
작성되었다. 「결복이래이거지폐」에서는 결부를 옮겨 다니면서 일어나는
농간이 상세하게 나열되어 있다.121) 이것은 이 시기가 『목민고1』 단계보
다 전정을 둘러싼 이해관계의 대립이 훨씬 복잡하고 치열하게 전개되고
있음을 보여준다. 그 맨 끝에 양호養戶의 폐단을 막기 위해서 기존의 8결
작부를 4결 작부로 바꿀 것을 제안하고 있는 것도 새롭다.122)

　「복호」에서는 '부민결복富民結卜'에는 복호를 절대로 인정해주지 말라
는 것과 작부할 때 가좌통호家座統戶의 순서대로 각 리 별로 작부할 것을
강조하고 있다. 이 문단의 맨 끝 부분에 이 내용은 '작부조作夫條'에 들어
가야 한다고 작은 글씨로 씌어 있는 것 역시 이 목민서가 주제별 편찬에
불완전한 형태임을 말해준다. 「사괄누결법」에서는 서원의 농간을 막기
위해 각 면마다 양반 도감이나 중인으로서 '해사유문필자解事有文筆者'를
한 사람씩 정해서 누결漏決을 적발해 내도록 하였다. 「답험정식」에서는
복심卜審 참가자를 감관 1명, 서원 1명, 면임 1명, 사환군使喚軍 1명, 전·
답주畓主 1명 등 모두 6명만 참가하게 할 것, 전답을 복심할 때 반드시
그 전답 주인과 같이 답험할 것, 감관색리가 복수卜數를 제멋대로 결정
하는 것을 막을 것, 이임의 무리가 접대비와 지가紙價 명목으로 곡식과
가축을 과다하게 약탈하는 것을 방지할 것 등을 제시하였다. 「전정」에
서는 이것이 수령의 가장 어려운 정사이니 반드시 정신을 집중하여 신
중하게 살펴야 하며, 힘들다고 해서 태만해서는 안 된다고 강조하였다.
그리고 서원의 부정을 방지하기는 어려운 일임을 인정하고 이들의 농간
을 막기 위해 '관정식답험기官定式踏驗記'를 서급書給하여 이것에 따라서

---

121) 『목민고2』, 「結卜移來移去之弊」, 515~516면.
122) 『목민고2』, 「結卜移來移去之弊」, 516면.

거행하게 하고 이것을 어기면 각별히 중형에 처하겠다고 엄하게 분부하고, 면마다 추생抽柱하여 몸소 부정을 살필 것을 말하기도 하였다.

군정에서 『목민고2』의 중요한 특징은 「오가통사목五家統事目」과 「양역변통절목良役變通節目」이 수록된 것이다. 숙종 원년에 반포된 「오가통사목」은 오가작통제五家作統制를 제도화한 것인데, 이는 조선후기 면리제의 기초가 되어 이정법 시행을 가능하게 한 제도였다. 숙종 37년에 반포된 「양역변통절목」은 바로 그 이정법을 제도화한 것이었다.[123] 이것은 『목민고1』에 이어서 『목민고2』에서도 이정법 시행을 통해서 양역의 폐단을 극복하려는 방향 속에서 군정을 운영하고자 하였을 뿐만 아니라 국가의 법제적 통제를 보다 강화하려는 의도를 드러낸 것이었다. 「束伍」 항목에서도 '속오군을 통統에서 충정하게 한 것은 좋은 법'이라고 말하여[124] 오가작통제의 취지를 속오군 충정에 원용하라고 한 것도 그러한 지향성을 반영한 것이었다.[125]

환곡에 대해서 『목민고1』에서는 『치군요결』에 있는 내용에 크게 덧붙인 것이 없었는데, 『목민고2』에서는 「분조分糶」·「분급과식分給科式」 항목을 따로 설정하여 환곡의 분급과 관련된 내용을 제시하였고, 환곡의 징수를 다룬 「환상환봉법還上還捧法」은 대폭 증보되었다. 「분조」에서는 창색倉色이 면임과 짜고 원수성책願受成冊에 허명虛名을 재록載錄하거나, 혹은 부민富民의 호戶를 빌어 거간居間이 농간을 피우거나, 양반이나 강한지민强悍之民이 요민饒民의 이름을 빌려서 환명대수換名代受하는 폐단, 고지기가 가마니를 가지고 농간을 부리는 것 등을 적발하는 요령을 제시하였다. 즉 담당 이서들은 물론 면임과 이임들의 농간에 유의할 것을 말한 것은 『목민고1』과 달라진 모습이다. 「분급과식」에서는 원회곡元會

---

123) 吳永敎, 2001, 앞 책, 3장 「鄕村對策과 面里制의 확립」 및 4장 「鄕村對策과 五家作統制의 성립」 참조.

124) 『목민고2』, 「束伍」, 446쪽, "束伍則統定, 旣是良法."

125) 이것은 1730년에 반포된 「束伍節目」에 보인다. 『備邊司謄錄』 영조 6년 庚戌 9월 25일.

穀, 상진곡常賑穀, 군작미軍作米, 별회미別會米 등 분급곡식 별로 분급량과 유고곡留庫穀을 파악해 둘 것, 대호大戶·중호中戶·소호小戶·잔호殘戶 등 호의 등급별로 순번을 나누어 분급할 것, 8결 작부 단위로 분급할 것 등의 원칙을 제시하였다.

「환자환봉법」에서는 환곡의 납부를 독촉하는 일을 약정約正과 이 유사에게 맡기라고 말하였다. 그리고 감색배가 환곡을 투식하거나 방납防納하는 폐단, 향품과 토호가 작부할 때 노奴 이름으로 입호入戶하여 환곡을 떼어먹는 폐단, 면리임과 면주인이 민인의 환곡을 미리 받아먹고 '지징무처指徵無處'라고 속이고 환곡을 미납하는 폐단 등을 엄하게 살펴서 막아야 한다고 하였다. 환곡을 고봉으로 받는 것은 '익하지정益下之政'이 아니라고 하였으며, 수량이 부족하거나 납부한 환곡이 좋은 곡식이 아니더라도 결코 '환퇴還退'는 안 된다고 하였다. 관속의 환곡을 준봉準捧하는 것과 양반가의 환곡을 받아내는 것이 가장 어려운 일이라고 인정하고 이를 극복하는 요령 및 창색의 농간을 적발하는 요령 등을 제시하기도 하였다.

이처럼 『목민고2』에서는 환자의 분급과 회수 과정에서 앞서의 『치군요결』 단계보다 훨씬 농간이 심하게 발생하고 있는 현실을 반영한 것으로 이해된다. 『목민고2』에서는 이러한 환곡의 폐단을 수령의 통제를 강화시켜서 극복해보려는 시도를 보여주었다. 즉 『목민고1』에 비해 그 개혁의지는 약화되었지만 지방통치에서 공공성을 강화해야 한다는 문제의식은 조금도 약화되지 않았음을 알 수 있다.

4. 맺음말

지금까지 조선후기 목민서의 유형 가운데 『목민고』류의 변천을 통해서 이 시기 사회변동의 양상을 확인하고 국가의 대응 방안을 수령의 지방통치 지침을 통해서 살펴보았다. 『선각先覺』류가 중국의 사례를 비중

있게 다루고, 지방통치 지침을 일정한 틀에 맞추어 연역적으로 제시하려고 한 것에 비해, 『목민고』류는 조선의 현실을 있는 그대로 반영하면서 수령의 통치 지침을 마련하려고 한 점에서 차이가 있었다. 정약용의 『목민심서』는 이러한 두 부류의 목민서를 종합하여 성립된 것이었다.

『목민고』류의 목민서는 수많은 필사본이 존재하는데, 그 내용상의 차이를 중심으로 『치군요결』, 『목민고1』, 『목민고2』의 순서로 변천된 것으로 보고, 그 작성 시기를 각각 18세기 전반, 중엽, 후반으로 비정하였다. 『목민고』류의 편찬에는 18세기 소론 탕평파가 주로 관여하고 있었다. 이들은 모두 당시의 사회변동으로 인해 초래된 국가의 위기를 대대적인 제도 개혁을 통해서 타개해야 한다고 보았지만 국왕 영조의 강력한 탕평책 추진에도 불구하고 노론 반탕평파의 반발로 인해 제도 개혁이 지지부진한 현실 속에서, 지방관의 엄밀한 선발과 직무 수행을 통해서 이를 극복하는 방안을 마련하려 하였다. 또한 영조대 대표적인 탕평론자인 이광좌와 조현명은 그러한 제도 개혁이 중앙정치 차원에서 달성되더라도 지방관이 그것을 어떻게 집행하느냐에 따라서 그 성패가 좌우된다는 점에 깊이 유의하였다. 이것이 바로 이들이 지방관의 통치 지침에 해당되는 목민서에 주목한 이유였다.

『목민고』류의 지방통치 지침은 모두 17세기의 양란기 이래 초래된 국가적 위기를 국가의 집권력 강화와 공공성 확대, 그리고 공적 영역의 확장을 통해서 극복하려는 지향을 공통적으로 반영하고 있었다. 그것은 당시까지 조선 봉건왕조 국가를 지탱해 온 양대 지주였던 양반제와 지주제의 폐단을 제거할 수 있는 제도개혁이 지지부진한 현실 속에서 대안으로서 마련된 것이었다. 즉 17세기 이래 생산력 발전에 기초한 자연촌의 발달, 그에 따른 민의 의식의 성장과 촌락 자치 기능의 제고 등 여러 요인에 의해 새롭게 향촌 사회가 재편되는 현실을 능동적으로 수용하여 제시된 것이었다. 면리제의 발달에 따른 오가통제와 이정법의 등장은 바로 그러한 변화된 현실에 대한 대응으로서 나온 것이었는데, 『목민고』류의 목민서에서는 이러한 국가의 향촌통제정책에 발맞추어 수령권을 강화시키고, 양반토호와 이서들의 전횡과 중간수탈을 방지하여 소민을 보호할 수 있는 방안을 집중적으로 마련하여 제시하려 하였다.

『치군요결』에 비해 『목민고1』은 지방관의 책임과 개혁의지를 더욱 강조하고, 전정에서 깃기책과 작부책을 작성하는 상세한 규정을 마련하여, 토호와 간리의 농간을 막고 소민을 보호하려 하였다. 이를 위해 향촌에서 새롭게 성장하는 세력을 면임과 이임으로 임명하여 기존 향촌지배세력과 상호 견제하고 감시하는 방안을 제시하였다. 『목민고2』 단계에서는 지방관의 책무의식을 유자·관인 일반의 수신 지침으로 대체하고 수령의 실무에 대한 보다 구체적이고 포괄적인 지침을 제시하려 하였다. 그리고 이황과 송시열, 윤증의 편지를 수록함으로써 탕평책의 취지를 보다 강화하여 당색과 관계없이 수령들이 폭넓게 활용할 수 있는 길을 열어놓았다. 그와 함께 면임과 이임에 대한 감시와 통제를 강화시킬 것을 말하여 이 시기 면·이임이 기존 향촌지배 세력인 토호·간리와 마찬가지로 새로운 중간수탈 계층으로 전화하는 현실을 반영하고 있다. 또한 토호 지주의 농간을 방지하는 요령, 환곡의 폐단을 제거하는 방안을 더욱 확대하여 구체적으로 제시하였다. 이것은 양반제와 지주제를 혁파하지 못하는 정치현실 속에서 그에 따른 폐단을 수령권을 강화시켜, 지역사회에서 공적 영역을 확장시키고 공공성을 강화함으로써 해소하려는 시도였다.

그렇지만 이러한 방안들은 기본적으로 수령의 의지에 의해 좌우될 수밖에 없고, 향촌에서 수령을 보좌하는 작청의 이서, 향청의 임장, 풍헌·약정 등의 면·이임과 촌락에서 활동하는 각종 두두인, 호수와 통수 등 광범위한 세력을 준공적 조직으로 동원해야만 가능한 것이었다. 『목민고』류의 목민서에서 제시된 지침들은 이들을 공적 제도화하지 못한다면 뚜렷한 한계를 가질 수밖에 없었다. 여기에 18세기 탕평론자들이 주목한 지방통치의 한계가 있었다. 즉 그것은 18세기 탕평책의 한계를 고스란히 체현하고 있었다. 이로 인해 탕평책을 추진하던 강력한 군주인 정조가 사거하자 19세기 세도정치가 전개되면서 지방통치가 마비되어 삼정의 문란으로 대표되는 국가적 위기가 초래되는 것을 막지 못하였던 것이다.

그렇지만 18세기 탕평책 추진과 함께 대동과 균역의 이념을 내세우면서 진행되었던 국가의 집권력 강화, 공공성 확대, 공적 영역의 확장은 중세 해체기 국가적 위기를 타개하는 하나의 방향을 제시한 것이라는 점에서 그 중요성이 과소평가될 수는 없을 것이다. 『목민고』류에 보이는 수령의 지방통치 지침은 그러한 각도에서 새롭게 주목되어야 한다고 본다.

18세기 목민서에 나타난 부세제도 운영
- 군역제 운영을 중심으로 -

백승철 ｜ 연세대학교 국학연구원

1. 머리말

중세 국가의 부세제도는 그것은 중세 내에 있어서 각 시기의 지방제
도, 그 내부의 사회구성, 소유관계, 생산력의 발전정도를 전제로 마련되
고 있었다. 따라서 이러한 전제조건이 변화하면 부세제도에도 변화가
일어날 수밖에 없었다. 조선후기는 이러한 제 조건들이 크게 변화하는
시기였다. 사회구성, 소유관계, 농업생산력, 상품화폐경제 등이 크게 변
동하는 가운데, 부세행정의 운영은 어려워지고 혼란은 거듭되고 있었다.
이러한 어려움과 혼란은 단순히 세제稅制 운영상의 부조리에 만 연유한
것이 아니라, 격동하는 사회변동 즉 제반 부세제도의 전제조건의 변화
가 초래한 부세불균등의 심화와 대민수탈의 강화, 그에 따른 농민층의
몰락과 사회혼란을 초래하고 있었다.

이 시기 정부와 지배층은 국가재정의 확보, 중세적 사회 경제체제의
유지를 위해서 삼정운영三政運營과 관련되어 야기되는 제반 문제와 관련
하여 진지하게 연구 검토하고 대책을 세워야만 했다. 조선후기 부세제
도를 이정하려는 논의는 삼정문제를 비롯한 제반 부세제도 전반에 걸
쳐 꾸준히 이루어졌다. 그리고 제도개혁은 대동법大同法, 균역법均役法 등
의 정책으로 시행되기도 하였다. 이 중 군역제軍役制는 당시의 신분제와
밀접하게 관련되어 운영되고 있어 그 자체가 중세적 사회체제를 지탱하
는 하나의 중요한 기반이 되고 있었다. 또한 국방을 위한 군사력의 직접
적인 징발과 국가재정 기반으로서의 부세적賦稅的 기능을 동시에 지는
등 복합적인 성격을 지니고 있었다. 그러한 점에서 군역제와 관련된 부
세행정의 변화와 혼란은 다른 분야보다도 훨씬 심각하고 본질적인 문제
가 되고 있었다.

당시의 관료, 지식인들은 사이에서는 군역제 혼란과 그 수습방안이

다각도로 모색되고 있었다. 그 기본방향은 다음 두 가지로 대별될 수 있는데, 첫째는 피역避役행위를 봉쇄하고, 규정을 개량함으로써 군역제를 유지 재건하는 「양역변통론」이었다. 둘째는 현실적으로 모순이 많고 불합리한 군역제를 근본적으로 변혁함으로써 호포제戶布制와 같은 새로운 제도를 실시하자는 것이었다. 당시 정부는 「양역변통론」의 입장을 채택하여 이를 정책에 적용하고 있었다. 그에 따라 군역제 운영과 관련하여 중앙정부 차원의 통일성과 이의 지방사회 적용을 위한 방안을 모색하였다. 균역법을 종착점으로 진행된 숙종, 영조연간의 양역사정良役查定 과정은 이를 실현하기 위한 정부의 정책적 시도라 할 수 있다.[1]

본고에서는 먼저 기존의 연구 성과를 토대로 18세기 군역제가 가진 구조적 문제점과 실태를 검토하고, 「양역변통론」을 기반으로 전개된 정부의 군역제도 이정책釐正策이 균역법으로 귀결되는 과정을 살펴보고자 한다. 아울러 중앙정부의 이정책이 향촌사회의 현실 속에서 어떻게 운영되고 있는가를 당시에 간행된 목민서牧民書를 통해 살펴보고자 한다.[2]

2. 18세기 군역제 개혁과 군역액 조정

조선후기 군역제는 정군입역正軍立役과 보인수포保人收布의 제도로 정립되고 있었다. 양자는 당시의 군제와 관련하여 각각 여러 종류의 정병正兵과 보인保人으로 구성되었다. 정병의 경우에도 여러 개의 번차番次로 편성되어 일정기간씩 돌아가며 상번上番, 유방留防하기도 하고, 또 경우

---

1) 양역변통과정에 대한 대표적인 연구 성과는 다음과 같다.
  차문섭(1973),『조선시대 군제연구』, 단국대학교 출판부; 정연식(1993), 「조선후기 役摠의 운영과 양역변통」, 서울대학교 박사학위논문; 김우철(1991), 「균역법 시행 전후의 私募屬 연구」,『충북사학』4; 손병규(2008),『조선왕조 재정시스템의 재발견 - 17~19세기 지방재정사 연구』, 역사비평사.
2)『牧民書』는 당시 중앙정부의 정책과 지방의 현실을 모두 고려한 가운데 수령들에게 정부정책을 충실하게 지방 郡縣에 펼칠 수 있도록 하는 지방 행정실무 지침서라는 점에서 이의 분석은 의미를 갖는다고 할 수 있다.

에 따라서는 부분적으로 정번수포亭番收布나 방번수포防番收布하여 그 자금으로써 입역 지망자를 고립雇立하는 용병 내지 상비병제를 택하고 있었다.

18세기 중엽 균역법이 시행되기 이전까지 군역제는 부분적이긴 하지만 점진적으로 변동하고 있었다. 이는 당시 군역제 운영과정에서 나타난 폐단을 시정하기 위한 정부의 대책은 군역민의 수를 확보, 조정하는 문제와 그들이 부담하게 되는 역役을 균일均一하게 책정하는 문제를 중심으로 이루어졌다. 17~18세기말 군역제는 대체로 세 단계로 구분되어 변화하고 있다. 첫 번째 시기는 임란이후 조선전기 군역제가 점차 변동하여 조선후기적인 군역제, 양역제로 정착하는 숙종조까지의 시기이고, 두 번째 시기는 숙종조에서 영조 중엽18세기 중엽에 이르기까지의 양역 변통을 거쳐 『양역실총良役實摠』과 균역법으로 개정되는 시기이다. 그리고 셋째는 양역실총과 균역법이 시행되는 시기이다.3)

첫 번째 시기는 조선전기의 군사제도가 양란兩亂을 계기로 변화하면서 국역체계가 전반적으로 재정비되고, 군역자원의 파악방식에 변화가 일어난 시기이다. 조선전기 군제인 오위제五衛制가 훈련도감을 비롯한 중앙군영 중심의 조선 후기적 군제로 재편되는 가운데 군역수취체제 전반에 큰 혼란이 일어나고 있었다. 이러한 혼란은 우선 군사제도의 변화에서 초래되고 있었다. 즉 오위제에서 오군영제로의 변화가 단기간에 통일적으로 이루어진 것이 아니라, 임진왜란기 설치된 훈련도감을 시작으로 1682년(숙종 8년) 금위영禁衛營이 설치되기까지 근 100여 년간에 걸친 긴 시간 동안 진행되었다. 이 시기 군역제 또한 조선전기 군제하의 호보명목戶保名目에 대한 수취제도와 조선후기 오군영제하 각종 명목의 군역 수취가 병행되어 운영되고 있었다.

조선후기 군사제도의 주축을 이루게 된 오군영五軍營이 상설군문으로

---

3) 김용섭, 「朝鮮後期의 賦稅制度 釐正策－18세기말~19세기 중엽」, 연세대학교 박사학위논문.

존재하게 됨으로써 전병戰兵의 확보와 그 유지를 위한 재정기반이 필요하였다. 오군영에서는 그 재정기반의 대부분을 보포保布, 미米에 의존하고 있었다. 이에 따라 각 군문은 경쟁적으로 각종 명목의 호보戶保를 증설하였고, 또한 다른 관청 소속의 군역보다 부담이 가벼운 역을 창설하여 다른 관청 소속의 군역 대상자들을 자신의 관청으로 끌어들이기도 하였다. 이 같은 군역명목軍役名目의 증설은 중앙 군영에서만 이루어진 것은 아니었다. 군문이외에도 각종 직역수추職役收取와 관련된 중앙관청을 비롯하여, 지방의 영營, 진鎭, 읍邑과 같은 지방관청 또한 각종 군관軍官, 아병牙兵 등의 명목으로 군보軍保를 모집하고 있었다.4)

결과적으로 군액은 급증하게 되었고 군역제의 운영은 통일성을 잃고 복잡한 양상을 띠게 되었다. 1687년(숙종 13년) 양역사출良役査出을 담당하였던, 병조참지 김구金構는 "양역명색良役名色이 잡다雜多하고 그 절목節目이 번다繁多하여 양역에 모입될 때나 제사諸司의 역역에 속할 때, 그 문門이 하나가 아니고 그 규칙規則과 명목名目이 각각 다르기 때문에 전례典例에 능통한 자라도 능히 다 알 수가 없게 되었다."고 하였다.5)

이처럼 군역제도가 통일되지 못하고 역명役名이 복잡해지면서, 각 군역 사이에는 그 각각의 소속기관과 호보명목戶保名目에 따라 그 부담에 차이가 있게 되었다. 1704년(숙종 20)에 작성된 「각영리정청등록各營釐整廳謄錄」에 의하면, 오군영의 호보 명목은 모두 53종으로 다양하였고, 그 부담 또한 1필疋에서부터 3필까지 차이가 있었다.6) 이처럼 군역수취기관이 다양해지고 그 부담이 차이가 나면서 군역부담자들 또한 갖가지 자

4) 전라감영의 경우 현종 6년 6000여명의 牙兵을 보유하고 있었고(『현종실록』 권 10, 현종 6년 7월 壬寅, 36책 472), 이러한 지방관청의 각종 名目에 대한 投屬이 아약충정의 원인으로 지적되고 있다(『현종실록』 권 14, 현종 8년 8월 乙丑, 36책 563).

5) 『숙종실록』 권 18, 숙종 13년 12월, 癸亥, 39책 116.

6) 백승철(1984), 「조선후기 군역제 운영실태 연구」, 연세대학교 석사학위논문, 10~14면.

구책을 강구하여 헐역歇役으로의 투속을 도모하였다. 경각사, 군문과 외방의 영, 진들은 재정확보를 위해 헐역을 미끼로 투속자를 사사롭게 모집하였다.[7] 이처럼 상호간의 이해가 일치되는 가운데 각 관청에 대한 투속자는 날로 증가되고 군액은 정해진 수가 없게 되었다. 조선후기 군역제도 운영과 관련된 대표적인 폐단으로 지적되는 백골징포白骨徵布, 황구첨정黃口添丁, 족징族徵, 인징隣徵 등의 현상은 이러한 군액 증가와 혼란에 기인한 것이었다.

이처럼 임진왜란기에서 숙종조에 이르는 시기의 군사제도 변화와 군역액 증가, 그 운영상의 혼란과 폐단은 당시 민생을 위협하는 가장 큰 요인으로 지적되고 있었다. 따라서 정부에서는 군역제 운영의 통일성 확보와 폐단의 시정을 위한 조치들을 취하지 않을 수 없게 되었다.

두 번째 시기는 앞에서 제기된 각종 군역제의 모순을 시정하기 위해 수차례에 걸친 변통조치를 통해, 마침내 균역법으로 개정되는 시기이다. 이 시기 군역제에 대한 정부의 변통방안은 두 가지 방향으로 전개되었다. 즉 중앙, 지방기관에 소속된 군역의 정액定額을 확정하는 문제와 군역부담을 균등하게 하는 문제였다.

군역의 정액화는 조선왕조 전기에 법전으로 정해진 각종 권력기관 소속자의 정액을 기준으로 그 이외의 군액을 사모속私募屬으로 규정하여 그것을 삭감 내지 제한하는 조치였다.[8] 중앙정부의 차원에서 각 소속 기관 및 지방의 군액軍額을 정액화하여 통일적으로 파악하고, 그 군역액軍役額에 대해서는 실충정實充定함으로써 군사력의 확보와 군포수취를 동시에 가능하게 하려는 것이었다.[9] 정액화 조치가 가장 먼저 이루어진 것은 1699년(숙종 25)의 『각아문양역정액수各衙門良役定額數』에 의한 경아문

7) 『숙종실록』 권 7, 숙종 4년 정월 戊子, 38책 378.

8) 김우철(1991), 「균역법 시행전후 사모속(私募屬)연구」 『충북사학』 4집.

9) 정연식(1993), 「조선후기 역총(役摠)의 운영과 양역변통」, 서울대학교 박사학위논문.

京衙門의 군역액 및 수어청守禦廳, 총융청總戎廳의 군관이었다.10) 이 조치에서는 당시의 현존액現存額 27,794명중에서 10,358명을 감하고 남은 17,436명을 정액으로 결정하고 있다. 이렇게 정해진 군역액은 다시 각도와 각읍의 대소에 따라 분정하고, 일단 분정된 액수는 임의로 증감시키지 못하도록 하였다.11)

그런데 이 조치가 취해지는 과정에서도 군액의 증가가 이루어지고 있었다. 당시 조사된 바에 의하면『경국대전』과 병조도안兵曹都案 및 각사소재성책各司所在成冊의 군역액에는 큰 차이가 있었다. 그렇지만 만일 경국대전의 액수에 따라 군액軍額을 정액화한다면 각 아문의 수응酬應이 부족하다는 이유로 그에 필요한 액수를 확보해 주도록 결정하고 있다.12) 사모속으로 늘어난 군역액이 정식 군액으로 인정된 것이다.

경아문에 대한 정액이 이루어진 후 순차적으로 중앙오군영과 지방군에 대한 정액이 실시되었다. 1702년(숙종 28) 이정청釐整廳이 설치되면서 오군영의 군제와 군액에 대한 변통이 집중적으로 이루어졌다. 이때 정해진 오군영의 군액, 즉 훈련도감 49,029명, 금위영 86,935명, 어영청 85274명, 총융청 23,314명, 수어청 33,340명 든 이후에도 큰 변동 없이 유지되었다. 그리고 이때 감액된 액수 30,790명은 모두 각읍各邑에 분정分定하여 백골징포, 인족침징의 폐를 제거하도록 하였다.

지방군역에 대한 정액화는 1713년~1714년 두 차례 작성된「양역사정별단良役査定別單」에서 집중적으로 시행되었다. 1713년의「양역사정별단」에서는 1699년(숙종 25년)의 정액화에서 빠졌던 경아문의 원역員役과 오군

---

10)『비변사등록』50, 숙종 25년 8월 25일, 4책, 824~827면.
11)『비변사등록』50, 숙종 25년 8월 25일, 4책, 824~827면.
12)『비변사등록』숙종 25년 7월 25일, 4책, 812면. 中樞院 錄事의 경우 經國大典은 4명, 兵曹都案은 164명, 各司成冊은 600명이었고, 工曹匠人은 경국대전 250명, 병조도안 4,260명, 각사성책 6,968명으로 기록되어 있다. 그런데 定額으로 확정된 數를 보면, 중추원 녹사 300명, 공조장인 5,600명으로 조선전기에 비하여 各司의 군역액이 급증한 것을 알 수 있다.

영 및 병조 소속의 일부 각목名目과 지방군관류地方軍官類의 정액을 규정
하였다.13) 그리고 1714년(숙종 40)에는 각 도의 지방감地方監, 병영兵營, 영
장營將 소속의 군역색목軍役色目에 대한 이정釐整을 통하여 지방군액을 정
액화 하였다. 이때 군액사정에서 주목되는 것은 조선전기 군역명색인
정로위定虜衛, 갑사甲士 등이 완전히 혁파되었다는 사실이다. 이는 조선
전기적 군제에서 조선후기적 군제로의 재편이 어느 정도 완료되어 감을
의미하는 것이라 할 수 있다. 그러나 이러한 정액화 조치에도 불구하고
각 군문의 액외額外의 군보를 사모私冒하는 조치는 지속되었고, 사정작업
또한 그 후에도 계속되었다. 17세기 말에 시작된 군역의 정액화 작업은
1748년(영조 24)에 간행된 『양역실총』에 의해서 완료되었다.

『양역실총』이 간행되기까지 영조 연간에도 몇 차례의 군액 사정 조
치가 시행되었다. 1734년(영조 10년)에 또 다시 오군영 군보액軍保額에 대한
조정이 이루어졌다.14) 이때의 군액사정軍額査定은 이정청군액釐整廳軍額을
기준으로 각 군영과 병조의 액외모입자額外冒入者 및 새로 창설된 군역명
목에 대한 혁파조치였다. 그리고 1742년(영조 18년)의 「양역사정별단」15)에
서는 경아문과 오군영의 군액을 사정하여 6,700여 명의 액외 모속자를
감하고, 읍안邑案과 경안京案을 비교하여 경안보다 읍안에 가정加定되어
있는 3,900여 명을 각 도로 하여금 수정하게 하였다. 그리고 6도의 감, 병,
수영의 액외 모속자 24,400여 명을 감減하도록 하였다. 아울러 각 읍 단
위로 분정된 군액을 재조정하는 조치도 이루어졌다. 각도 잔읍殘邑 중에
서 군액의 가장 많은 곳으로 3읍을 택하여 100~200명씩 타도나 타읍의
'민다군소民多軍少'한 곳으로 이송하도록 조치하였다. 1742년의 양역사정
에서는 군현의 군안에 기재된 각종 군액도 지방군현별로 정액화 되었다.
이를 기반으로 『양역총수』(1743년), 『양역실총』(1권 : 1748년 이후), 『양역실총』

---

13) 『비변사등록』 66, 숙종 39년 7월 18일, 6책, 549~554면.
14) 『비변사등록』 96, 영조 10년 9월 5일, 9책, 875~877면.
15) 『비변사등록』 112, 영조 18년 12월 25일, 11책, 332~335면.

(7권 : 1748년 이후) 이 작성되었다. 이 세 종류의 『양역성책良役成册』은 간행 시기와 내용상 약간의 차이가 있지만 군역 재원에 대한 중앙정부의 일 원적인 관리방침을 천명하고 정액대상 범위를 읍 단위까지 확대함으로 써, 이후 지방 수령들이 상급 관청에 의해 행해지던 군보의 남액濫額과 직정直定을 막을 수 있는 근거가 되었다.16) 이는 또한 군역제도 운영의 혼란을 수습하고 통일적으로 운영할 수 있는 조치를 취할 수 있는 기반 이 조성되었음을 의미하는 것이라 할 수 있다.

3. 군역부담의 균일화

한편 17세기 말 18세기 중엽에 이르는 시기의 군역제 변통과정은 군 액의 조정과 더불어 군역부담의 균등화도 병행하여 전개되었다. 역부담 의 균등화는 두 가지 차원에서 이루어졌다. 우선은 앞의 군역 정액화 과 정에서 서술하였듯이 각 지방에 군액 배정을 공평하게 하는 것이었다. 즉 '군다민소' 현상의 해소였다. 정부에서는 각 읍의 호구수戶口數나 신 분구성身分構成, 역의 긴헐緊歇 등을 고려하여 군역액을 배정하였다. 그리 고 『양역실총』이 작성된 이후 여기서 책정된 군현별 군역액은 함부로 수정할 수 없도록 하였다.17) 그 결과 각 지방에 배정되는 군액충정과 군 역세 납부는 그 지방 군역민 전체의 공동 책임 하에 이루어져야만 하였 다. 군역을 지던 농민에게 도逃, 로老, 고故 등의 사고가 있어서 그 곳 군 총軍摠에 궐액闕額이 생겨도 세는 그대로 납부해야만 하였다. 그리고 이 같은 공동책납제共同責納制의 정확성을 기하기 위해 다시 면面, 리里로 세 분되어 운영되기도 하였다. 나아가 해당 면, 리에 궐액이 생기면, 면대정 面代定, 리대정里代定으로서 이를 충당해야 했으며, 그것이 안 될 경우 면,

---

16) 『양역총수』(1743년), 『양역실총』(1권 : 1748년 이후), 『양역실총』(7권 : 1748년 이후)의 내용에 대한 분석은 손병규(2008), 앞의 책, 274~283면 참조.

17) 「良役摠數」 良役查定凡例, 1장; 「關西良役實摠」 關西査定事實, 4장.

리민이 공동으로 이를 수납해야 하였다.

다음으로 개인에게 부과된 역의 불균不均에 대한 변통조치는 개별 군역부담자가 담당하는 역종役種사이에 존재하는 부담을 균일화均一化하는 것이었다. 개별 역종 사이의 부담 차이는 이 시기 각 기관에 의해 이루어진 사모속과 역부담자의 헐역 투속投屬에 기인한 것이었다. 즉 군보확보 경쟁이 치열해지는 가운데 한정된 양역 부담자를 더 많이 확보하기 위해 권력을 이용하여 강제력을 행사하거나, 다른 관청보다 가벼운 부담을 제시해 개별적으로 군보를 모집하였다.

어영군御營軍을 처음 초모抄募할 때, 어영청에서는 수령守令을 통하지 않고 참모관參謀官이라는 자체 내의 직임자職任者를 통하여 군병을 모집하였다.[18] 또한 효종 대 어영군을 증강할 때에도 군병의 정리는 별장을 뽑아 각 도道에 파견하여 처리하였다.[19] 뿐만 아니라 이들 군병에게 지급되는 자보資保는 군병 스스로 충정하도록 하고 있다.[20] 이처럼 정상적인 행정체계를 통하지 않고, 중앙의 각 군영, 관청 및 외방의 영진이 임의로 군보를 모집하는 방식을 '직정直定'이라 한다. 그런데 직정에 의해 모집되는 군보는 대개 헐역이었고, 그 명목도 많을 뿐만 아니라 본읍本邑의 통제를 받지 않았기 때문에, 기존의 무거운 군역의 담당하고 있는 자들이 즐겨 투속하였다. 예컨대 의정부 재향록사在鄕錄事나 이조유조서리吏曹留曹胥吏 등은 경사안부京司案簿에는 그 수가 많지 않으나 각 읍의 군적軍籍에는 이 명목으로 한유하는 자가 거의 10배에 이르렀다고 한다.[21] 뿐만 아니라 중앙군문, 아문 등은 상번군上番軍의 자제 혹은 족속 중에서 아약자兒弱者마저도 대년군待年軍이란 명목으로 치부置簿해 두고 본읍에 공문을 보내어 다른 역에 충정하지 못하도록 강제하기도 하였다.[22]

---

18) 『비변사등록』 3, 인조 2년 정월 12일, 1책, 146면.

19) 『비변사등록』 15, 효종 3년 1월 13일, 2책, 252면.

20) 『비변사등록』 17, 효종 5년 8월 9일, 2책, 442면.

21) 『비변사등록』 82, 영조 3년 11월, 8책, 175면.

지방의 감, 병, 수영 또한 각종 명목의 호보를 만들어 투속자를 영營의 장부에 입속시켜 수포收布하였다.[23] 이 경우 직정에 의해 모집되는 명목은 그 이름이 천賤하지 않고, 역 자체도 부담이 적어 군역부담자가 즐겨 투속하였고, 또한 수령과 관계없이 감, 병, 수영의 관리들에 의해 이루어지고 있었다. 또한 군현단위의 수령들도 이러한 직정을 본받아 별도로 한정閑丁을 수괄하여 수포하고 있었다. 직정에 의하여 열려진 투속의 문은 중앙의 고위관청에서 지방의 이노관청吏奴官廳에 이르기까지 다양하였으며, 그 명목도 중앙의 각 이서에서 천역賤役인 역노驛奴에 이르기까지 다양하였다. 군역부담자들은 조금이라도 헐한 역이 있는 곳이면 어디서나 즐겨 투속하였다.[24]

이처럼 직정에 의한 군역의 초모는 군역담당자 층이 수령의 통제를 벗어나 헐역으로 투속할 수 있는 단서가 되었다. 이 경우 각 군현의 수령들은 상사의 위세에 눌려 아무런 조치도 취할 수 없었다. 혹시 상급관청의 직정에 의해 모속冒屬한 액외자額外者를 조사하려고 해도 원래 본읍을 통하지 않고 이루어지기 때문에 액내, 액외를 구분하여 밝혀낼 방도가 없었다.[25] 설령 액외자를 적발하였다 하더라도 상사上司의 추궁 때문에 감히 손을 대지 못하는 것이 일반적이었다.

한편 직정이 만연하면서 이 시기 군역부담은 각 군역부담자의 소속 관청에 따라 차이가 벌어지고 있었다. 수군水軍이나 조군漕軍, 입방기병入防騎兵, 유청군有廳軍, 사옹원司饔院 장인匠人 등과 같이 1년에 3필을 내는 경우가 있는가 하면, 정로위보定虜衛保, 어부보漁夫保나 방외外方 각영各營 각읍各邑 소속의 군역자와 같이 1필을 내는 경우도 있었다.[26] 그리고 이

---

22) 『비변사등록』 42, 숙종 15년 1월 24일, 4책, 175면.
23) 『비변사등록』 85, 영조 5년 6월 22일, 8책, 625~626면.
24) 歇役으로의 投屬과 良役均一化 과정에 대해서는 정연식(1982), 「17·8세기 良役均一化 政策의 推移」, 서울대학교 석사학위논문 참조.
25) 『비변사등록』 88, 영조 6년 12월 27일, 8책, 948면.
26) 『비변사등록』 63, 숙종 37년 7월 8일.

러한 불균이 군역부담자들의 불만을 초래하고 동시에 헐역으로의 투속을 가속화하여 군현내의 군역수취에 혼란을 초래 하였다. 따라서 군역불균軍役不均의 시정을 위해서는 앞에서 살펴본 군역액의 정액화와 더불어 직정의 금지, 부담의 균등화 등의 조치가 꼭 필요하였다.

직정의 금지는 1689(숙종 15년) 「각아문군병직정금단사목各衙門軍兵直定禁斷事目」을 통하여 정식화 되었다.[27] 이 사목에서는 직정행위 금지, 대년군치부待年軍置簿의 혁파 등 조치가 취해졌다. 아울러 군액의 증원이나 새로운 군제의 설치는 비변사의 관문에 의해서만 시행하도록 하였다. 이 같은 조치는 군정의 통일성을 기하려는 정부의 노력이라 할 수 있다. 이외에도 정부에서는 양역에 대한 사정이 실시될 때마다 직정을 금하고 정액된 원수元數에 따라 본읍本邑에서 초정抄定할 것을 거듭 강조하고 있다. 그리고 직정을 허용한 지방관에 대한 처벌도 시행하여 이를 막으려고 노력하였다.

직정에 대한 금지 조치와 더불어 역종간의 부담의 차이를 없애려는 노력도 병행되었다. 먼저 3필역을 2필역으로 감필하여 균등화하는 조치가 이루어졌다. 1704년(숙종 30년) 〈이정청〉에 의한 「군포균역절목軍布均役節目」이 그것이다.[28] 그런데 3필역을 2필역으로 감필하는 과정은 당시의 군역액을 증가시키는 방향으로 전개되고 있었다. 즉 3필역을 2필역으로 감필하는 과정에서 시행된 병보제幷保制가 그 한 예이다. 병보제란 응역하는 보인 2명으로 하여금 한정 1인을 찾아내어 기존에 2인이 납부하던 것을 3인이 2필씩 부담하도록 하는 조치이다.[29] 이는 당시 신설 군문을 비롯한 중앙, 지방의 각 관청이 재정부족을 군액증가, 즉 군역세 징수 증가를 통해 해결하려는 입장의 연장선상에 서 있는 조치였다. 병보제는

---

27) 『비변사등록』 42, 숙종 15년 정월 24일, 4책, 175~176면.

28) 이 시기 減定均役과 관련해서는 앞의 주 1에서 제시한, 車文燮, 朴廣成, 鄭萬祚, 鄭演植 등의 논고에 의해 자세히 정리되어 있다.

29) 정연식(1982), 앞의 글, 34~42면 참조.

한정 획득의 어려움으로 인하여 제대로 이루어지지 못하고 혼란만 가중시키게 되었다. 아울러 감필減疋을 통한 수포액收布額의 감소가 민 전체의 군역부담의 감소로 이어지지 않음을 알 수 있다.

수포액에 대한 최종적인 균일화 조치는 1750년(영조 26)의 〈균역청均役廳〉에 의한 「균역사목均役事目」으로 완성되었다. 균역법의 경우 앞에서 본 감필 균역의 문제점을 보완하기 위해 감필에 대한 보상으로 해당 관청에 대한 급대給代조치가 시행되었다. 균역법에서는 2필역을 1필역으로 통일하고, 감축된 수포액에 해당하는 재정 부족분을 결미結米, 해세海稅, 은여결隱餘結의 수괄, 선무군관포選武軍官布의 징수, 어염선세魚鹽船稅 등을 통하여 마련하도록 하였다. 그리고 이렇게 마련한 재원을 해당 관청에 급대하여 감필에 대한 재정부족을 해결해 주고 있다.[30] 재정운영의 측면에서 볼 때, 균역법은 각급 기관의 개별적 재원획득 활동을 왕권 하에서의 부세의 일원적 징수와 각 기관에 대한 배분이라는 재정원칙을 강화하는 방안이기도 하였다.[31]

그런데 급대 내용을 살펴보면 대부분 중앙의 군문과 경각아문을 중심으로 급대가 집중되고 있었다. 즉 지방 각 감, 병, 수영 이하 소속 관청의 감필분에 대해서는 어떤 재정적 보완 조치가 취해지지 않고 있었다. 오히려 지방관청의 대동미大同米 유치분留置分과 영수미營需米 11,000석을 매년 균역청에 이획移劃하도록 하고,[32] 또 각영各營의 미米 500석, 조租 5,200석, 면포綿布 4,000필을 매년 회록會錄하도록 하여[33] 지방관청의 재정을 더욱 곤궁하게 하고 있다. 따라서 각 지방관청은 재정부족 현상이 심화되게 되었고, 그 타개 방안으로 지방관청 소속의 군보액을 증설

---

30) 백승철(1984), 앞의 글, 33~34면 참조.
31) 須川英德(1994), 『李朝商業政策史硏究 - 18 · 19世紀에 있어서 公權力과 商業』,東京大學出版會.
32) 『均役廳節目』移劃條.
33) 『均役廳節目』會錄條.

하거나, 혹은 민고民庫 등의 명목을 통하여 해결하지 않을 수 없었다. 다산 정약용이 "균역법 시행이후 서울에 바치는 군포 외에 순영巡營과 군영兵營의 군졸, 그 고을의 제번군除番軍, 제고諸庫, 제청諸廳의 사모군私募軍, 향교와 서원의 보솔保率, 사령과 관노의 봉족奉足, 경주인京主人의 보솔, 영주인營主人의 보솔, 포호浦戶의 보솔, 연군烟軍의 보솔, 영장營匠의 보인, 읍장邑匠의 보인, 사색보四色保, 삼색보三色保, 죽보竹保, 칠보漆保, 지보紙保 등 기기괴괴한 것이 천 가지 만 가지가 되어 오늘에 이르렀다."고 지적한 바와 같이 '균역법 실시 초기에 비하여 당시 군포 수취액은 크게 증가되고 있는 실정이었다.[34] 균역법 시행이후 중앙 아문과 군문의 군보액은 크게 증가하지 않았으나, 전체 군역액이 계속 증가되고, 그 폐단 또한 더욱 악화되는 현상은 이러한 점에 기인한 것이었다.[35]

　이상과 같이 정부는 이 시기 군역제의 폐단을 이정釐整하기 위한 조치로서 군액의 정액화, 직정금지, 감필을 통한 역부담 균일화 조치를 취하고 있었다. 이러한 조치는 물론 조선후기 호적법, 호패법 시행을 통한 대민파악의 체계화를 바탕으로 부세제도 운영의 중앙집권화를 강화하는 조치였다. 군영이나 경京, 외각관청外各官廳에 의해 이루어지던 개별 분산적인 모군募軍과 대정代定 방식 또한 군현단위로 군역 종목의 액수를 고정시키고, 상급관청의 직정을 금지함으로써 중앙집권적 군역제도 운영의 기반을 조성하였다. 이러한 이정방안의 지향은 또한 당시 진행된 정치운영, 재정운영 방식의 변통과 관련되어 전개되었다. 즉 영, 정조년간 탕평정치가 시행되고, 각급 국가기관의 개별 분산적 재정운영에 대하여 중앙정부가 재원을 일원적으로 파악하여 각 기관에 재분배하고자 하는 중앙집권적인 재정이념의 강화와 연계되어 진행되었던

---

34) 丁若鏞, 茶山研究會 譯註, 『牧民心書』 兵典 六條 제1장 簽丁, 창작과비평사, 112면.

35) 균역법 실시이후 지방군액의 증가 현상에 대해서는 백승철, 앞의 글, 44~45면 참조.

것이라 할 수 있다.[36] 따라서 군현제에 입각한 중앙집권화의 최일선에 위치한 지방수령의 역할은 그 중요성이 점점 커져갔고, 이러한 흐름이 17세기 말 이후 많은 종류의 '목민서'들이 편찬되는 배경이 된 것이라 할 수 있다.

4. 목민서를 통해 본 향촌사회에서의 군역제 운영

18세기 이후 간행된 『목민서』에서 지방관에게 제시하는 통치지침은 지역의 토착, 토호세력과 향리들의 권력 남용과 전횡을 배제하고 국가의 통치 방침을 지역사회에 구현하는 방안들이었다. 군역제와 관련된 서술 내용을 검토하여 볼 때, 이러한 방침은 보다 더 분명하게 확인된다. 『목민서』에는 지방 수령이 풍헌風憲, 약정約正 등의 향임층鄕任層이나 향리鄕吏들에게 휘둘리지 않도록 하기 위하여 군역제 운영과 관련된 중요 법규들에 대한 서술[37]을 필두로, 한정閑丁의 수괄과 관리 방안, 세초歲初의 시행과 대정방안 및 시행 규칙, 군포의 징수와 수납 등 군정운영의 시말에 대한 내용과 주의할 점, 문서작성 방식에 이르기까지 자세한 내용이 서술되어 있다. 뿐만 아니라, 향임이나 향리층이 저지르는 각종 농간과 부정에 대한 사례들을 자세히 서술함으로써 이들의 농간에 대비하도록 하였다. 따라서 목민서의 이와 같은 서술내용은 당대의 군역문제와 관련된 사실을 파악하는데 중요한 단서를 제공하는 자료라고도 할 수 있다.

앞에서 살펴본 바와 같이, 18세기 중앙정부의 군액사정軍額査定 과정에서 각 군별에 분정分定된 군액은 균역법 시행이후 각 군현단위로 정액

---

36) 손병규(2008), 『조선왕조 재정시스템의 재발견 - 17~19세기 지방재정사 연구』, 역사비평사, 249면.
37) 안정복이 지은 『臨官政要』에서는 수령이 군역제 운영과 관련하여 지켜야 할 법규정들을 일일이 열거하여 설명하고 있다. (『臨官政要』 제13, 軍政章.)

화 되었다. 한번 정해진 군액은 쉽게 변동되지 않았고 각 지방에서는 어떠한 일이 있어도 그 군액에 해당되는 군보를 확보하여 입번시키거나 군포를 상납해야만 했다. 지방에서는 이 같은 일정한 군액을 유지하기 위해 도망逃亡, 노제老除, 물고物故 등과 같이 기존의 군역담당자에 의해 발생한 결원을 새로운 양정良丁으로 대신 채워 넣는 과정을 대정이라 하였다. 대정은 6월과 12월에 정기적으로 거행하는 세초대정은 궐액闕額의 발생에 따라 수시로 대정하는 방법이 혼용되고 있다. 대정은 국방 및 국가재정과 직접 관계된 문제였기 때문에 수령으로써 결코 소홀히 할 수 없는 문제였으며, 충실치 못한 수령에 대한 책임추궁도 매우 엄격하였다.[38] 따라서 세초를 통한 궐액의 파악, 대정자원인 한정의 확보 등은 조선후기 군현단위에서 이루어지는 군역제 운영의 가장 중요한 분야라 할 수 있다.

그러나 세초歲抄 과정에서 도망, 노제, 물고자 등과 같은 궐액 발생의 진위에 대한 판단이나, 그에 대한 대정은 결코 쉬운 일이 아니었다. 대정문제 관련하여 조선후기 수령들이 당면하는 가장 큰 문제는 군역 예비자원이라 할 수 있는 한정의 확보가 어렵다는 점이다. 물론 이 시기 호적법, 호패법의 시행으로 인정人丁에 대한 파악이 보다 강화되었다고 하지만, 향촌사회에서는 항상 '군다민소' '한정의 부족不足' 현상에 직면하고 있었다. 이는 균역법 시행 이후에도 지속된 중앙 군영이나 각 아문, 지방영진의 액외額外 모속募屬의 증가, 혹은 신분제 변동에 따른 군역 담당층의 감소가 그 직접적 원인으로 파악되고 있다. 경외아문京外衙門의 직정금지直定禁止 조치와 군액의 정액화, 균역법의 시행 등 양역변통을 위한 제반 조치가 내려진 후에도 목민심서에 나타난 한정수괄閑丁收括의 어려움은 전혀 달라지지 않고 있었다.

대부분의 목민서에서 세초歲抄 시 한정수괄을 위한 최선의 방안으로 제시한 것은 '이정법里定法'이었다. 이정법은 리里 내에 궐액이 발생할 경

---

38) 『續大典』 兵典, 免役條.

우 그 리내里內에서 책임지고 대정하도록 하는 것이다. 18세기 말의 대표
적인 목민서인『목민고牧民攷』에서는 이정법을 "조정의 아름다운 제도로
서 민의 소란스러운 원성을 없게 만들고, 이서가 농간을 부리는 폐단을
없애는 것으로 이보다 좋은 제도가 없다,"고 칭찬하고 있다.[39] 또한 호
포법戶布法이나 구전법口錢法이 시행되지 못하는 상황하에서 이정법은 소
변통小變通; 양역변통론을 위한 최선책으로 평가하고 있다.[40]『목민고』의
서술내용을 중심으로 이정법의 장점을 정리하면 다음과 같다.[41]

첫째 도망, 노제, 물고자의 허실이 쉽게 드러나고, 그 대정이 신속하
게 이루어질 수 있다는 점이다. 거짓으로 위와 같은 이유를 대고 군역에
서 면제되고자 할 경우, 그 궐액을 해당 리에서 대정하도록 하면, 대정자
가 같은 리에 살고 있는 자이기 때문에 그 진위여부를 잘 알고 있어 허
실이 쉽게 밝혀질 수 있다는 것이다. 또한, 물고자의 경우 관에 문서를
제출한 후 대정이 허용되고, 대정을 완료하기 전까지는 물고자에게 그
대로 징포하는 것이 관례였다. 이것이 소위 백골징포이다. 그런데 물고
자의 족속이 가난한 경우 문서를 제출할 때 정채情債와 작지作紙의 비용
이 많아 신고하지 못하여 그대로 징포되는 예가 많았다고 한다. 그러나
이정법을 시행할 경우 본리의 유사有司가 면임을 통하여 보고하고 본리
의 임장任掌으로 하여금 공론에 따라 즉시 대정하기 때문에 신속하게 처
리할 수 있다는 것이다.

둘째, 세초시 혼란을 없애고 해당 색리色吏의 중간환롱中間幻弄을 금할
수 있다는 점이다. 세초대정시歲抄代定時 부민富民은 뇌물을 바치고 제외
되는 경우가 많은데, 본리本里의 공론公論에 의해 대정이 이루어지므로
일이 간단하고 관리가 환롱幻弄할 단서가 없어지게 된다는 것이다.

셋째, 누적자漏籍者와 한정을 일일이 적발할 수 있다는 점이다. 이정

---

39)『牧民考』里定報草.
40)『牧民考』里定報草.
41) 이하는『牧民考』里定報草의 내용을 정리하였다.

법을 시행할 경우 수령이 그 가좌家座와 남정수男丁數를 계산하여 호적과 비교해 보면, 누적자가 쉽게 드러나고 호적법도 엄하게 된다는 점이다.

이처럼 이정법은 세초 대정할 때, 수령이 일일이 조사하고 잡아들이는 번거로움을 없애고, 백성들이 숨기고 누락하는 일을 방지하며, 이서들이 농간을 부리는 단서를 끊을 수 있는 좋은 제도로 평가되었다. 또한 호포법이나 구전법이 시행되지 못하는 상황 하에서 이정법은 소변통을 위한 최선책으로 평가하고 있다.42)

한편 목민서에서는 이정법이 가진 문제점도 아울러 지적하면서 수령들에게 주의를 요구하고 있었다. 그 문제점은 리민들이 걸인과 같은 의지할 곳이 없는 사람으로 궐액을 대정하거나, 혹은 거짓 이름을 올리고 군포는 이에서 나누어 부담함으로써 군적을 허부화虛簿化시키는 것이다. 이런 일은 리정里正들이 이웃 사람들에게 미움을 사지 않으려고 종종 시행하는 방법이었다. 따라서 수령들은 항상 호적戶籍이나 가좌책家座冊 등 다른 장부와 비교하여 허실을 살필 것을 강조하고 있다.

한편 세초대정의 범위가 리 단위로 축소되었다는 점은 곧 해당 리가 항상 대정해야 할 정해진 군역액이 존재하게 되었다는 것을 의미한다. 즉 군역액의 리 단위의 정액화를 의미한다고 할 수 있다. 리에 분정된 군역부담은 이제 어떤 경우라도 리민들의 공동책임이 되는 것이다. 공동부담의 범위가 이처럼 리 단위로 세분되면서 농민들의 대응 또한 공동납의 방식으로 발전해 가고 있었다. 가장 흔한 방식은 리에서 대정하지 못한 군액을 리에서 그때그때 취렴하여 납부하는 형식이었다.43) 궐액에 대한 공동부담은 점차 리 전체의 군역세를 공동으로 마련해 납부하는 하는 형식으로 발전하였다. 즉 군적에 기재되는 이름은 모두 가명假名으로 작성하여 모든 군액을 허록虛錄하였다. 그리고 그 비용은 동리에서 호렴戶斂 내지 결렴結斂으로 거두거나 혹은 일정한 기금을 마련하

---

42) 『牧民考』 里定報草.

43) 『政要』 良役條.

여 식리息利를 통해 마련하기도 하고, 때로는 군역전軍役田, 역근전役根田을 마련하여 그 지대 수입을 가지고 마련하기도 하였다.[44] 이처럼 이정법은 군역세에 대한 공동납의 대두를 가능케 하기도 하였다.

대부분의 목민서에서는 이정법에 의한 대정의 공동책임은 인정하지만, 공동납은 인정하지 않고 있었다. 그 이유는 막중한 군보가 유명무실해 짐으로써 군역제의 근본이 붕괴될 수 것이었다.[45] 이는 당시 군역제가 단순한 부세제도가 아닌 국방을 위한 군사력의 확보를 위한 인적자원의 확보가 전제되어 있었기 때문이었다.

한편 이러한 목민서들과는 달리 공동납을 군역제의 근본적인 개혁방안으로 이해한 목민서도 등장하고 있다. 다산의 『목민심서』가 그것이다.[46] 『목민심서』에서는 당시 수령들의 이정법에 의한 한정수괄과 대정에 대하여 "대오隊伍는 각목名目이요, 미포米布는 실질이다. 그 실은 이미 거두어들여 놓고 명목은 또 왜 찾는단 말인가. 명목을 찾으려 하면 그 해독은 백성이 입기 때문에 군정을 잘 닦는 자는 닦지 않는 것이 낫고, 첨정簽丁을 잘하는 자는 첨정을 하지 않는 것이 낫다."라고 하여 오히려 백성들을 해치는 행위라고 지적하였다. 그는 조선후기 군역제 개혁을 위한 논의 과정과 균역법 시행에 이르는 제도적 변통과정을 평가하면서 현실에서 나타나는 군역제의 폐단을 통렬하게 비판하였다. 그리고 호포나 구전을 실시하지 않았음을 비판하면서 군포계軍布契, 역근전役根田 등을 백성이 시행한 호포와 구전이라 하여 수령들이 이를 금지하지 말 것을 당부하였다. 그가 주장하는 군포계, 역근전은 기금을 마련하는 과정에 그 동리洞里의 상족上族(양반)과 하족下族(평민)이 모두 참여하는 즉 조관朝官, 향관鄕官, 군관, 교생, 사노私奴 등과 같이 군역에서 제외되는 신분

---

44) 『牧民心書』 권8, 兵典簽丁條

45) 『居官大要』 軍政條.

46) 이하 다산의 군역제에 관한 논의는 『牧民心書』 권8, 兵典簽丁條에서 정리하였다.

의 호도 공동기금 마련에 참여하는 형식이었다. 군역제의 신분제적 편성원칙을 넘어 선 공동납이 실제 시행되고 있다는 것이다. 다산은 이러한 현실 상황을 호포제와 동일한 것으로 보고 "조정에서 시행하고자 했으나 시행하지 못한 것을 아래에서 백성들이 스스로 시행하였다."고 평가하고 있다.

5. 맺음말

이상에서 본 바와 같이 18세기 군역제는 점진적인 변화와 변통이 이루어지고 있었다. 그 변화의 중심에는 오군영을 중심으로 한 조선후기 군제가 정착하는 과정에서면서 발생한 다양한 군역명목의 증가였다. 또한 대부분의 군역부담자가 수포군화收布軍化되면서, 각 군영과 중앙아문은 재정기반을 확보하기 위하여 각종 명목의 호보戶保를 신설하고, 중앙관청이 직접 군보를 모집하는 직정 방식의 군보모득軍保募得을 계속하였다. 이점에서는 지방관청도 예외가 아니었다. 이에 따라 각종 군역명목이 신설되고 각각의 군역 사이에는 그 부담의 차이도 나타나게 되었다. 결과적으로 군역액軍役額은 급증하였고, 군역제의 운영은 통일성을 잃고 혼란에 빠지게 되었다. 그리고 이러한 혼란은 군역부담자 층인 민의 생존을 위협하는 동시에 군역제도 자체의 위기를 초래할 만큼 심각한 것이었고, 나아가 당시의 사회 경제적 변화와 맞물리면서 조선왕조체제 전반에도 영향을 미치는 실정이었다. 군역제 전반에 걸친 전면적인 개혁이 요구되는 시기였다.

17세기 말 18세기 중엽에 이르는 군역제의 변통과정은 우선 신설된 호보명목의 군액을 조사하여 정액화하는 것이었다. 숙종~영조연간에 수차례의 사정査定 과정을 거쳐 『양역실총』의 간행으로 마무리된 군액사정의 결과, 중앙 각아문과 오군영의 군액을 비롯하여 지방 감, 병, 수영의 군역액이 확정되고 지방관청에 분급되어 군현단위의 군총제軍摠制가 수립되었다. 이로서 군역제는 운영과정에서의 혼란을 극복하고 중앙 집권적인 통일성을 회복할 수 있게 되었고, 지방 수령들은 상급관청에 의해 행해지던 군보의 남징濫徵과 직정을 막을 수 있게 되어, 정상적인 행정체계를 통한 군역제 운영이 가능하게 되었다.

한편 이 시기 군역제의 변통과정은 군역부담의 균일화도 병행하여 전개되었다. 중앙, 지방의 각 관청에 의해 각종 명목의 호보가 신설되고 직정이 행하지던 과정에서 군현단위의 지역간 불균등과 역종役種사이의 불균등이 발생하였다. 지방군현에서 나타난 '군다민소', '민다군소'한 현상과 1필역에서 3필역에 이르기까지 역종役種간 부담의 차이가 발생하였다. 지역 간의 불균등은 『양역실총』의 간행에 의한 군총제 수립을 통하여 그 해결의 단서가 만들어졌다. 개별 군역부담의 차이 또한 3필역의 2필역으로의 균일화과정 및 균역법 시행을 통하여 해결되었다.

한편 목민서를 통해 본 향촌사회의 군역제 운영은 정부의 「양역변통정책」을 가장 잘 반영한 미제美制로 평가되는 이정법이 그 운영의 중심이 되고 있었다. 그리고 이정법에 의한 군총軍摠의 세분화細分化와 군역 대정의 리 단위의 공동책임제는 그 부담과 관련해서도 공동의 책임을 강요하고 있었다. 이러한 가운데 군역세의 부담에서도 일부 공동납부가 실현되고 있었다. 군포전, 역근전 등이 만들어져 개별적인 군역수취를 무력화시키는 가운데 리포里布, 동포제洞布制로의 변화도 나타나고 있었다. 이 경우 양반, 중인과 노비 등 종래 군역이 면제되었던 신분층까지도 공동납에 참여하고 있었다. 이러한 공동납은 조선후기 군역제의 기본성격인 군사력의 확보를 위한 인적자원의 확보와, 신분제에 입각한 군역수취제도의 기본적인 운영방식을 전면적으로 부정하는 것이었다. 따라서 대부분의 목민서에서는 이러한 공동납을 군역제의 근본을 위협하는 것으로 인식하여 그 시행을 금지하도록 수령들에게 권하고 있었다. 다만 정약용의 『목민심서』만이 이를 호포제와 동일한 것이라 하여 수령들에게 허용하도록 권유하고 있었다. 「양역변통론」에 입각하여 만들어

진 최고의 미법美法으로 평가되는 이대정법里代定法이 호포제戶布制 시행
의 기반이 되는 역설적인 상황이 전개되고 있는 것이다.

조선후기 목민학의 계보와 『목민심서』

김선경 ㅣ 서울대학교 규장각한국학연구원 책임연구원

1. 머리말*

『목민심서』는 다산 정약용의 창의적 저술이지만 그와 같은 저술 형식은 조선후기 사회에 이미 존재하였다. 우리는 조선시대 저술된 많은 목민서들의 존재를 알고 있다. 이들 목민서와 『목민심서』의 관계를 좀 더 적극적으로 설정할 필요가 있다.

본인은 조선시대 목민서를 산출, 유통, 활용하였던 영역을 '목민학牧民學'이라는 학문 장르로 설정하고 싶다. 목민서류의 대부분이 '목민牧民'을 의미하는 이름을 달고 있고 또 정약용의 『목민심서』가 이 계통의 책으로서는 대표적인 저술이기 때문에 그 대표성을 인정하여 이 계통의 책을 '목민서'로 명명하는 것처럼, 이들 목민서를 산출해 낸 학문 영역을 '목민학'이라고 명명하는 것이 일정한 타당성을 가질 것으로 생각한다.

단지 조선시대 목민서들이 있었다는 사실을 확인하는 것으로 그치지 않고, 이를 목민학의 산물로서 보려는 것은 그것의 사회적 수요, 유통, 생산의 측면을 적극적으로 평가함으로써 조선후기 실천적 지적 활동의 한 흐름을 포착해 보려는 욕심 때문이다. 목민학은 '수기치인修己治人'의 학문을 지향하였던 조선시대 사족층이 지위를 벗어나 발언한다는 염려 없이 자신들을 학문과 실천의 주체로 설정하여 넓고 깊게 그리고 지속적으로 전개한 학문 영역으로 생각된다. 이글에서는 '목민학'을 잠정적으로 '목민서와 연관된 학문 체계'로 보고, 연구를 진행함에 따라 재정의할 것이다.

조선후기 목민학이라는 학문 장르의 존재를 가정한다면, 『목민심서』

* 이 논문은 2008년도 정부재원(교육인적자원부 학술연구조성사업비)으로 한국학술진흥재단의 지원을 받아 연구되었음(KRF-2008-327-A00050).

는 당연히 목민학의 흐름 속에서 평가되어야 한다. 『목민심서』는 얼마나 목민학이라는 학문 영역에 기대어 저술되었으며 수용되었는가, 또 역으로 『목민심서』가 목민학이라는 학문장르에서 수행한 역할은 무엇인가가 파악되어야 한다. 이는 『목민심서』를 이해하는 하나의 방법인동시에 조선후기 목민학의 지도를 그리는 작업이 될 것이다. 『목민심서』는 다산이 속해있던 학문 전통과 그의 독창성이 동시에 평가되어야만당대의 역사적 문맥 속에 제대로 배치할 수 있으며, 오늘날의 역사적 문맥으로 불러들이는 일도 가능할 것이다.

목민서의 발굴 소개는 일제시대 내등길지조內藤吉之助, 80년대 이우성, 김선경 등에 의해 이루어진 바가 있다. 아직도 많은 목민서들이 학계의주목을 받지 못한 채 여러 도서관에 소장되어 있을 것이며 개인 소장도많을 것으로 짐작한다. 목민서에 대한 연구는 목민서를 조선후기 사회를 이해하는 자료로써 활용하는 데 주력하였고 목민서의 지적 실천으로서의 성격, 내용, 계보 분석에는 소홀하였다. 그동안 목민서에 대한 연구로는 홍양호의 『목민대방』에 대한 김영주의 연구, 『목민심감』 등에 대한김성준의 연구, 목민서를 통해서 형정刑政을 살펴본 심재우의 연구, 『임관정요』에 대한 원재린의 연구, 미암 유희춘의 『치현수지治縣須知』에 대한 정호훈의 연구가 있다.[1]

『목민심서』에 대한 연구는 다음 몇 가지 부류로 나눌 수 있다. 첫째, 『목민심서』의 필사본, 간행본 등의 판본 비교 연구로서 안병직의 연구가

---

1) 金英珠(1982), 「耳溪 洪良浩의 牧民思想－牧民大方을 中心으로」 『淑大史論』 11 · 12; 金成俊(1990), 『牧民心鑑 硏究』, 고려대 민족문화연구소; 沈載祐(1998), 「朝鮮後期 牧民書의 편찬과 守令의 刑政運營」 『奎章閣』 21; 원재린(2006), 「순암 안정복의 '목민'관－『임관정요』 「政語」 분석을 중심으로」 『한국사상사학』 26; 원재린(2007), 「〈政蹟〉편에 반영된 안정복의 '守令'像」 『역사와 실학』 34; 원재린(2008), 「순암 안정복의 鄕政方略－『임관정요』 「時措」 분석을 중심으로」 『대동문화연구』 64; 정호훈(2007), 「眉巖 柳希春의 학문활동과 『治縣須知』」 『한국사상사학』 29.

있다. 둘째, 『목민심서』에서 인용한 서적·인물 빈도를 조사한 정석종의 연구가 있다. 셋째, 『목민심서』에 앞선 선행 목민서의 존재에 주목한 임형택의 연구가 있다.[2] 넷째, 『목민심서』를 자료로 이용한 조선후기 사회 연구나 다산의 행정·경제·교육사상 등에 대한 연구가 다수 존재한다. 이글의 문제의식과 밀접한 관련이 있는 첫 번째, 두 번째, 세 번째 경향의 연구는 매우 적다.

이글의 목표는 조선후기 목민서의 계보와 목민학의 사회적 기반을 파악함으로써 '목민학'이라는 학문 장르를 설정해내는 것이다. 또한 목민학 저술의 최고봉인 『목민심서』를 통해서 다산의 목민학 세계가 어떠하였는지, 조선후기 목민학이 어느 경지까지 전개되었는가를 파악하려고 한다.

이글의 순서는 다음과 같다. 우선 조선후기 목민서들의 존재, 계보확인으로부터 출발하여 목민학의 사회적 기반을 살펴봄으로써 목민학의 설정 가능성을 탐색한다. 다음으로 『목민심서』가 기존의 목민학에 어떻게 기대고 있으며 또 무엇을 확장하였는가를 고찰한다. 마지막으로 다산 정약용이 『목민심서』를 통해서 전개한 다산 목민학의 특징을 살펴보고자 한다.

2. 목민학의 탐색

조선후기에 목민학이라는 학문 장르가 존재하였음을 말하려면, 일단은 목민학의 산물인 다양한 목민서가 발굴되고, 목민서가 텍스트로서 유통·활용되었던 양상이 파악되고, 목민학을 요구하는 사회적 기반이

---

2) 안병직(1985), 「『목민심서』考異」, 『정다산 연구의 현황』, 민음사; 鄭奭鍾 (1997), 「『牧民心書』分析」, 『韓國 古代·中世의 支配體制와 農民』, 金容燮敎授停年紀念韓國史學論叢刊行委員會; 임형택(2007), 「『목민심서』의 이해-다산 정치학과 관련하여」, 『한국실학연구』 13; 노경희(2006), 「일본 소재 정약용 필사본의 소장 현황과 서지적 특징」, 『다산학』 9.

해명되어야 한다.

1) 조선에서 번각된 중국 목민서들

고려 말에 이미 중국으로부터 목민서가 수입되어 번각되었다. 원元
의 장양호張養浩(1269~1329)가 지은『목민충고牧民忠告』가 중국에서 1338년에
처음 간행 되었다. 그 40년 쯤 뒤인 1368년(공민왕 17) 고려 진양晉陽에서
목사 민선閔璿이 『목민충고』를 교수 문경文璥의 발문을 붙여 간행하였
다. 이 진양판을 1398년(태종 7)에 밀양부에서 첨사 이신李慎이 간행하였
고, 또 이 1398년 밀양판을 1578년(선조 11년) 밀양에서 다시 간행하였다.
1578년 밀양본에는 '이신이 간행한 판본이 산일 된 지 몇 백 년인데 이
제 이공의 뜻을 이어받아 간행하게 되었다.'라는 내용의 부사府使 김극
일金克一의 발문이 있다. 이 판본은 현재 한국에는 남아 있지 않고, 이를
저본으로 한 일본판의『목민충고』,『목민충고언해』에 문경과 김극일의
발문이 그대로 실려 있어 그동안의 간행 경과를 알려준다. 이와 같은
사실은 일본의 목민서를 연구한 소천화야小川和也에 의해서 밝혀졌다.[3]
그는 일본의『목민충고』수용은 이 밀양본의 압도적인 영향 아래 이루
어졌다고 말한다.

조선 초에, 명明의 주봉길朱逢吉이 지은『목민심감牧民心鑑』이 조선에
서 간행되었다.『목민심감』은 중국에서 1404년(명 영락 2)에 간행되었는데,
그로부터 얼마 지나지 않은 1412년(태종 12) 지평현砥平縣에서 현감 김희金
熙가 간행하였다. 이 판본은 현재 규장각에 소장되어 있다.『목민심감』
은 "수령이나 만호를 새로 제수할 때에는『목민심감』,『경국대전』을 시
험으로 강講하게"[4]하였을 정도로 널리 활용되었다.

---

3) 小川和也(2008),「近世日本における『牧民忠告』の受用と展開: 朝鮮密陽本
　の影響お探る」『日韓相互認識』 1; (2008),『牧民の思想』, 동경: 평범사,
　163~164면.

중국의 목민서로서 조선에 많은 영향을 미친 또 하나의 목민서가 송宋의 진덕수眞德秀(1178~1235)가 지은 『정경政經』이다. 『정경』은 조선에서 널리 알려진 책으로서 1575년(선조 8)에 조헌이 왕에게 간행을 청하였는데 이때 간행되었는지는 확실하지 않다. 『정경』은 1747년(영조 23)에 영조의 명에 의해서 간행되었으며 현재 규장각에 소장되어 있다.

목민서는 아니지만 목민에 대한 잠언을 가장 많이 보급시킨 책은 바로 『소학』이다. 『소학』에는 목민에 관한 잠언이 여럿 있는데, 그 가운데서도 가언嘉言편에 나오는 "관원이 되어 지켜야 할 법은 오직 세 가지 일이 있을 뿐이니, 청렴·삼감·근면이 그것이다."[5] 라는 구절은 조선의 목민서에서 애용되었다.

2) 현존 조선 목민서들과 그 계통

하나의 학문 분야는 천재 한두 사람의 뛰어난 저작으로 확립되는 것이 아니다. 사회 내에 그 학문이 생산·유통·활용되는 장이 형성될 때 그러한 학문 영역이 존재한다고 말할 수 있다. 목민학이라는 학문 장르의 존재 가능성을 우선 현재 남아있는 목민서들의 다양한 종류와 판본으로부터 타진해보려고 한다.

조선후기에 생산된, 저자가 명확하지 않은 목민서들이 수집되어 간행된 것은 1942년 일본인 내등길지조內藤吉之助에 의해서이다. 그는 수집한 목민서 종합본 가운데서 겹치는 내용은 제외하고 새롭게 편목을 붙여 『조선민정자료-목민편』을 간행하였다. 내등길지조內藤吉之助가 수집한 목민서는 『치군요결』, 『분우요결分憂要訣』, 『목민고』, 『거관대요』, 『삼도三到』, 『목민대방』, 『선각』, 『칠사문답』, 『거관요람』, 『이치정람吏

---

4) 『성종실록』 성종 2년 7월 癸酉.
5) "當官之法唯有三事. 日淸, 日愼, 日勤(『소학』, 嘉言편)." 이 글귀는 본래 呂本中(1084~1145)의 『官箴』에 있다.

治精覽』, 『정요』, 『거관대요』 등이었다. 이 목민서들은 대부분이 현재 규장각 소장본으로 되어 있고 몇몇은 소재가 파악되지 않는다.

그 후 오랫동안 목민서 발굴에 관심을 기울이지 않다가, 1986년 이우성이 서벽외사西碧外史 해외수일본海外蒐佚本 시리즈의 하나인 『거관잡록외 7종』(아세아문화사 영인본, 1986)을 통해 『거관잡록』과 『근민요람近民要覽』을 소개하였다. 1987년에는 김선경이 『조선민정자료총서』여강출판사 영인본, 1987를 통해 『사정고四政考』, 『목강牧綱』, 『요람』, 『목민고』를 소개하였다. 아직 많은 목민서들이 개인이나 도서관에 소장된 채 학계의 관심을 기다리고 있을 것으로 생각된다.

조선 목민서의 효시가 되는 글들은 이미 15세기에 나타났지만, 처음으로 널리 유통된 것은 16세기 후반 율곡 이이와 송강 정철의 글이었던 것으로 보인다. 송강 정철(1536~1593)은 1575년 강원도 관찰사로 있으면서 관내의 수령에 내리는 '유읍재문諭邑宰文'을 만들었다. '유읍재문'은 진덕수의 『정경』에 실린 유문諭文 2편을 간추려서 분류 정리하고, 여기에 당시의 폐단에 대한 자신의 견해를 덧붙인 것이다.[6] 율곡 이이(1536~1584)는 1578~1580년경에 해주에 있으면서 『정경』에서 수령이 마땅히 해야 할 규례를 뽑아서 황해감사와 의논하여 황해도 내에서 시험해 보았다.[7] 이이는 "대사헌이 된 이후 『정경』을 바탕으로 하고 행하기 쉽도록 고금의 제도를 참작하여 『계서계서』를 만들었다. 이를 8도에 나누어 주고 깨우치니, 수령 가운데 선치善治에 뜻을 둔 자는 벽에 붙여놓고 바라보았다."라고 한다.[8] 정철과 이이의 글이 상당히 널리 유포되었다는 것은 성혼

---

6) "玆取西山示諭二文 輯編爲一. 刪煩去複 彙成次序. 間以己意 敷說今弊 以足其意(『松江別集』卷之一, 雜著, 諭邑宰文)."(한국문집총간 46, 236a). '諭邑宰文' 본문도 송강집(松江別集卷之一, 雜著, 諭邑宰文)에 실려 있다.

7) 시기 추정은 율곡 이이의 연보, 황해감사 李海壽의 관력에 근거하였다.

8) "門人趙憲丙戌疏略 曰臣又見李珥在海西. 撫取眞西山『政經』中守令當爲之規. 與其方伯李海壽講而試之. 及爲大憲之日 因『政經』爲戒書. 酌古通今 使可易行. 分曉于八道. 牧守中有志者 粘壁觀之 最有所益. 是又珥之不迂處

(1535~1598)이 1591년(선조24) 이태징李台徵이라는 인물에게 준 편지글에서 볼 수 있다. 성혼은 편지에서 이태징에게 "서산西山 진덕수의 유속諭俗·유읍재문을 율곡栗谷과 송강松江이 요점을 간추려 간행하고 아울러 요즈음 민간 질고疾苦를 덧붙인 것을 한데 묶어, 한 질로 만든 책자"9)를 보낸다고 하였다. 율곡과 정철의 글이 한데 묶여 하나의 목민서로서 유통되었음을 알게 하는 대목이다.

목민서의 형태를 띤 것은 아니지만 또 널리 퍼졌던 것이 오리 이원익 (1547~1634)이 생질 이덕기李德沂에게 준 편지글이다.10) 이원익은 생질 이덕기가 수령으로 부임하자 그에게 수령으로서 명심해야 할 사항 등을 조목조목 적어서 편지를 보냈다. 이원익이 이 편지글을 쓴 시기는 정확히 알수 없지만 이덕기가 1604년(선조 37) 목천 현감에 임명되었다는 기록이 있으므로 그 즈음인 것으로 추정한다. 이 편지글이 주변에 널리 알려졌음은, 1656년(효종 7) 삼척 부사 이성기李聖基가 『청송지남聽訟指南』을 간행하면서 부록으로 '이상국오리계기생이덕기서李相國梧里戒其甥李德沂書'를 싣고 있는 데서도 알 수 있다.11)

이원익이 이덕기에게 준 편지글과 주봉길이 편찬한 『목민심감』이 같이 합체 정리되어 조선시대 가장 널리 보급된 『선각先覺』이라는 목민서를 이루게 된다. 『선각』 서문은 책의 구성에 대해 자세히 밝히고 있다. 『목민심감』의 항목과 내용을 취해와 조선 형편에 맞게 수정하고, 오리 이원익이 생질 이덕기에 준 편지글을 분류해 위 각 항목 뒤에 붙이고, 자신의 견해를 추록으로 덧붙였다는 것이다. 즉 『선각』은 『목민심감』,

---

也(『栗谷先生全書』 卷之三十八, 附錄六, 前後辨誣章疏)."(한국문집총간45, 431b).

9) "眞西山諭俗諭邑宰文 栗谷與松江 節要而刊行. 竝附今俗民間疾苦 合爲一帙者一册(『牛溪先生集』卷之五, '與李台徵書' 辛卯七月)."(한국문집총간 43, 127b).

10) 『梧里先生文集補遺』, 雜著, '書贈李甥德沂之任'(한국문집총간, 56, 397a).

11) 『聽訟指南』은 현재 규장각에 소장되어 있다.

이원익의 편지글, 편자 자신의 글이라는 세 부분으로 구성되었다. 하지만 현존하는 선각류 목민서에는 위 세 구성요소 외에 첨록이 추가된 것이 많다. 첨록에는 수령 칠사에 관한 내용이 들어 있다. 서문에 첨록이 언급되지 않았으므로 첨록은 나중에 덧붙여졌다고 보아야 할 것이다.

『선각』은 이종의 많은 필사본이 있다. 필사본들은 서문이 있기도 하고 없기도 하고, 오리 이원익의 편지글이 있기도 하고 없기도 하고, 첨록이 있기도 하고 없기도 하고, 구성에서도 첨록에 있는 '수령칠사문답守令七事問答', '칠사제요七事提要', '칠사강령대지七事綱領大志' 등을 책 맨 앞에 내세운 것 등 매우 다양하다. 이를 선각류로 통칭할 수 있을 것이다. 이처럼 다양한 이본의 존재는 『선각』이 그만큼 널리 활용되었음을 말해준다.

그러면 이처럼 많은 이본을 산출시킨 『선각』의 처음 편집자는 누구였을까? 이미 목민에 관한 많은 글이 유통되고 있던 당대 조선사회에서 오리 이원익의 편지글을 택하였던 점으로 보아, 이 사람은 당색이 남인 계통이 아닐까하고 추측해 본다.[12] 이 책의 처음 편집 시기는 18세기 말로 생각된다. 선각류의 서문은 대부분 날짜가 나오지 않는데 국립중앙도서관 소장본 『선각』에는 '갑인년甲寅年 9월 9일에 쓰다.'라고 날짜를 밝혔다. 이때 갑인년은 1794년으로 판단된다.[13] 『목민심감』과 이원익의 편

---

12) 김성준은 『선각』의 이본인 『거관요람』의 전반부 즉 『목민심감』에서 따와 수정한 부분을 栗谷 李珥의 작으로 파악하였다(김성준, 「『목민심감』과 『거관요람』의 비교연구」 『목민심감연구』, 고려대 민족문화연구소, 1990). 『거관요람』은 규장각에 소장되어 있는데, 서문이 없고, 세 구성요소 가운데 오리 이원익의 편지글은 빠지고 『목민심감』 부분과 추록만으로 구성되었다. 이 책의 『목민심감』 부분 마지막 항목인 立遠圖 條의 말미에 '右栗谷先生戒生書 五十七條'라는 기사가 있다. 이 기사에 근거하여 김성준은 『거관요람』의 전반부, 곧 『선각』의 첫 번째 구성부분을 율곡 이이가 작업하였다고 파악하였다. 하지만 『선각』의 다른 많은 본에 서문이 붙어있고, 그 서문에 비추어 볼 때 『거관요람』의 이 기사만을 가지고 율곡 이이가 하였다고 보기는 어렵다.

지글을 편집하고 자신의 글을 덧붙여 『선각』을 만든 사람은 누구일까? 현재로서는 18세기 말 남인 계통의 인물로 추정하는 정도이다.

『선각』은 『목민심감』과 이원익의 편지글을 기반으로 편집되어 목민서의 오랜 역사를 그대로 담고 있으며, 현재 남아있는 목민서의 현황으로 보아 가장 널리 활용된 책으로 판단된다. 아마도 체계가 새로운 내용을 자꾸 첨가할 수 있는 구조로 되어 있어 기존의 내용에 자기 생각을 덧붙이고 싶은 필사자들의 욕구를 만족하게 하기 쉬웠고, 사조辭朝 때 당장 써먹을 수 있도록 '칠사문답' 내용을 첨가하는 등 효용성을 지속적으로 높여간 탓도 있을 것으로 생각한다. 특히 '이원익의 편지글이 들어있다.'라고 밝힌 서문을 싣지 않거나, 본문에서 이원익의 글을 빼버리거나, 싣더라도 '이원익 왈曰'을 생략한 필사본의 존재는 『선각』이 당색을 넘어서 널리 활용되었던 증거로 보인다.

선각류 이상으로 많이 보급된 목민서가 『목민고』(장서각), 『치군요결』(규장각), 『근민요람』西碧外史 海外蒐佚本 등의 서명이 붙은 목민서이다. 이를 목민고류로 통칭하자. 이는 단독 저술이 아니라 6~8편의 목민서를 연달아 수록한 종합본이다.[14] 이 6~8편의 목민서는 독자적으로 유통되다

---

13) 『선각』 '謹刑具' 항목에 '刑具 규격은 『欽恤典則』에 따른다'는 내용이 있어 서문의 갑인은 1794년으로 판단된다. 『선각』의 이본인 『순리보감』(국립)은 첨록은 없고 추록까지만 있다. 서문에는 날짜가 없고, 추록 뒤에 덧 쓰인 기사 가운데 '國朝 400년', '完文下面板尾里 … 乙巳 2월 26일' 등의 기사가 있는 것으로 보아 1785년경 이후 어느 시기에 필사된 것으로 보인다.

14) 內藤吉之助는 『목민고』류에서 「治郡要訣」, 「政要 1」, 「政要 2」, 「治郡要法」, 「政要 3」, 「政要 4」, 「利川府使韓咸之書」 7 가지 목민서를 독립시켰다. 『목민고』(장서각)의 항목을 분석하여 제시하면 다음과 같다.

"居官大要, 未到任前事, 到任後事, 民訴, 傳令, 臨下, 謹守公穀, 考察文書下記, 定排朔, 定式例, 賓興之供, 興學校, 正風俗, 勸農桑, 武備, 火藥改搗法, 治盜法, 治道節目, 考籍案, 作邑摠, 鄕薦差任, 留意解由, 獄修理(이상을 內藤吉之助는 **「治郡要訣」**로 명명함)/〈糶糴法〉: 嚴守公穀, 先整斗斛升合, 民戶附近作統定擇十統首分糶以統捧糴以統, 吏奴婢使令各該廳首任差定統首, 捧上願受成冊查戶大小, 定日分給, 先給遠村後近村, 多定檢察軍校之屬禁喧禁

가 누군가에 의해 하나로 등사되어 한 질의 책으로 만들어져 유통되었을 것이다.[15]

목민고류에는 저자를 알 수 있는 목민서가 여럿 포함되었다. 운곡雲谷 이광좌李光佐(1674~1740)가 자신의 사촌 박사한朴師漢을 위해서 지은 『정요政要』, 같은 이광좌가 감사 한지韓祉(1675~?)를 위해 쓴 『정요政要』,[16] 한지의 아들인 한덕일韓德一이 쓴 『이천부사한함지서利川府使韓咸之書』, 귀록歸鹿 조현명趙顯命(1690~1752)이 그 조카 조재덕趙載健(1697~1743)에게 보내는 편지글에서 따온 『거관지도居官之道』[17]가 그것이다.

이광좌가 박사한을 위해 지은 『정요』는 박사한이 봉화수령일 때 지

雜人禁偸窃, 喪葬外別還一切防塞, 今年難捧未收抄出知委拔去, 還上還捧法, 使統內作斛來納, 都尺文隨納隨給. 〈軍政〉: 里定節目, 閑丁勿侵式, 里正報草, 軍布收捧法, 禁松契節目 〈田政〉: 傳令, 單子規式(이상 糶糴法, 軍政, 田政 부분을 內藤吉之助는 「**政要 1**」로 명명함)/ 田政法(以下 李庶尹所錄), 家坐法, 詁筩法, 爲政之要(이상을 內藤吉之助는 「**政要 2**」로 명명함)/ 治郡要法(內藤吉之助는 「**治郡要法**」으로 독립시킴, 다른 필사본에는 '李雲谷爲韓監司作'이라는 기사가 있음)/ 〈政要〉: 서문, 自治, 得人, 飭勵, 治民, 敎民, 鍊武, 良役, 後記, 田政, 單規, 糶政, 後記(이상을 內藤吉之助는 「**政要 3**」으로 명명함)/ 〈政要〉(朴師漢 在禮安時 李光佐 作此以贈之): 坐衙, 訴牒, 待吏卒, 田政, 年分單規, 節目草, 軍政, 糶政(이상을 內藤吉之助는 「**政要 4**」로 명명함)/ 「利川府使韓咸之書」/ 居官之道(謄出於歸鹿公遺集)/ 好隱堂難行訣.'

15) 『治郡要訣』과 『政要 1』만 필사한 책(『위정요람』), 『치군요법』만 필사하여 다른 저술에 붙인 책(『순암전집』 3, 임관정요 내의 「목민심감 치군요법」)등이 현존한다. 『政要 2』, 『治郡要法』, 『政要 3』, 『政要 4』.

16) 『목민고』(장서각)에는 빠져 있으나, 『치군요결』(규장각)에는 '爲韓監司作'이라는 기사가 있다. 內藤吉之助 『조선민정자료-목민편』, 「政要 3」에는 '李雲谷爲韓監司作'이라는 기사가 있다. 內藤吉之助가 『조선민정자료』를 편집할 때 「政要 3」은 『分憂要訣』, 『牧民攷』, 『治郡要訣』에 포함되어 있다고 한 것으로 보아, 그가 '李雲谷爲韓監司作'이라는 기사는 『分憂要訣』에서 따온 것으로 보인다.

17) 『居官之道』는 『목민고』(장서각)에는 있으나, 『치군요결』(규장각)에는 빠져 있다. 그 내용이 『歸鹿集』 卷之十三, 書, '與載健書'(한국문집총간 212, 494d)와 같다.

어 주었다고 되어 있는 것으로 보아 박사한이 봉화 현감이었던 1722년경
의 작품으로 생각된다.[18] 한지를 위해 쓴 『정요』도 한감사를 위해서 지
었다고 한 것으로 보아 한지가 감사로 처음 나간 1718년경으로 파악된
다. 한덕일이 이천부사로 나갔던 것은 1759년(영조 35)이므로 『이천부사한
함지서』는 1759년경에 지은 글로 보면 될 것이다. 조현명이 조카에게 준
편지글은 조재건이 의릉懿陵 참봉參奉으로 벼슬길에 나선 1729년 이후 어
느 시기에 쓰인 것이다. 이렇게 볼 때 이 종합본에 수록된 목민서들은
대개 18세기 전반기에 쓰인 것으로 추정할 수 있다.

이 목민서에 수록된 글의 이름이 밝혀진 저자는 모두 소론이다. 이광
좌는 이항복李恒福의 현손으로서 소론의 영수였다. 한지는 소론 한태동
의 아들로서 이광좌와 친밀한 사이였다. 조현명 역시 소론으로서 영조
조 전반기 탕평을 주도했던 인물이다. 그렇다면 『목민고』, 『치군요결』, 『
근민요람』『분우요결分憂要訣』 등으로 이름이 붙여진 이 종합본 『목민고』
는 18세기 전반 소론 계통이 편찬한 것으로 파악해도 무리가 없을 것이
다. 목민고류는 다수 필사본으로 보거나 이를 기반으로 한 목민서가 이
후 계속 만들어지는 것으로 보아, 선각류와 함께 조선 목민서의 양대 계
통이라고 말할 수 있다.

이후 목민고류를 바탕으로 새롭게 체계를 갖춘 목민서들이 나오는데
『종정요람從政要覽』, 『목민고』(규장각), 『목강牧綱』 등이 그것이다. 규장
각 소장의 『목민고』는 기본적으로 목민고류를 바탕으로 하고 여기에
새로운 내용을 첨가하여, 하나의 목민서로 체계를 재구성하여 만든 것
이다. 새로 첨가된 내용으로서 윤증尹拯(1629~1714)이 아들 윤행교尹行敎
(1661~1725)에 보낸 편지글을 대거 수록하고 있는 것으로 보아,[19] 역시 같은

---

18) 『목민고』(장서각)에는 '박사한이 예안에 있을 때 이광좌가 지어서 주었다'
라고 했고, 『치군요결』(규장각)에는 '박사한이 봉화에 있을 때 이광좌가 지
어서 주었다'고 되어 있다. 박사한이 예안에 있었을 때는 1740년경이고, 봉
화에 있었을 때는 박사한이 1722년경이므로 수령 초년 시절인 봉화 때로 파
악하였다.

소론 계통의 목민서로 생각된다.

이 책의 간행 시기는 항목으로 1755년(영조 31)에 반포된 '을해감척시사목乙亥減尺時事目'과 '사노비폐단寺奴婢弊端'에 관한 항목을 둔 것을 보면, 1755년 이후부터 시노비가 폐지된 1801년(순조 원년) 사이에 저술된 것으로 추측된다. 홍석주洪奭周(1774~1842)가 1822년 경 전라감사로서 건릉 근처를 지나면서 "작년 가을 꿈에 건릉健陵(정조의 능) 아래서 2권의 책을 받았는데 하나는 『영남지도嶺南地圖』이고, 하나는 제목이 『목민고』였다."[20]라고 회상하였을 때, 그 목민고가 바로 이 종합본 목민고가 아닌가 생각한다.

18세기에는 저자가 밝혀진 단독 저술 형태의 목민서들도 유통되었다. 대표적인 것이 안정복의 『임관정요』와 홍양호의 『목민대방』이다. 『임관정요』는 안정복安鼎福(1712~1791)이 27세(1738) 때 지어 『치현보治縣譜』란 제목을 붙였다가 다시 개정하여 46세(1757)에 완성하고 『임관정요』라고 이름 붙였다. 안정복이 이 책을 쓰기 시작한 것은 젊은 시절이다. 안정복은 자신의 자제에게 줄 목적이나 자신의 수령 경험을 정리하기 위해 이 글을 지은 것이 아니었다. 임관정요 서문을 보면 그는 서산의 『정경』과 같은 책을 지을 학문적 포부를 가지고 『임관정요』를 지었다. 안정복의 예는 목민서가 수령의 업무 지침서라는 실용서의 범주를 넘어서서, 치자治者로서 자신의 이상을 실현하고자 하는 사대부 학인의 포부와 고심이 담긴 학술적 저술의 성격으로 발전하고 있음을 말해준다.

『목민대방牧民大方』은 홍양호洪良浩(1724~1802)가 지은 목민서이다. 홍양호의 집안은 풍산 홍씨로서 4대조가 인목대비 소생 정명공주貞明公主와 결혼한 홍주원洪柱元(1606~1672)이다. 이 집안은 노소 분당 때 대부분 노론

---

19) 윤증은 아들 윤행교와 끊임없이 편지를 주고받았는데 이 편지글들이 『明齋先生遺稿』에 실려 있다. 편지글의 상당수는 윤행교가 수령으로 재임시 목민에 대해 깨우치는 내용이다(『明齋先生遺稿』 권28~29).

20) "去年秋初 夢在健陵下 受二卷書. 其一爲嶺南地圖 其一題曰牧民考. 今以湖南按使 過洞口 謹爲一律識感(『淵泉先生文集』 卷之四, 豊山洪奭周成伯 著, 詩四"(한국문집총간 29, 94c).

에 속하였으나 홍양호의 집안은 소론이 되었다. 홍양호가 『목민대방』을 편찬한 것은 67세(1791년)인 평안도 관찰사 시절이다. 『목민대방』은 육전六典 체계로 되어 있다.

현존하지는 않지만 정상기鄭尙驥(1678~1752)도 『치군요람治郡要覽』이라는 목민서를 지었다고 한다.[21] 『사정고四政考』는 저자가 밝혀지지 않은 목민서인데, 매우 독특하다. 사정四政이란 이른바 삼정三政 즉 전정田政, 군정軍政, 환정還政에 황정荒政을 더한 것이다. 이 책은 조세 법제와 전국적인 조세 수취 실태 소개, 조세 관련 용어 정의 등에 많은 비중을 두어, 지방관을 행위 주체로 하는 목민서 성격을 완전히 벗어나지 않으면서도 좀 더 폭을 넓혀, 조세수취 제도와 관행 일반을 조사 소개하는 데로 관심을 이동하고 있다. 이 책의 저술 시기는 19세기 초로 보인다.[22]

현존 조선 목민서 일람표

서명	소장처	계통	내용 구성 특징	비고
『先覺錄』	규장각	선각류	전체 구성이 잘 갖추어짐(서문, 선각+이원익 글, 추록, 첨록).	
『先覺錄』	규장각	선각류	追錄, 添錄만 있음.	
『先覺』	국립	선각류	전체 구성이 잘 갖추어짐(서문, 선각+이원익 글, 추록, 첨록).	
『先覺』	장서각	선각류		
『先覺』	장서각	선각류		
『居官要覽』	규장각	선각류	서문과 오리 이원익 글이 빠짐. 선각 말미에 '右栗谷先生戒生書	책 마지막에 '乙巳小春 23일花開洞留客謄書' 법제처 번역 『居官大要』

---

21) "少子恒齡登科筮仕. 戒之云事君當從牧民始. 及其莅縣, 作治郡要覽授之(『星湖先生全集』卷64, '農圃子鄭公墓誌銘 并序')."(한국문집총간 200, 98c).

22) "선대왕(정조)께서 계묘년에 기호(畿湖)에 내리신 윤음(綸音)"기사, 공노비 노비공에 관한 기사 등으로 보아, 정조가 사망한 1800년 6월로부터 공노비가 혁파된 1801년 1월 사이의 저술이라는 것을 알 수 있다.

				五十七條'기사 있음.	에 실림.
『居官要覽』	연세대	선각류		七事, 問答, 선각 순으로 배치함. 선각 서문 빠짐, '오리 이원익 曰'은 빼고 글은 실음.	'辛卯 2월 21일 阿耳制 勝軒謄書'
『居官撮要』	연세대	선각류		七事를 앞에 실음. 添錄이 없고 대신 雜錄을 붙임. 서문은 없고, '오리 이원익 曰'이 있음.	도서목록은 『居官先覺撮要』임.
『百里章程』	국립	선각류		맨 마지막에 板尾洞 관련 기사 첨가.	『循吏寶鑑』과 같은 내용임.
『分憂要訣』	전남대	선각류			도서목록은『治官要訣』임
『循吏寶鑑』	국립	선각류		다른 선각류와 같음.	
『循吏寶鑑』	국립	선각류		맨 마지막에 板尾洞 관련 기사가 첨가됨.	『百里章程』과 같은 내용임.
『吏治精覽』	규장각	선각류		七事問答, 선각, 追錄으로 구성됨. 서문, 오리 이원익의 글이 빠짐. 끝에 함흥부 안핵사 尹始永覈案이 첨부됨.	
『政要』	규장각	선각류		七事, 除拜~延命 관련 항목, 선각, 추록, 御史覆啓草(李勉升), 居鎭6事 순으로 배치함. 선각의 서문이 빠지고, 오리 이원익의 편지글은 '오리 이원익 曰'은 빼고 글만 실음.	
『七事問答』	규장각	선각류		七事, 선각, 오리 이원익 글, 追錄 순으로 배치. 서문이 빠지고, 오리 이원익의 글을 별도로 배치한 것이 특징임.	

저서	소장	분류	내용	비고
『居官雜錄』	西碧外史海外蒐佚本		雜錄, 守令, 決獄, 文案 등으로 구성됨. 잡록에 『居官撮要』내의 雜錄 내용이 포함됨.	『居官雜錄외 7종』(아세아문화사, 1986)에 수록됨.
『牧民攷』	장서각	목민고류	목민고류의 전체 구성이 잘 갖추어짐(「治郡要訣」, 「政要 1」, 「政要 2」, 「治郡要法」,이광좌의 「政要 3」, 「政要 4」, 한덕일의 「利川府使韓咸之書」, 조현명의 『居官之道』가 수록됨).	이광좌의 「政要 3」에 '爲韓監司作'과 같은 기사가 없는 대신에 처음 도입부(서문)와 뒤의 후기가 있어 글을 지은 이(이광좌?)의 소회를 적고 있다.
『守官要訣』	국립	목민고류	목민고류로서 이광좌, 한덕일, 조현명의 글은 빠짐. 특이하게 첫머리에 이원익의 편지글을 싣고 있음.	『조선민정자료 목민편』의 「治郡要訣」과 「定窯1」과 같은 내용임.
『爲政要覽』	규장각	목민고류	목민고류에서 이광좌의 「政要」등이 빠짐. 뒤에 疑獄集抄 첨가됨.	
『治郡要訣』	규장각	목민고류	목민고류에서 조현명의 편지글이 빠짐.	
『近民要覽』	西碧外史海外蒐佚本	목민고류	목민고류에서 「政要 4」, 「利川府使韓咸之書」 빠짐.	마지막에 '丁亥3月日書', 『居官雜錄외 7종』(아세아문화사, 1986)에 수록됨.
『牧民攷』B	규장각	목민고류영향		김선경 편 『조선민정자료총서』에 실림.
『牧民可攷』	규장각	목민고류영향		
『牧綱』	고려대	목민고류영향	목민고류에 바탕을 둔 독자적인 저술임. 詞訟이 자세함.	김선경 편, [조선민정자료총서]에 실림.

『要覽』	국립	목민고류 영향, 치군요결	두 편의 치군요결로 구성됨. 전편은 새로운 「치군요결」임, 후편은 목민고류의 「치군요결」과 일치함.	김선경 편 『조선민정 자료총서』에 전편(새로운 내용)만 실림.
『臨政要覽』	연세대	목민고류 영향	상편은 『牧民攷』 B와 같음(뒷부분 일부 결락), 하편은 『임관정요』임.	연세대 도서목록에는 목민고로 되어 있음.
『從政要覽』	일본 京都大(河合文庫)	목민고류 영향	목민고류에서 「治郡要訣」, 「政要 1」, 「政要2」의 내용을 항목의 이름을 새로 붙이고 배열을 달리하여 재구성함.	첫 장에 '洌水丁若鏞編'이란 기사 있음.
『百里鏡』	국립	임관정요	아직 政語, 政蹟, 時措로 편을 나누지 않음	안정복 친필 초고본
『臨官政要續編』	국립	임관정요	時措, 부록(韓祉「政範」, 「牧民心鑑 治郡要法」 부분은 없음).	안정복 친필본
『臨官政要續編』	국립	임관정요	時措, 附錄	
『臨官政要』	규장각	임관정요	政語, 政蹟, 時措	
『臨官政要』	규장각	임관정요	政語, 政蹟만 있음.	
『臨官政要』	국립	임관정요	政語, 政蹟	海平尹后奉藏 기사
『臨官政要』	국립	임관정요	政語	
『牧民大方』	규장각	목민대방	六典 체계	인쇄본
『牧民大方』	연세대	목민대방	六典 체계	인쇄본
『四政考』	국립	사정고	還政, 荒政, 田政, 軍政으로 구성됨	김선경 편 『조선민정 자료총서』에 실림
『七事擧』	규장각		七事만 간략히 기술됨.	
『治郡旨訣』	국립			
『居官大要』	규장각	거관대요		『조선민정자료 목민편』 「거관대요」와 같은 내용임.

『居官事例』	연세대	거관대요, 거관잡례	거관대요, 居官雜例 두 편으로 구성됨.	「거관대요」는 『조선민정자료 목민편』「거관대요」와 같은 내용임.
『牧訣要覽』	국립	목민심서	『목민심서』의 요약본임.	
『治郡要意』	국립			

이상과 같이 현존 목민서류를 일람하면, 조선 목민서는 목민고류, 선각류, 기타 단독 저술로 나누어짐을 알 수 있다. 18세기 전반에 목민고류에 포함되는 목민서들이 저술되었으며, 18세기 중반이 되면 6~8편의 목민서를 같이 필사하여 한 질로 만든 종합본 목민고류가 나왔다. 18세기 말 이후에는 목민고류의 영향 아래, 내용은 목민고류 그대로이되 항목을 재구성한 책, 내용을 보충하고 체계를 재구성하여 새롭게 만든 책, 영향은 받았으나 독립적인 저술로 볼 수 있는 책들이 나왔다.

18세 말경에는 조선 목민서의 한 계통을 형성하는 『선각』이 편집되었다. 이후 『선각』은 다양한 필사본, 새로운 내용 첨가본, 재구성본 등이 나옴으로써 현존 목민서 가운데 가장 많은 이본이 존재하는 선각류를 이룬다. 기타 단독 저술로는 18세기 전반의 『임관정요』, 18세기 말의 『목민대방』, 19세기 전반의 『사정고』, 『목민심서』, 『거관대요』 등이 있다. 개인 단독 저술의 개성적인 목민서들이 가세함으로써 18세기 말~19세기 전반 조선 목민학의 세계는 풍성해졌다.

본인이 목민서의 계통을 파악하면서 한 가지 지적할 사항은, 바로 노론 계통에서 저술한 목민서가 눈에 뜨이지 않았다는 사실이다.[23] 이는 목민학의 계보와 관련하여 추후 연구할 중요한 주제가 될 것이다. 노론

---

23) 최근 연암 박지원의 초고본인 『七事考』가 발굴 되어, 노론 계통에서도 목민서를 전혀 저술하지 않았다고 말할 수는 없을 것이다(김문식, 「연암 박지원의 목민서, 『七事考』」『연민문고 고서의 종합적 검토』, 단국대 동양학연구소 제3회 학술심포지엄 자료집 참고). 앞으로 목민서가 좀 더 발굴되면 이에 대한 명확한 언급이 가능하리라고 본다.

계통의 목민서 저술이 눈에 뜨이지 않았다는 사실과 관련하여 송시열의
다음과 같은 말은 시사하는 바가 크다.

송시열(1607~1689)은 이성미李聖彌에게 답하는 편지에서 "거관居官의 도
道는 모두 소학서小學書에 실려 있으니 이 이외에 별다른 것을 구하는
것은 잘못이다. 그리고 다시 주자어류朱子語類 외임편外任篇을 취해서 주
자의 행사를 살펴보면 크게 어긋나지 않을 것이다."[24]라고 하였다. 또
그는 다른 편지에서 "거관의 도는 논어論語, 맹자孟子, 소학小學의 서書에
갖춰져 있으니, 평일에 이것을 강복講服하였다면 어찌 그것을 다른 사람
에게 묻겠는가."라고 하였다. 그는 목민을 위해서 경전이나 주자의 글
이외에 별다른 글이 필요치 않다는 생각이다. 사회적 수요에 따른 새로
운 학문 장르나 새로운 저술을 마땅치 않게 여겼던 송시열의 태도가 조
선후기 목민서의 유행 속에 노론이 빠지게 된 하나의 요인이 아닐까 짐
작해 본다.[25]

3) 목민학의 사회적 기반

현재까지 전하는 다양한 목민서의 존재는, 조선후기 치자治者로서의
자부심을 품었던 관인官人·유자儒者들이 지방사회에 대해 큰 관심을 보
이면서 수령을 행위 주체로 설정하고 지방의 통치자로서 무엇을 어떻게
할 것인가를 고민하면서 목민서를 광범하게 생산하고 유통하였음을 말

---

24) "居官之道 大抵具在小學書. 捨此別求 則其誤甚矣. 更須取語類外任篇 究
   觀朱子所行者 則雖不中 不遠矣. 大槩以愛民爲本 而淸愼自持 則是爲要道
   爾(『宋子大全』卷七十九, 書, '答李聖彌' 丁未正月八日)."(한국문집총간 110,
   556d).

25) "居官之道 論孟及小學之書備矣. 此平日所講服者. 奚待問於人哉. 惟富而
   敎之 此是聖訓. 然比來民俗極渝 人倫之變 無處無之. 恐是敎化是急先之務
   也(『宋子大全』卷九十六, 書, '答李同甫' 乙丑十月八日)."(한국문집총간 111,
   293a).

해준다. 하지만 목민서의 생산과 유통을 '목민학'이라는 학문의 형성으로 연결하기 위해서는 목민서 수용의 사회적 기반, 즉 목민에 대해서 생각하고 토로하고 교류하며 실천하는 좀 더 넓은 사회적 기반의 존재를 확인할 필요가 있다.

조선시대 고을 수령은 중앙에서 임명된 관리였지만, 봉건 제후에 비견되기도 하는 존재였다. 지방관은 국왕에게 진헌을 바치는 존재이며, 지방 재정은 실질적으로 중앙 재정체계에서 독립되어 있었으며, 지방 내의 '용인用人'은 수령의 책임 하에 있었다. 치민治民, 치교敎民, 양민養民, 애민愛民은 지방관의 손에 달렸다.

지방관은 국國 - 관官 - 민民의 통치 선상에 있을 뿐만 아니라 지배층 내부 네트워크에서도 중요한 위치를 점하였다. 지방관이라는 존재, 관아라는 공간은 지배층의 생활에서 중요하였다. 관아는 끊임없이 관원들이 왕래하고 손님들이 드나드는 곳이었다. 지배층은 이해관계가 있는 곳의 지방관에게 이중 삼중의 소개를 거쳐서 청탁 편지를 보내었다. 지배층은 지방관과 그 지역 관아를 매개로 해 그 지역에 영향력을 행사하고, 그 지역의 자원을 활용하였다. 그 지역에 세거하는 유력 사족이라 하더라도 민정民丁을 동원하는 일, 관내의 공한지空閑地를 입안 절수하는 일 등은 수령을 통하지 않고서는 이룰 수가 없었다.

지방관이 임명을 받고 사조辭朝할 때 사람들을 두루 찾아뵙고 하직 인사를 드리는 의례는 바로 그 지역에 대한 정보와 청탁이 오가는 의식이었다. 이와 관련하여 조선의 지방 수령이 대거 음관蔭官으로 임용됨으로써 지배층의 신분적 재생산에 주요한 역할을 하였다는 사실은 눈여겨볼 만하다.[26]

그런데 하루아침에 수령이 된 인사는 무엇을 해야 할지 갈피를 잡을 수가 없다. 최소한 관속官屬에게 휘둘리고 비웃음을 당하고 백성의 원망을 받으며 나쁜 고과를 받고 쫓겨나는 상황은 모면해야 할 것이다. 조금

---

26) 구완회(1982), 「선생안을 통해 본 조선 후기의 수령」『경북사학』 4 참고.

더 바란다면, 관속들에게 속임을 당하지 않고 자신이 주도권을 행사하여 자신의 위엄을 유지하고 민을 수탈했다는 손가락질을 받지 않고 무사히 교체되기를 기대한다. 최대한으로는 양민養民, 목민牧民, 교민教民의 포부를 실현하여 백성들이 그가 교체되어 돌아가는 길을 가로막고 아쉬워하는 선치善治를 기약한다.

목민이 차지하는 위치가 개인적으로나 사회·국가적으로나 매우 컸기 때문에 목민에 관한 잠언, 규례, 저술 등 많은 이야기, 담론이 유통되지 않을 수 없었다. 국가가 지방관을 제수할 때『목민심감』을 강하게 하고 치민방략治民方略을 짓게 한 것이나 국왕 앞에서 수령칠사를 외게 한 것도 목민 담론의 유통 방식의 하나이다. 수령이 되고자 하는 사람은 이에 대비하기 위해서도 목민에 관한 이야기를 주워들어야 할 형편이었다. 현재 수령 노릇 하는 사람들도 수령 노릇을 제대로 하기 위해서 경전이나 선현의 글을 보고 초록하고 자신의 경험과 반성을 글로 짓는 작업을 하였다.[27] 수령의 경험을 가진 사람들은 자신의 경험을 글로 표현하여 다른 사람에게 전달하고 싶은 욕구를 느꼈다. 일찍부터 사족 집안에서는 목민 관련 가훈을 마련해 놓은 경우가 많았다.[28] 집안의 자제나 친지가 수령 나간다고 인사를 오면 덕담으로라도 한마디씩 선치에 관한 당부를 하였다. 특히 집안 자제에게는 아주 구체적인 조목을 갖춘 편지를 주거나 아예 거관절목과 같은 것을 만들어서 들려 보냈다. 또 계속 편지를 주고받으면서 사안 사안마다 충고하는 말을 적어 보냈다. 또 친지가 수령으로 부임하러 가면 전별의 시, 글들을 지어서 전송하였다.[29] 이때 자연 목민에 관한 이야기가 빠질 수 없었다. 또 목민관 당사자들이 부임할 무렵이나 현직에 있으면서 웃어른에게 존경의 표시로 '거관지도居官

27) 金世濂,『東溟先生集』卷6, '居官雜記'(한국문집총간 95, 214a).

28) 徐居正,『四佳文集』卷6, '雙溪李先生居官訓誡序'(한국문집총간 11, 271d).
   申叔舟,『保閑齋集』卷13, '家訓'(한국문집총간 10, 103a).

29) 洪貴達,『虛白亭文集』卷2, '奇判官褚赴任慶州序'(한국문집총간 14, 68d).
   朴齊家,『貞蕤閣二集』, '[詩] 送楊口族侄'(한국문집총간 261, 479a).

之道'에 관한 가르침을 달라고 요청하기도 하였다. 또 수령을 지냈던 인물이 죽은 경우 그에 대한 행장이나 묘지명에는 목민관으로서의 선치 업적이 빠질 수 없었다. 지방사회에서 선치 수령을 기념하는 글에서도 목민에 관한 담론이 빠질 수 없었다.

이처럼 지방관의 지방 통치라는 사회정치적 장에 토대를 두고, 국가 통치 영역에서, 개인들의 이상과 포부의 차원에서, 치자들의 관계 맺음의 한 형태로서 목민 담론이 사회적으로 광범하게 유통되고 실행되었다. 목민 담론의 유통은 목민학의 사회적 기반을 형성하였다. 이러한 기반 위에서 체계적인 목민서가 저술되고 유통되고 활용될 수 있었던 것이다.

이상과 같이 조선후기 목민서의 계통과 목민 담론의 분석을 통해, 목민 담론이 지방관의 지방 통치라는 사회정치적 장에 토대를 두고 광범하게 유통되었으며, 그러한 담론이 목민서를 산출·유통·활용하는 단계로 나아갔음을 살펴보았다. 그렇다면 조선후기에 '지방관의 지방 통치에 관한 이념 및 지식 학술 체계'로서 목민학이 형성되었다고 말 할 수 있을 것이다.

3.『목민심서』가 의거한 목민학의 전통

1) 인용 목민서들

『목민심서』 서序에서 다산은 목민학의 전통으로서 중국 목민서들을 언급하고 있다. 부염傳琰의『이현보理縣譜』, 유이劉彝의『법범法範』, 왕소王素의『독단獨斷』, 장영張詠의『계민집戒民集』, 진덕수의『정경政經』, 호대초胡大初의『서언緒言』, 정한봉鄭漢奉의『환택편宦澤篇』 등이 그것이다. 그 가운데서『목민심서』에서 가장 많이 인용한 것은 호대초의『서언』,[30] 정한

---

30)『晝簾緒論』, 宋 호태초 1235년 작. 1253년 인쇄. 항목은 盡己, 臨民, 事上, 寮寀, 御吏, 聽訟, 治獄, 催科, 理財, 差役, 賑恤, 行刑, 期限, 勢利, 遠嫌으로

봉의 『환택편』[31]이다. '호대초일胡大初日', '호대초운胡大初云', '정한봉일鄭
漢奉日', '정선일鄭瑄日'이 그것이다. 『목민심서』에서 가장 많이 언급된 인
물은 주자(71번)이고 다음으로 호태초(33번), 그다음이 정선(33번)이다.[32]

『목민심서』는 조선의 목민서도 인용하고 있다. 목민고류 속의 「치
군요결」, 「치군요법」, 「정요 2」에 들어 있는 내용을, 각각 '치현결운治縣
訣云', '정요운政要云', '정요운政要云'으로 인용하였다. 그 밖에도 이광좌
의 『정요』를 『운곡정요』, 안정복의 『임관정요』를 『순암정요』라고 칭하
며 인용하였다. 다산이 기존의 목민서들을 수집하여 재구성한 『종정요
람從政要覽』이라는 책자가 일본 경도대학京都大學 하합문고河合文庫에 있다
는 것이 안병직의 연구에서 밝혀졌다. 『종정요람』은 목민고류 목민서에
실려 있는 「치군요결」, 「정요1」, 「정요2」를 종합하여 재구성한 것이다.
항목 이름을 새로 붙이고 항목 배열을 달리하고, 끝 부분에 조현명의 편
지글을 덧붙였다. 열수洌水 정약용편丁若鏞編으로 명기된 이 책자가 실제
로 정약용에 의해 편찬되었는지는 좀 더 검토가 필요하다. 일단 이 책의
존재는 조선후기의 목민서 전통과 『목민심서』의 상관관계를 좀 더 면밀
하게 추구할 필요가 있음을 말해준다고 하겠다.

2) 주체와 글쓰기 방식

다산이 조선후기 목민학의 전통 속에서 『목민심서』를 썼다는 사실은
단지 목민서들을 인용했다는 것만을 의미하지 않는다. 목민학의 전통은

되어 있다.
31) 『宦澤篇』은 明 鄭瑄이 지은 『昨非菴日纂』 속의 한 편명임. 漢奉은 그의 자
이다. 『明淸進士題名碑錄索引』에 의하면, 鄭瑄은 1445년(正統 10) 3甲, 전체
에서는 94등으로 진사에 급제함. 본관은 미상이고 진사급제 당시 그의 거주
지는 산동 濟寧州였음.
32) 정석종, 앞의 글, 737면.

『목민심서』가 설정한 주체와 글쓰기 방식에서 잘 드러난다. 조선사회는 현재 수령인 사람들, 수령의 경험을 가진 사람들, 수령은 아니지만 치자로서의 포부를 지니고 지방통치에 관심을 둔 사람들이 바로 자기와 마찬가지 부류를 대상으로 하여 쓰는 글쓰기에 매우 익숙하다. 『목민심서』는 바로 그런 전통에서 저자, 독자, 텍스트 주체의 상관관계를 설정하고 있다.

바로 자신들끼리의 이야기이므로 주체의 입장, 감정, 포부, 유혹, 내면적 욕구, 일상생활, 경험이 솔직하게 드러나는 글쓰기, 당장 업무에 써먹을 수 있는 실용적 글쓰기가 가능하였다. '나 자신이라면', '당신이라면'이라는 가정이 성립하여 서술의 구체성, 핍절성이 나타난다. 다산은 수령이 흔히 처하게 되는 '부조扶助·칭념稱念·존문存問의 요청에 어떻게 대응할 것인가'에 대해서 구체적인 상황을 제시하며, 마치 책을 읽는 독자 자신이 그런 요청을 당한 그 자리에 있는 것처럼 생각하고 판단하도록, 글을 쓰고 있다.

『목민심서』 글쓰기의 특징은 다산의 어떤 저술보다도 다산 자신을 드러내놓은 글쓰기가 행해지고 있다는 점이다. 다산 자신이 구체적인 감정과 소회, 경험, 포부를 지닌 인물로서 직접 등장한다. 통상적인 방식대로 '안案' 다음에 자신의 견해를 내놓는 것은 물론이고, '내가 읍성에 있을 때 보니까', '내가 민간에 오래 있어 잘 아는데', '내가 그를 만났는데' 등으로 자신의 강진 유배 시절, 곡산 부사 시절, 어사 때의 경험 등을 통해서 얻은 견해를 피력하고, 자신의 시 애절양哀絕陽, 조승문弔蠅文 등과 편지글·저술을 풍부하게 인용하고 있다.

이와 같은 글쓰기야말로 조선 목민서에서 익숙한 방식이다. 편지글, 집안의 가훈, 자신의 목민 경험, 여러 목민서들의 짜깁기라는 자유로운 쓰기 방식이 조선 목민서 글쓰기의 특징이다. 다산은 목민서의 글쓰기 방식의 최대치를 보여 준다.

다산은 『목민심서』에서, 국왕을 주체로 상정하는 정치철학·통치술·

법제를 논한 저술에서는 하지 못했던 이야기를 풀어놓는다. 자신들을 주체로 설정하여 수기修己와 치인治人이 긴밀히 연결되는 경세학의 세계를 유감없이 보여주고 있는 것이다. 목민 주체의 몸가짐, 마음가짐이 목민에 미치는 영향을 구체적인 사례를 들어 적나라하게 이야기한다. 『목민심서』가 지닌 풍부한 내용과 재미는 바로 이점에 있다.

3) 체제와 구성 요소

『목민심서』는 12편에 각 편당 6개조씩, 72개조로 구성되어 있다. 그리고 각 조목은 강령이 있고 그 아래 해설, 구체적인 상황·실태, 선치善治 수령의 사적史蹟들이 첨가되어 있다. 다산은 12편 72개조의 강령·해설·실태·사적의 기술을 통해서, 수령이라는 행위 주체가 지방 군현이라는 활동의 장에서 직면할 수 있는 가능한 상황을 제시하면서 너는 어떤 선택을 할 것인지 생각하고 판단하도록 촉구한다.

그는 자신이 수령칠사처럼 간단히 몇 조항을 제시하는 것으로 그치지 않고 이처럼 여러 조목을 설한 이유를 읽는 사람이 '스스로 생각해서 스스로 행'할 수 있도록 하기 위해서라고 하였다.[33] 나아가서는 특정한 국면에 처하여 훌륭한 업적을 남겼던 사람들의 사적을 제시함으로써, 그와 유사한 상황에 부닥쳤을 때 스스로는 무엇을 할 수 있을지를 가늠하고, 그런 방향으로 일을 추진하는 데 있어 다른 사람을 설득하는 자료로 삼도록 권유하고 있다. 다산은 주자의 '공이公移'와 사적을 많이 소개하고 매우 긍정적으로 평가하고 있다.[34] 수령이 감사나 조정, 지방 사족

---

33) "우리 조선으로 접어들면서는 … 칠사로 늘렸는데, 소위 수령들이 해야 할 대략만을 들었을 뿐이었다. 그러나 수령이라는 직책은 관장하지 않는 바가 없으니 여러 조목을 차례로 드러내더라도 오히려 직책을 다하지 못할까 두려운데, 하물며 스스로 생각해서 스스로 행하기를 바랄 수 있겠는가."(다산연구회, 『역주목민심서』 1, 自序, 8-9면, 이하 다산의 번역문 인용은 다산연구회의 『역주목민심서』에 의거함),

을 설득할 때 바로 '주자가 그렇게 했다.'라고 말하면 설득이 쉬울 것이라고 조언한다.[35] 하지만 다산이 주자를 그처럼 많이 인용한 것은, 무엇보다도 바로 『목민심서』를 읽는 독자를 설득하기 위해서였다.[36]

『목민심서』 12편은 부임赴任, 율기律己, 봉공奉公, 애민愛民, 이吏·호戶·예禮·병兵·형刑·공工 6전典, 진황賑荒, 해관解官으로 구성되었다. 기본적으로 수령에 임명되어서 교체될 때까지의 과정에 맞추어 편목을 구성한 것이다. 이는 다산이 조선 목민서로서 인용한 '치현결治縣訣'의 편목 구성 방식이기도 하다. 다산은 책 중간에 육전六典을 배치하였는데, 목민서의 육전체계는 이미 홍양호가 『목민대방』에서 선보인 바 있다. 다산은 『목민심서』에 육전을 두어 법전이나 『경세유표』와 체계를 맞추어 구성함으로써, 지방 통치의 법전과 같은 위상을 내심 의도했는지 모르겠다.

『목민심서』의 또 하나의 특징은 율기, 봉공, 애민 편의 설치에 있다. 조선후기 대부분의 목민서들은 첫머리에 청淸·근勤·신愼과 같은 좌우명을 중심으로 마음가짐에 대해 간략히 이야기하고 바로 실무로 넘어간다. 이에 비해 『목민심서』는 율기 편을 두어 목민관의 자기 규율의 구

---

34) 다산은 주자를 71번 인용하였다(정석종, 앞의 글, 737면). 주자는 『목민심서』에서 가장 많이 등장한 인물이다.

35) "有或疑之者 答曰此朱子之遺法(『목민심서』 권7, 賑荒 4조 設施)." 한국문집총간 285, 600b); "京畿陳田 本係六等 無可復降者. 論報上司 乞依朱子法 五年免稅 立旨勸民 可也(『목민심서』 권4, 戶典, 1조 田政).(한국문집총간 285, 388a). "鋪案 鄕校書院 其校長院長掌議之等 不爲差帖 但以姓名三字 附之樑上 謂之附標 非禮也. 官欲差帖 士林羞之. 宜引朱子此帖 官下差帖 則朝附夕摘 左攘右奪之習 庶乎其少戢矣(『목민심서』 권7, 禮典, 4조 興學)."(한국문집총간 285, 472b).

36) "鋪案 歷考典籍 凡賑濟之法 莫詳於朱子條例. 吾東之賢士大夫 又莫不愛慕朱子 獨於賑濟之法 自古至今 皆以私臆行之. 一條一例 曾不採用於朱書 豈不惑歟. 『목민심서』 권7, 賑荒, 3조 規模)."(한국문집총간 285, 594a)
"凡爲牧者 宜取朱子公移 置之案上 時時誦讀 以作模楷 其免爲俗吏矣(『목민심서』 권3, 奉公, 4조 文報)."(한국문집총간 285, 349d).

체적인 방식을 자세히 기술하고, 봉공과 애민 조항을 두어 지방 통치의 근본 목적과 이상을 환기하고 있다.

다산은 12편 가운데 율기, 봉공, 애민, 이·호·예·병·형·공 6전의 9편 54조목이 수령 고과考課 항목으로 그대로 응용될 수 있도록 편목을 설계하였다. 그는 수령이 해야 할 일과 그들이 한 일에 대한 평가는 떼려야 뗄 수 없는 관계에 있다고 보고, 수령칠사를 대체하는 수령 임무와 고과 항목을 제시하고자 한 것이다. 다산은 고과 전최殿最야말로 치평治平을 이루는 핵심 정사라고 말한다.

『목민심서』에서 많이 인용된 조선 목민서는 『치현결』, 『운곡정요』, 『임관정요臨官政要』 세 가지이다. 『임관정요』와 『목민심서』를 비교하면 재미있는 현상을 발견할 수 있다. 『임관정요』는 정어政語, 정적政蹟, 시조時措를 각각 독립된 편으로 구성하였다. 이는 안정복이 『임관정요』를 지은 동기가 되었던 진덕수 『정경』의 구성방식이기도 하다. 다산도 정어, 정적을 『목민심서』의 구성요소로서 채택하고 있다. 하지만 정어, 정적, 시조를 독립된 편으로 구성헌 것이 아니라 12편 72조에 세 가지 요소를 함께 배치하는 방식을 택하였다. 목민서의 기본 요소는 『임관정요』의 세 편 곧 정어, 정적, 시조를 벗어나지 않는다. 안정복이 이 세 가지 요소를 수집하고 기술하여 내용을 채우는 데 바빴다면, 다산은 『임관정요』의 성과를 바탕으로 독자가 구체적인 상황에 직면하여 활용하는데 편리하도록 구성을 바꾼 것이다. 당시의 현실에 맞는 지침을 시조를 통해서 주고, 정어·정적을 통해서 독자의 이상을 고취하고 정적을 통해서 모범적인 사례를 얻어 활용할 수 있도록 배치한 것이다.

4) 주제, 내용

목민서에서 우리가 가장 먼저 읽어야 할 점은 다름 아니라 바로 목민서의 저작과 유통을 통해서 제대로 된, 또는 큰 흠결이 없는 수령 노릇을 해보고 싶었던 또는 요청하였던 당대 사인士人의 치자治者로서의 책무의식이 아닐까 한다. 그리고 그 방법으로서 무엇보다도 '자기 닦음[修身]'을 출발점으로 삼고 있었다는 점을 알아야 한다. 그만큼 조선 시대 수령 노릇은 제도의 규정을 넘어서 개인의 사람됨에 좌우되는 측면이 컸다. 그들에게서 제대로 된 '목민'은 단순한 직무가 아니라 자기완성의 길로 연결되었다. 다른 목민서들은 대체로 자기 닦음과 관련된 몇 항목을 두는 정도인데, 『목민심서』는 율기를 하나의 편으로 두었으며, 다른 편에서도 끊임없이 자기 닦음·자기 규율이 어떻게 통치에 영향을 미치고 민폐로까지 연결되는지를 보여주려고 노력하였다.

자기 닦음·규율의 길에서 항상 되뇜으로써 자기 경계를 늦추지 않도록 도와주는 것이 잠언이다. 잠언은 간결하면서도 마음을 울리는 글귀로 되어 있다. 사회에서 유통되는 목민 담론에서 잠언은 중요한 역할을 하였다. 잠언은 사회의 목민 담론과 목민서를 연결하는 주요한 매개 고리였다. 경전과 중국·조선의 목민서에서 유래한 잠언들이 『목민심서』에서도 편목 이름, 강령綱領, 해설에서 익숙하게 되풀이되고 있다.

> '씀씀이를 절약하여야만 백성을 사랑할 수 있다[節用而愛民].', '백성 보기를 상한 사람 보듯이 하라[視民如傷].', '나를 예로써 규율한다[律我 以禮].' '淸勤愼', '廉仁公勤', '奉公愛民', '淸心'

다산 자신이 옛 잠언을 활용하여 새로운 잠언을 만들기도 하였다. 그 하나로 '사람이 두려워해야 할 것은 세 가지이니, 백성이요 하늘이요 그리고 자기 마음이다.'[37]를 들 수 있는데, 경전과 다른 목민서로부터 빌려와 변용한 것이다. 『논어』에는 '군자는 두려워하는 것이 세 가지가 있다.'라고 하였다.[38] 『치현결』에는 "벼슬살이의 요체는 두려워할 외畏 한

---

37) "人之可畏者三. 民也 天也 自心也(『목민심서』 권14, 賑荒 6조)."(한국문집총간 286, 611a).

자뿐이다. 의를 두려워하고 법을 두려워하며 상관을 두려워하고 백성을
두려워해야 한다. 마음에 언제나 두려움을 간직하여 혹시라도 함부로
방자하지 않게 되면, 허물이 적을 것이다."[39]라고 하였는데, 다산은 이
대목을 직접 인용하고 있기도 하다.

목민서에서 자주 보이는 주제들이 『목민심서』에서도 주요한 주제로
선정되었다. '첫 대면에서부터 향리나 민에게 어떻게 보일 것인가?' 대부
분의 목민서는 수령의 부임赴任 과정으로부터 시작되었다. 이때부터 당
부하고 당부하는 것이 얕보이지 말라는 것이다. 조선후기 수령제도에서
제일 문제가 되는 것은 이른바 임금의 임명을 받은 명관命官은 수령 혼
자라는 점이다. 수령 하나가 달랑 혼자 부임하여 어떻게 저들의 비웃음
을 받지 않고 위엄을 유지할 것인가에 부임하는 수령들은 많은 신경을
썼다. 목민서의 곳곳에서 이점이 발견된다.

다산은 『목민심서』에서 옷차림이 화려하지 않은 것이 오히려 지방
관속을 두렵게 한다고 하였다.[40] 그리고 수령을 맞이하러 온 관속들에
게 별말이 없는 것이 속을 알 수 없는 사람으로 두려워하게 하는 길이라
고 하였다.[41] 관속들이 새로 부임하는 수령의 사람됨을 알아보려고 이
리저리 찔러보니 거기에 넘어가지 않도록 당부한다. 다산은 백성에게
무겁게 보이는 법, 장엄하게 보이는 법을 알려준다.[42]

---

38) "孔子曰君子有三畏. 畏天命. 畏大人. 畏聖人之言. 小人不知天命而不畏也.
   狎大人. 侮聖人之言."(『논어』).
39) 『목민고』 내의 본문과는 조금 다른데, 『목민심서』에서 인용된 글귀를 그대
   로 옮기면 다음과 같다. "治縣訣云 居官之要 畏一字而已. 畏義 畏法 畏上
   官 畏小民. 心常存畏 無或恣肆 斯可以寡過矣(『목민심서』 권1, 律己 1조)."
   (한국문집총간 285, 315d).
40) "신관의 태도를 살피는 노회한 아전은 먼저 그의 의복과 안마를 묻되, 만약
   사치스럽고 화려하면 씽긋 웃으면서 〈알 만하다〉 하고, 만약 검박하고 허술
   하면 놀라면서 〈두렵다〉 하는 줄은 모르고 있다."(『역주목민심서』 1, 23면.
41) "'연소한 학사가 말도 않고 웃지도 않으며 오똑이 단좌하고 있으니 그 심중
   을 헤아릴 수가 없다.'고 하였다."(『역주목민심서』 1, 38면).

'관용을 위주로 할 것인가, 위맹을 위주로 할 것인가?'[43] 지방 수령의 주요한 통치 무기는 형벌의 권한이었다. 일반민, 하급 관속은 물론이고 향리, 심지어 향임에게까지도 형벌을 썼다. 수령의 가장 일상적인 업무는 소지를 받아 처리하고, 치하治下의 민·관속에게 형벌을 내리는 일이었다. 사법권·형벌권은 바로 홀로 부임한 수령이 지방사회를 통치해 갈 수 있도록 하였던 수령 최대의 권능이라고 할 수 있다.

수령이 관속이나 민을 다스리는 방법은 두 가지 길이 있었다. 하나는 위맹한 형벌이고 또 하나는 몸으로 체현하여 발현되는 위엄이었다. 이 두 가지 길을 어떻게 잘 조절하여 통치에 활용할 것인가가 그들의 고민이었다. 위엄은 그냥 나오는 것이 아니라 본인의 공정公正, 근면勤勉, 청렴淸廉, 명찰明察로부터 나오는 것이기 때문에 목민서는 그들에게 오랜 목민의 경험으로부터 나온 율기의 지침, 실무 지식과 요령을 전수하고자 하였던 것이다. 『목민심서』는 이 주제들을 반복하면서 구체적인 사례를 들며 깊이 있게 추구하고 있다.

'개혁이냐, 관행의 고수냐?', '문제를 아는 척할 것인가, 모른 척 넘어갈 것인가?', '이서의 잇속 챙기기를 어느 정도 눈감아 줄 것인가?' 이와 같은 물음은 조선후기 지방관이 부임하면 당장 당면하게 되는 문제로서 목민서가 피해갈 수 없는 주제였다. 이 주제들은 조선후기 사회가 당면한 문제의 깊이를 보여준다. 목민서들은 이에 어떻게 대답하고 있는가. '폐단을 고치려다 새로운 폐단을 만든다.'[44]는 보수적인 접근이 목민서

---

42) 『역주목민심서』 1, 42면; 『역주목민심서』 1, 50면.

43) 다음은 『거관대요』의 한 대목이다. "죄가 없는데도 망령되게 매를 때리는 것은 진실로 원망을 사는 길이다. 그러나 죄가 있는데도 지나치게 너그러우면 사람은 은혜를 모르고 도리어 속이고 업신여기는 마음을 갖는다. 만일 한번 업신여김을 당하면 비록 날마다 매를 때려도 효과가 없다. 따라서 이르기를, '차라리 원망을 살지언정 업신여김을 당해서는 안 된다'고 한다(『거관대요』, '거관대요')." (內藤吉之助(1942), 『조선민정자료-목민편』, 257면, [十一]).

만이 아니라 일반적으로 말해지는 것이다.

하지만 다산은 『목민심서』에서 폐단의 적극적인 개혁을 주장하였다.[45] 물론 다산으로서도 일개 수령으로서는 어쩔 수 없이 넘어갈 부분이 있다는 것을 인정하고 있다. 하지만 『목민심서』는 어떤 목민서보다도 적극적인 태도로 문제들에 대응할 것을 주문하고, 그 대응 방법을 제시하려고 노력하였다.

목민서들은 책의 많은 분량을 통치 실무 지식 제공에 할애하였다. 특히 조세 수취와 관련된 내용이 많다. 이는 중국의 목민서와 비교할 때 조선후기 목민서의 주요한 특징의 하나로 꼽을 수 있을 것이다. 목민서는 법전에는 나오지 않는 지방 통치의 관례들, 지방 사회의 조직·힘 관계, 폐단의 실태를 알려준다. 당장 이를 알아야 명령 하나라도 제대로 내릴 수 있으며, 지방통치자로서 해야 될 일, 하고 싶은 일, 할 수 있는 일의 경계를 가늠할 수 있기 때문이다.

『목민심서』 역시 이전吏典, 호전戶典, 예전禮典, 병전兵典, 형전刑典, 공전工典, 진황陳荒편을 두어서 실무 지식을 많이 제공하려고 노력하였다. 특히 다산은 수령이 구체적인 실무 지식을 알고 실무를 직접 챙길 것을 강조하였다. 성종 때 사람 이세정李世靖은 그의 문인들 가운데서 재상이 여럿 나왔는데, 이들이 새로 제수된 관찰사 최숙생崔淑生에게 청양 현감

---

44) 다음은 『거관대요』의 한 대목이다. "무릇 폐단 가운데 변통하지 않을 수 없는 것은 진실로 마땅히 고쳐야 한다. 그러나 사람들의 병통은 새로운 것을 너무 좋아한다는 데 있다. 멀리 내다보는 안목도 없으면서 일전(日前)의 폐단이라고 칭하고 갑자기 임의로 변경하므로 이후 지금보다 더 심하게 문제가 곪아터져 나오게 된다. 이는 재기발랄한 젊은 사람이 마땅히 경계해야 할 일이다.(『거관대요』, '거관대요')."(內藤吉之助(1942), 『조선민정자료-목민편』, 256면, [六]).

45) "옛사람들이 시끄럽게 뜯어고치는 일을 경계한 것은 지킬 만한 법이 있었기 때문이다. 오늘날 우리나라의 군현에서 쓰고 있는 것은 도대체 국법이 아니요, … 마땅히 급히 개혁할 일이요 그대로 두어서는 안 될 것이다."(『역주목민심서』 1, 223~224면).

으로 나간 자기 선생을 부탁하였으나 최숙생은 맨 처음 고과에서 이세
정을 파출시켜 버렸다. 여러 재상들이 그에게 따지자 그는 "다른 고을의
수령은 비록 교활하다고 하나 다만 한 사람의 도적일 뿐이니 백성들이
오히려 견딜 수 있지만, 청양 현감은 비록 청렴하되 여섯 도적이 아래에
있으니 백성들이 견딜 수 없는 바라."라고 하였다.[46] 다산은 이 사례를
소개함으로써 수령이 대체만 잡고 있으면 안 된다, 실무를 향리들에게
맡겨버리면 그 피해가 고스란히 민에게 돌아간다고 설득한다.

4.『목민심서』의 특징

『목민심서』는 조선후기 목민학의 전통에 힘입어 저술되었지만, 동시
에 다른 목민서가 미치지 못하는 특장, 성취를 보여준다.『목민심서』의
특장을 목민 이상의 고취, 자기 규율의 강조, 예치의 통치 방식이라는 세
가지 측면에서 살펴보려고 한다.

1) 목민의 이상

다산이 생각한 이상적 수령상은 바로 사목司牧, 양떼를 기르는 목자
와 같은 목민관이었다. 다산은『목민심서』서序의 첫 대목에서 다음과
같이 말하였다.

옛날에 순임금은 요 임금의 뒤를 이어 12 목(牧)에게 물어 그들로 하
여금 백성을 다스리게 하였으며, 문왕이 정사(政事)를 펼 때 사목(司牧)
을 두어 목부(牧夫)라 하였으며, 맹자는 평륙(平陸)에 갔을 때 추목(芻牧)
으로서 백성을 다스리는 것에 비유하였으니, 이로 미루어 보면 백성을

---

46)『역주목민심서』2, 73면.

부양하는 것을 가리켜 목(牧)이라 한 것이 성현의 남긴 뜻이다. 성현의
가르침에는 원래 두 가지 길이 있다. 사도(司徒)는 만백성을 가르쳐 각각
수신케 하고, 대학(大學)에서는 국자(國子)를 가르쳐 각각 수신하고 치민
(治民)케 하였으니, 치민하는 것이 목민하는 것이다. 그런즉 군자의 학은
수신이 그 반이요 나머지 반은 목민인 것이다. 성인의 시대가 이미 멀어
졌고 그 말씀도 없어져서 그 도가 점점 어두워졌으니, 오늘날 백성을 다
스리는 자들은 오직 거두어들이는 데만 급급하고 백성을 부양할 바를 알
지 못한다.[47]

　다산은 민民/목민관牧民官을 양떼/목부에 비유하였다. 다산은 치민治民
을 목민牧民, 양민養民, 교민教民과 동일시하였다. 다산이 생각하는 민을
돌보고 기르는 일은, 잘 먹이는 일에 그치지 않고 '각각 수신修身'으로 표
현된, 민 내면의 도덕적 교화에까지 미치는 것이었다.
　다산은 수령을 만백성을 주재하는 자, 만기를 총괄하는 자, 벼슬 이
름은 다르지만 옛날의 제후와 같은 자로 보았다.

　　수령은 만백성을 주재하니 하루에 만기(萬機)를 처리함이 그 정도가
　약할 뿐 본질은 다음이 없어 천하 국가를 다스리는 자와 비록 대소는 다
　르지만 처지는 꼭 같은 것이다. … 벼슬 이름은 비록 다르지만 수령의 직
　책은 옛날의 제후이다.[48]

그는 수령의 선치善治를 확장하면 치국평천하도 이루지 못할 것이 없다
고 한다. 수령의 직책을 치자治者로서의 포부를 펼쳐볼 만한 자리로 설
정하고 있는 것이다.
　수령의 자리가 그처럼 엄중한 것인데도 현실의 수령은 책임을 다할

---

47) 『역주목민심서』 1, 7면.
48) 『역주목민심서』 1, 12면.

만한 지식도 없이, 그를 보좌할 재상도 삼경도 대부도 백관도 없이, 혼자
서 그 자리에 나아간다. 제대로 수령 노릇 하려는 사람에게는 참으로 막
막한 노릇인데, 다산은 이 상황을 다음과 같이 표현하였다.

> 지금의 수령은 만백성 위에 홀로 외롭게 있으면서 간사한 백성 3인을
> 좌(佐)로 삼고 교활한 아전 60·70인을 보(輔)로 삼고 사나운 자 몇 명을
> 막빈(幕賓)으로 삼고 성격이 뒤틀린 자 10인을 복예(僕隷)로 삼고 있다.
> 이들은 서로 패거리를 지어 굳게 뭉쳐서 수령 1인의 총명을 가려 기만하
> 고 무롱(舞弄)하며 만백성을 괴롭힌다. …… 비록 덕이 있더라도 위엄이
> 없으면 능하지 못하고 비록 뜻이 있더라도 밝지 못하면 능하지 못한 것
> 이다. 수령이 능하지 못하면 백성은 그 해를 입어 괴로워하고 병이 들어
> 길바닥에 쓰러질 것이며 사람들의 비난과 귀신의 재앙은 수령의 자손들
> 에게까지 재앙으로 미칠 것이다.[49]

백성을 기르고 교화하는 것이 치자의 이상이지만, 수령이 능하지 못하
여 그 해를 입은 백성은 병이 들어 길바닥에 쓰러질 지경인 것이 현실의
모습이었다.

다산이 『목민심서』를 쓴 가장 근본적 이유는 바로 이러한 이상과 현
실 사이의 간격을 학문으로써 메워보려는 바람 때문이었다. 다산은 수
령이 목민의 이상을 갖고, 선치의 능력을 갖추어, 민이 선치의 효과를 입
는 정치를 행하도록 하기 위해 『목민심서』를 썼다.

2) 자기 규율의 강조

대부분의 목민서가 첫머리에서 수령이 몸가짐, 마음가짐을 바르게

---

49) 『역주목민심서』 1, 13면.

갖고, '염廉 · 근勤 · 공公 · 신愼' 등으로 자기를 규율할 것을 강조한다. 하지만 다산은 '자기 규율律己'을 첫머리에서 한번 언급하는 것으로 그치지 않고 봉공奉公, 애민愛民, 속리束吏, 청송聽訟, 교화敎化 등 수령의 제반 임무에서 '자기 규율'이 어떻게 구체적으로 작동하는지를 말한다.

다산에게서 '자기 규율'은 단순히 치민을 위한 방편이 아니라 자기 수양, 덕의 실천과 긴밀히 연결된 개념이다. 다산이 생각하는 '수기치인修己治人'은 신독愼獨 공부를 통해 하늘의 목소리를 들으며, 다른 사람에게 내가 요구하는 바를 내가 먼저 실행하는 서恕를 통해, 덕德을 지속적으로 실천하는 것이었다. 다산에게서 마음은 인심人心과 도심道心의 교전장이고, "윤리적 실천은 육체적 욕망과 안일이라는 장애물을 만날 수밖에 없"으며, "서恕의 원리를 통해 내가 타인을 사랑하게 되는 과정에서는 불가피하게 자신의 사적인 욕망, 즉 인심의 욕구를 억누르고 통제하는 시련을 겪지 않을 수 없었다."[50]

다산에게서 '치인治人'은 '사인事人', '애민愛民'의 윤리적 실천이었다. 사인事人, 애민愛民은 육체적 욕망과 안일을 억누르는 일상적이고 지속적인 자기 규율의 실천으로부터 출발한다. 자기 규율은 윤리적 규범이 구체적인 행동양식으로 드러나는 지점에 위치한다.

> 아랫사람에게 묻는 것을 부끄러워하지 마라.
> 부지런하라, 새벽같이 일어나라.
> 몸가짐을 엄중히 하라. 옷차림을 단정히 하라.
> 갑자기 성내지 말라.
> 아랫사람에게 너그러워라.
> 술을 끊고 여색을 멀리하며 노래와 음악을 물리쳐라.
> 청렴 하라. 선물은 작은 것이라도 얽혀든다.
> 내외를 엄히 분별하라.

---

50) 백민정(2007), 『정약용의 철학』, 348 · 358면 인용.

절용하라. 의복과 음식은 검소 하라.

베풀기를 즐기라.

치우치지 말라. 성질의 편벽됨이 있으면 아전이 이를 엿본다.

이름을 내려고 하지 마라.

윗사람을 속이지 마라.

자리에 연연하지 마라.

3) 예치의 통치방식

덕치가 정치의 이상이지만, 다산이 현실적으로 권한 것은 예치이다. 다산은 예에 여러 가지 의미를 부여하였다. 예는 의례를 행하는 것, 격식·법식·절도를 지키는 것, 사람을 지위에 맞게 대접하고 사람 사이의 등급을 밝히는 것, 질서를 잡는 것 등을 의미하였다.

다산에게 의례로서의 예는 자신을 분발시키고 규율하며, 이서를 감동시켜 제어하고, 민을 흥기시키고 교화하는 힘을 지닌 것이었다. 수령은 망궐례를 통해서 임금의 근심을 나누어 갖는 목민관으로서의 책무를 다짐하고 자신을 분발시킨다.[51] 망하례를 통해 백성들로 하여금 조정의 존엄함을 알게 하고, 스스로는 임금에게 부끄러운 것이 없는가를 반성한다.[52] 진휼에 앞서 패전牌殿에서 예를 행하여 이서를 분발시킨다.[53] 아침의 조례朝禮는 수령에 대한 관속의 아침 인사인 동시에 아침 일찍 일어나도록 수령 자신을 검속하는 규율이다.[54] 향교에서 행하는 양로養老,

---

51) "망궐례를 거행하되, 잠시 엎드려서 마음에 스스로 말하기를 '… 전하께서 적자 만인의 생명을 오로지 소신에게 맡기셨으니, 소신이 어찌 감히 백성을 삼가서 다스리지 않으오리까'라 한다."(『역주목민심서』 1, 50면).

52) 『역주목민심서』 1, 212면.

53) 『역주목민심서』 6, 108면.

54) 『역주목민심서』 1, 53면.

휼고恤孤의 의례는 수령의 애민의 정치이자 민에게 도덕을 흥기시키고 예속을 권장하는 방식이다.[55]

예는 격식·법식·절도를 지키는 것으로서 절용의 기준이기도 하였다. "절이란 한계를 두어서 억제하는 것이다. 한계를 두어 억제하는 데에는 반드시 법식이 있어야 한다. 법식이라는 것은 절용의 근본이다."[56] 다산은 수령 자신을 위한 것이거나 감사와 같은 빈賓을 대접하는 것이거나 간에, 자신의 씀씀이, 손님 접대, 제사 등에서 절용을 위해 법식, 절도를 지킬 것을 강조하였다.

예는 지위에 맞는 대접, 등급 분별을 의미하기도 하였다. 다산은 지방의 어진 선비를 방문하라고 권하면서 '현현賢賢', '귀귀貴貴', '장장長長', '친친親親'은 천하를 다스리는 큰 원칙이라고 하였다.[57] 그는 예전禮典에 변등辨等 조목을 설치하여 귀천의 등위를 명확히 할 것을 주문하고, 등급에 따른 가옥, 말, 가마, 의복, 기물에 대한 규정을 참람하지 못하도록 해야 한다고 주문하였다.[58]

예는 질서를 의미하기도 하였다. 그는 진휼할 때 "반드시 기旗를 세워 진미賑米를 나누어 주는 것은 무슨 까닭인가, 천하의 일은 모두 예일 뿐이니, 예라는 것은 절제요, 절제라는 것은 법이다. 다섯 사람이 서로 모이는 데 있어서 예법이 없으면 그 사람들은 반드시 문란해질 것이니, 하물며 천 명 만 명이 모이는 데 있어서랴. 천 명 만 명이 모이는 데 있어서 예법이 없는 것은 문란의 근본이다."[59]라고 하였다.

통치는 근본적으로 위정자와 민 사이에서 행해진다. 따라서 통치의

---

55) 『역주목민심서』 4, 43면.
56) 『역주목민심서』 1, 173면.
57) 『역주목민심서』 2, 138면.
58) 『역주목민심서』 4, 80면.
59) "天下之事體而已 禮者節制也 節制者法也 五人相聚無禮法 其人必亂 況千萬人之所聚乎 千萬人之所聚而無禮法 亂之本也(『목민심서』 권13, 賑荒 6조,)."(한국문집총간 285, 600b).

방식이나 내용은 민에 대한 인식에 의해 좌우된다. 본인은 다산의 민에 대한 인식을 『대학공의』의 분석을 통해서 살펴본 적이 있다. 다산은 민을 원욕願欲의 주체로 보고, 위정자가 '미루어 헤아려 스스로 행함推恕'의 정치행위를 통해, 민의 도덕적·현실적 욕망을 실현하는 것을 평천하의 정치라고 하였다. 그는 민을 도덕적·현실적 욕망을 지닌 존재로 봄으로써 민의 욕망 실현을 주요한 정치 과제로 부각시켰다.[60] 그러나 『목민심서』 속의 민은 욕망과 삶의 주체로서의 면모보다는 정치 대상으로서의 면모가 두드러진다. 물론 다산은 "사람이 두려워할 것이 세 가지이니, 백성이요 하늘이요 그리고 자기 마음이다.",[61] "천하에 가장 천해서 의지할 데 없는 것도 소민小民이요, 천하에 가장 높아서 산과 같은 것도 소민이다. …… 그러므로 상사가 비록 높다 하되 수령이 백성을 머리에 이고 싸우면 대개 굴하지 않는 자가 드물다.", "송사는 관에게는 별일 아니지만 민에게는 큰일이다.", "진제장賑濟場을 읍내 한곳에 설치할 것이 아니라 굶주린 백성이 쉽게 올 수 있도록 여러 곳에 분산 설치해야 한다."와 같이 민의 위상을 평가하고, 민의 관점에서 바라보고, 민을 배려하는 인식을 보여준다.

하지만 이러한 언급에도 불구하고 민民을 치민, 목민, 애민, 교민의 대상 이상으로 인식하는 것으로는 느껴지지 않는다. 『대학공의』에서 민을 치민의 대상이지만 주체적 의지와 욕망을 가진 존재로 보고, 민 자신의 도덕적 행사 없이 치평治平은 이루어질 수 없음을 강조하던 것과는 상당한 거리를 느끼게 한다. 바로 이점이 『목민심서』의 예전禮典편 변등辨等조에서 "변등은 백성을 안정시키고 그 뜻을 정향시키는 요체이다. 등위가 명확치 않아서 위계가 문란하면 백성들은 흩어지고 기강이 없게 된다."라거나 "소민은 어리석어서 군신의 의리도 사우의 가르침도 없으

---

60) 김선경(2006), 「다산 정약용의 정치 철학: 『대학공의』읽기」 『한국사상사학』 26. 참고.
61) 『역주목민심서』 6, 140면.

므로, 귀족과 지체 높은 가문에서 그들에게 기강을 세워 주지 않으면 한 사람도 난민이 아닌 자가 없을 것이다."라는 대목을 가능케 한다고 생각된다. 물론『목민심서』의 한 대목 한 대목이 민의 고통에 대한 깊은 공감으로부터 나왔다는 사실은 부정할 수 없다.

5. 맺음말

이 글의 목표는 두 가지이다. 하나는 조선후기 사회에서 '목민학'이라는 학문 장르의 존재를 탐색하고 설정해내는 것이고, 다른 하나는『목민심서』를 목민학의 흐름 속에서 음미하고 다산 정약용의 목민학의 특징을 밝히는 것이다.

조선후기 목민학의 존재에 대해서는 두 가지 방면에서 접근할 수 있다. 하나는 현재까지도 남아있는 목민서들을 분석하는 것이고, 다른 하나는 문집 등에서 광범하게 산견되는 목민 담론을 분석하는 일이다. 이 글에서는 이 두 가지 모두 충분하게 분석하지 못하였으나, 지방관을 통치 주체로 놓고 전개된 '지방 통치의 이념 및 실천에 관한 지식 학술 체계'로서 목민학이라는 학문 분야가 조선후기사회에 존재하였음을 입증하고자 하였다.

목민서는 지방관이 될 사람, 지방관이 된 사람, 지방통치에 관심을 둔 사람들이 읽기도 하고 쓰기도 하였던 수령 노릇을 위한 지침서이다. 목민서는 수령을 행위 주체로 설정하여 지방사회라는 구체적 공간에서 무엇을 해야 하며 무엇을 할 수 있을지를 고민하며, 경사經史에 보이는 성현·선배들의 말씀과 사적事蹟, 자신의 경험으로부터 얻은 심득心得과 지방 통치의 실무 지식·요령까지를 종합하여 만든 책이다. 중국의 목민서를 간추려 조선의 사정에 맞게 수정하고 당대 사회 문제를 첨부한 글, 자신의 경험을 가까운 친지에게 들려주고 싶은 사람이 쓴 간단한 편지글, 이렇게 시작한 조선의 목민서는 지방사회 현실을 이해하고 개혁해

보려는 포부를 지닌 젊은이의 저술, 당대 사회 성원은 물론이고 오늘날까지도 그 당시 사회를 이해하는 데 도움이 되는 학술서로까지 발전하였다.

또한 지방관의 지방 통치라는 사회정치적 장에 토대를 두고, 국가 통치 영역에서, 개인들의 이상과 포부의 차원에서, 치자들의 관계 맺음의 한 형태로서 목민 담론이 사회적으로 광범하게 유통되고 실행되었다. 이러한 목민 담론의 사회적 유통에 기반을 두고, 조선후기에 목민서가 다수 생산·유통·활용되었다. 조선후기 목민서의 본격적 출현은 목민 담론이 지식·학술체계로 발전하여 갔음을 보여주는 지표이다.

여기서 목민학을 '지방 통치의 이념 및 실천에 관한 지식 학술 체계'로 정의하고자 한다. 이렇게 포괄적으로 정의함으로써 앞으로 목민학에 대한 논의가 좀 더 활발하게 이루어지기를 기대하며, 나아가서는 목민학을 현재로 불러들일 수 있을지 그 가능성을 타진하고 싶다. 조선후기 목민학은 지방관의 지방 통치라는 사회정치적 장에 근거하여 지방관을 통치 주체로 설정하여, 목민 담론과 목민서의 생산·유통·활용이라는 형태로 활발하게 전개되었다.

조선후기 목민학이라는 학문 분야가 존재하였다면 당연히 『목민심서』는 그러한 학문 내에서 위상을 설정하여야 한다. 이글은, 『목민심서』는 주체의 설정, 글쓰기 방식, 체제, 구성요소, 주제, 내용 등의 여러 측면에서 조선후기 목민학의 전통에 기대어 저술되었다고 결론지었다. 그러면 목민학의 산물로서 다산의 『목민심서』의 성취는 무엇인가? 이글에서는 다산이 학문으로서 목민학에 덧붙인 성과를 방법론과 내용 양 측면에서 분석하여야 했으나 학문 방법론 측면은 후일로 미루고 내용의 측면에서 몇 가지를 지적하였다.

『목민심서』는 통치 방식으로서 목민관의 자기 규율에 기반을 둔 예치를 강조하고 있다. 예치는 목민관을 비롯한 지방 사회 구성원을 분발시키고 흥기하고 규율하고 검속하고 위계를 밝히고 질서를 잡는 통치

방식이었다. 『목민심서』는 덕치, 예치, 법치라는 전통적 통치 방식 이외에도 다양한 통치 기술을 소개하고 있다. 통치의 기술로서 약속의 정치, 고과 상벌을 통한 '용인用人', 실태 조사·등록·관리·기획하는 행정기술, 과학 기술까지도 활용할 것을 권유하고 있다.

다산은 예치를 비롯한 다양한 통치 기술을 단지 나열하고 있는 것이 아니다. 그런 기술이 사회·정치 현장에서 어떻게 힘으로 작동하는지 포착하고 있다. 다산은 법·제도는 물론이고 사람들의 의식, 욕망, 관습, 일상적 태도, 관계 맺음까지도 사회·정치적 힘으로 작동하고 있음을 포착한다. 다산은 사람들을 정돈하여 줄을 세우고 흐름을 만드는 작은 기예가 큰 성과로 나타남을 보여준다. 덕이 아니더라도 목민관의 속이 쉽게 드러나지 않는 태도, 몸가짐도 뚜렷한 정치적 효과를 낳는다는 것을 보여준다.

다산은 목민관에게 목민의 이상을 고취하고, 지방 정치 현실의 복잡성을 이해시키고, 목민관의 생각·사고·실행의 폭을 넓혀, 민에게 도움이 되는 정치가 행해지기를 간절히 바라는 마음에서 『목민심서』를 저술하였다. 『목민심서』가 담고 있는 목민의 이상은 바로 다산 자신의 이상이었다. 『목민심서』는 다산 정약용 자신의 치자治者로서의 포부, 갈고 닦은 학문 내용, 자신을 드러내어 사회에 영향을 미치고 싶은 욕망이 담긴 책이다. 다산은 자신의 학문 사상 제안이 독자들에게 어떻게 어필할 것인지 면밀히 계산하여 글쓰기를 행하였다. 『목민심서』는 치자 계층의 자부심에 호소하고, 지방통치에 곧바로 활용할 수 있는 실용성에 호소하고, 주자朱子와 같은 인물의 권위에 기대어 설득하고 있다.

『목민심서』는 단지 이전의 목민학의 전통을 계승한 것만은 아니다. 『목민심서』가 18세기와 19세기 초반의 경세학 성과를 담고 있다는 점은 17세기 중반의 저술인 유형원의 『반계수록』과 비교해보면 손쉽게 드러난다. 유형원은 통계를 활용하기 위해 직접 호조의 서리 집에까지 찾아갔다. 그리고 주요한 역사적 전거는 대부분 중국 것으로 조선의 것은 일부에 불과하였다. 반면에 『목민심서』는 정조대에 편찬된 많은 자료 통계, 『문헌비고』, 『국조보감』 등의 국가 전적을 풍부하게 활용하였다. 또한 지방 통치에 관련된 법률·사목事目, 선치善治 지방관의 사적史蹟, 지방통치 과정에서 산출되는 각종 문서 양식, 목민·경세 담론을 풍부하게 수록하고 있다. 앞으로 『목민심서』 연구는 조선후기 목민학과 함께 경세학의 지도를 그리는 데 있어서도 일정한 역할을 할 수 있을 것이다.

『임관정요』에 반영된
향정론 계승 양상

원재린 | 덕성여자대학교 강사

1. 머리말

조선후기 성호학파는 실학을 대표하는 최초의 학문집단으로 주목받았다. 그리고 학파에서 견지했던 경세치용의 학풍은 실학의 성격을 규정하는 주요 개념으로 인식되었다. 중세 봉건제도 전반에 대한 개혁을 통해 사회경제적 균평을 이루고, 이를 토대로 정치적 안정을 추구했다는 점에서 국가개혁론으로서의 위상을 확보하기에 이르렀다. 경세치용이 민인들의 사회경제적 처지에 대한 깊은 고민에서 비롯되었다는 점에서 실제로 실학의 학풍이 구현되는 향촌사회에 대한 이익李瀷(1681~1762)과 문인들의 인식에 주목된다.

성호문인 중에서 경세치용의 면모를 잘 계승한 직계제자로 안정복安鼎福(1712~1791)을 들 수 있다. 안정복은 이익이 직계제자 가운데 유일하게 사환仕宦을 적극 추천한 인물이었다.[1] 실제로 문음門蔭을 통해 관직에 나아가 돈녕부주부·의빈부도사·세자익위사익찬을 거쳐 만년에 목천현감木川縣監을 지내기에 이르렀다. 현달하지는 못했지만 주요 문인과 다른 국면에서 자신의 학문을 다져나아갔다는 점에서 안정복의 사상 속엔 실학의 이상과 현실을 통합적으로 인식하는 나름의 방편이 내재되어 있을 것으로 보인다. 그것이 잘 투영된 주제가 향정론이다.

실제로 안정복은 자신의 향정론을 담은 『임관정요』(이하 정요)를 저술하였다.[2] 『정요』는 18세기 향촌사회 현실을 고려하는 가운데 지방 통치

---

1) 이익은 안정복을 仕學兼敦의 능력을 갖춘 제자로 평가하였다(『順菴集』 권27 「行狀」 '順菴先生行狀'). 안정복이 관직에 나아가자 이익은 학자 관료로서 '尊主裨民'의 본분을 다하여 천하국가의 경영에 이바지 할 것을 당부하였다(『星湖集』 권24 「書」 '答愼耳老 壬申; 『星湖集』 권24 「書」 '答安百順 癸酉').

2) 『정요』를 포함한 안정복의 향정론에 관한 연구성과는 다음과 같다. 韓相權

에 필요한 이념과 사례, 그리고 때에 맞게 수행해야할 세무들을 정리해 놓은 목민서였다.[3] 그런데 주목을 끄는 점은『정요』에서 거론되는 주요 향정사례와 인물, 그 지향들 가운데 적지 않은 부분이 이익의『성호사설 (이하 사설)』에서 발견된다는 사실이다. 더욱이 안정복이『사설』의 목차·내용을 첨삭·정리하여『성호사설류선星湖僿說類選』(1762)을 편집한 당사자였다는 점에서 어느 누구보다『사설』의 내용과 그 속에 담긴 경세지향을 잘 이해하고 있었을 것이다.

　　본고에서는 경세치용 학풍의 계승과 발전이라는 관점에서 사제 간에 공유했던 향정운영 원리와 구체적인 향정책에 대해 살펴보겠다. 이익은 향정론을 체계적으로 정리해 두지 않았다. 하지만 체제개혁을 추구하는 입장에서 국가운영의 기본단위인 향촌사회에 대한 관심은 당연한 것이었다. 자연스럽게 평생에 걸쳐 작성한『사설』속에 향촌운영의 필요한 기본원리와 사례, 개선방략 등이 적지 않게 언급되었다. 그리고 그 핵심 사안은 안정복에서 전수되어『정요』로 완성되었다. 향촌민의 생활안정

　　　(1987),「順菴 安鼎福의 社會思想」『韓國史論』17, 서울대 한국사학회; 강세구(1996),「順菴 安鼎福의 學問과 思想 研究」『毋岳實學』5, 무악실학회; 金泰永(1999),「順菴 安鼎福의 鄕政論」『韓國實學研究』1, 한국실학회; 盧惠京(2004),「安鼎福과 黃胤錫의 對民政策 비교」『韓國思想史學』23, 한국사상사학회; 원재린(2006),「順菴 安鼎福의 '牧民'觀」『韓國思想史學』26, 한국사상사학회; 원재린(2007),「〈政蹟〉편에 반영된 安鼎福의 '守令'像」『歷史와 實學』34, 역사실학회(2007); 원재린(2008),「順菴 安鼎福의 鄕政方略」『大東文化研究』64, 대동문화연구소 참조.

3) 조선시대 주요 목민서를 분석한 최근성과는 다음과 같다. 정호훈(2010),「15~6세기 牧民書의 전개와 牧民學」『韓國思想史學』36, 한국사상사학회; 김용흠(2010),「18세기 '牧民書'와 지방통치」『실학박물관 다산특별전 기념 학술대회 발표집』; 백승철(2010),「18세기 牧民書에 나타난 賦稅制度 운영」『실학박물관 다산특별전 기념 학술대회 발표집』; 김문식(2010),「燕巖 朴趾源의 牧民書,《七事考》」『東洋學』48, 단국대 동양학연구소; 김선경(2010),「조선후기 牧民學의 系譜와《牧民心書》」『朝鮮時代史學報』52, 조선시대사학회.

이 실학의 실효성을 가늠하는 주제임을 고려할 때 『사설』과 『정요』의 주요 향정론에 대한 비교·분석은 경세치용 학풍의 계승과정과 그 속 내포된 실천성을 이해하는 계기가 될 것이다.

2. '관난'과 '순양'의 향정운영 원리

이익 향정론의 일단을 살펴볼 수 있는 『사설』의 편목은 「경사문經史門」과 「인사문人事門」이다. 백과전서식 서술로서 개별 주제에 대한 단상을 기록한 형태이지만 해당 주제들을 『정요』의 그것과 함께 살펴보면 계기적 관점에서 성호학파 향정방략이 구체화되어 가는 양상을 살펴볼 수 있다. 먼저 향촌사회 운영원리와 관련하여 주목되는 항목으로 「경사문」 '관난寬難'이 있다.

이익은 '너그러움으로 다스리기 어렵다寬難'는 제목 하에 당시 향촌사회 안정을 해치는 세력으로 간사한 호족豪猾을 지목하였다. 이들은 간사한 짓을 하고 죄를 범하여 법을 업신여기는 무리들이었다.4) 이들은 단지 법을 무시할 뿐만 아니라 경제적으로 민을 몰락시키는 주범이었다. 농토 대부분이 호강豪强들에 의해 강점되었기 때문에 1년 내내 고되게 농사를 짓고도 소작료를 내고나면 소득은 겨우 반밖에 되지 않았다. 나머지 반도 조용租庸과 잡부雜賦로 지출되어 실질 소득은 1/4에 그치고 말았다. 민에게 혜택을 베풀려면 먼저 억센 자를 억누르는 데서부터 시작해야 했다.5) 민생 안정의 목표를 이루기 위해서는 제도적으로 이들의 발호를 억제할 수단을 강구해야만 했다.

한편 그는 간사한 호족과 더불어 뇌물을 받고 농간을 부리는 관리를 지목하였다. 이들을 너그러운 정사로 대한다면 그 해가 반드시 민에게 돌아오게 된다고 경고하였다. 명나라 곽도霍韜의 말을 빌려 "장리贓吏가

---

4) 『星湖僿說』 권21, 「經史門」 '寬難'.
5) 『星湖僿說』 권8, 「人事門」 '生財'; 위의 책, 「經史門」 '寬難'.

대신에게 은자 1천 냥을 뇌물로 바쳤다면 지방에서는 백성의 돈 수만 냥을 착취했을 것이다."고 했다. 특히 수령의 부패한 모습을 크게 걱정하였으며, 더욱이 이 같은 수령이 어사에게 적발되어 탄핵되어도 요로를 통해 다시 직책을 유지하는 세태를 깊이 우려하였다.6) 장리의 범주에는 향촌 내 이서吏胥들도 포함되었다. 장리의 피해가 도적보다 더 심한데도 목사나 수령들이 인정仁政을 핑계로 사면해서 비방으로부터 회피하려 했다. 너그러움을 위주로 하는 정사를 베풀어 제대로 제어하지 못하는 것을 크게 걱정하였다. 그 대안으로 엄격하고 맹렬한 정사를 실시하여 위아래가 서로 두려워하고 꺼릴 줄 알게 한 뒤에 법령과 교화를 베풀 수 있다고 주장하였다.7)

이익은 관난의 원리를 제대로 이해하지 못하고 나라를 망친 인물로 춘추시대 정鄭나라 대신 대숙大叔을 들었다. 그는 덕교와 형정을 조화롭게 사용하는 이치를 깨닫지 못하고 너그러움을 위주로 하다가 도적의 발호를 초래하였다. 자산子産은 이 같은 사태를 예견하였다. 일찍이 대숙에게 "너그러움으로 다스리기 어렵다[寬難]."는 교훈을 내려주었다. 하지만 대숙은 자산이 너그럽게 한 것만 본받고 엄격히 한 것은 몰랐기 때문에 결국 백성을 죽음에 이르게 하였다. 이익은 대숙이 자산의 말을 따르지 않았기 때문에 어려운 지경에 처하게 되었다고 평가하였다.8)

이 같은 관난의 운영원리는 고스란히 안정복에게 전수되어 『정요』에 실렸다. 『정요』에서 자산과 관련된 항목은 총 8개이다. 먼저 「정어政語」 '논정論政'장에서 공자가 자산을 군자로서 평가한 대목이 등장한다. 역시 '논정'장에서 자공子貢이 정나라 재상 자산이 공정하게 인재를 선발하고 인정을 펼쳤던 사례도 소개되었다.9) 다음 '정기正己'장에서는 『춘추좌전』

---

6) 위의 책, 「經史門」, '寬難; 『星湖僿說』 권11, 「人事門」, '贓吏'.

7) 『星湖僿說』 권24, 「經史門」, '漢文重刑'.

8) 『星湖僿說』 권25, 「經史門」, '寬嚴'; 위의 책, 「經史門」, '漢文重刑'.

9) 『順菴全集』 3 「臨官政要」, '政語 : 論政'장.

에서 자산이 학문을 익히고 난 뒤 정치를 해야 한다는 말을 인용하였다.[10] '금간禁奸'장에서도 역시 『춘추좌전』을 인용하여 자산이 정치에 대해 "민인 보기를 자식처럼 해야 한다. 어질지 못한 자를 처벌하기를 마치 매가 꿩을 쫓듯 해야 한다."는 발언을 소개하였다.[11] 자산에게 정치란 보민保民을 목표로 하되, 이를 방해하는 세력은 강력하게 응징하는 것이었다.

「정적政績」 '양리良吏'장에서는 보다 구체적으로 자산의 통치방식을 소개하였다. 자산이 중앙과 지방을 편제하고 전토를 구획했던 사실과 이에 대한 민들의 반응을 소개하였다. 처음에는 민들이 자산을 죽이지 못해 안달했지만 3년이 지나자 오히려 그 사후를 걱정했다. 다음 기사에서는 형서刑書를 주조하여 정나라를 존속시킨 사실을 부각시켰다. 그리고 이익이 기술했던 대숙과의 대화 내용을 재인용했다. 자산은 오직 덕 있는 자만이 너그러움으로 복종시킬 수 있다고 충고하면서 준엄함으로 다스릴 것을 당부하였다. 사람들이 불을 두려워하기 때문에 타 죽는 민들이 적은 반면 물은 부드럽고 약해 보이기 때문에 가볍게 생각해서 빠져죽는 사람이 많다. 따라서 너그러움만으로 다스리기 어렵다고 한 것이다.[12]

『정요』에서 언급된 자산은 안정복에게 좋은 정치를 펼치기 위해서는 반드시 따라야할 전범이었다. 그는 「시조時措」 '위정爲政'장에서 다음과 같은 견해를 피력하였다. 법이 오래되면 폐단이 생기고 수령은 현실에 안주하기 십상이다. 따라서 잘 다스리고자 하는 자라면 자산이 정나라를 다스리고 제갈공명이 촉나라를 다스렸던 법을 우선시해야 마땅함을 얻을 수 있다고 했다. 당대 향촌사회를 운영해 나아감에 있어서 꼭 필요한 조처를 소개한 편목에서 안정복은 자산의 통치 방식을 들었던 것이

---

10) 위의 책, 「臨官政要」 '政語 : 正己'장.
11) 위의 책, 「臨官政要」 '政語 : 禁奸'장.
12) 위의 책, 「臨官政要」 '政績 : 良吏'장.

다.[13]

한편『정요』에는 자산과 함께 위정의 모델로 제갈량이 상정되었다.[14] 제갈량에 주목한 이유는 형법을 엄중히 사용하여 강성한 토착세력을 억누르고 원활하게 국정을 이끌었기 때문이었다. 당대 이에 대한 반발도 적지 않았다. 법정法正이란 자가 한나라 고조의 약법삼장約法三章을 예를 들어 민들에게 은혜로 위무해야 한다고 강변했지만 제갈량은 형정강화의 의지를 굽히지 않았다. 그 이유는 시세의 변화 때문이었다. 제갈량은 앞선 진나라의 가혹한 정치가 민들의 원망을 샀기 때문에 너그럽고 간략하게 민을 통치하는 것은 합당하다고 보았다. 반면 촉나라에서는 덕정德政이 거행되지 않고 형정도 엄숙하지 못한데다가 토착세력이 강성해서 군신관계를 무너뜨리고, 군주를 업신여기는 상황이 벌어졌다. 이에 제갈량은 법으로써 위엄을 보여 은혜를 알게 함으로써 상하 간에 절도를 유지하고 다스림을 얻을 수 있다고 판단했다.[15]

일찍이 이익은 제갈량을 자산의 통치방식을 잘 계승한 인물로 상정했다. 제갈량이 촉나라를 다스릴 때 매우 엄혹하였는데, 이는 시기를 헤아린 결과라고 평가하였다. 제갈량은 신불해申不害와 한비자韓非子를 좋아하여 손수 그 문자를 써서 후주 류선劉禪에게 주고 엄함을 위주로 국가를 통치하였으며, 이것이 모두 형벌[刑名]로 부터 나온 것이라고 파악하였다.[16] 제갈량에 대한 관심은 여기에 그치지 않았다. 제갈량의 형정

---

13) 위의 책, 「臨官政要」 '時措 : 爲政'장.
14) 제갈량에 대한 숭모의 마음은 2편의 작품에서도 묻어났다. 『靈長山客傳』은 자전적인 작품인데 여기서 자신이 사모했던 인물로 陶淵明과 제갈량을 꼽았다(『順菴集』 권19, 「傳」 '靈長山客傳'). 또한 말년에 쓴 '讀薛能詩有感幷序'에서 당나라 설능이 제갈량을 비판하자 성패 보다는 떳떳한 인륜 높인 점을 들어 변론하였다(『順菴集』 권1 「詩」 '讀薛能詩有感 幷序').
15) 앞의 책, 「臨官政要」 '政績 : 良吏'장.
16) 『星湖僿說』 권18 「經史門」 '孔明喜申韓'. 제갈량은 조선시대 관인유자들에게 名分義理 관점에서 어린 군주를 잘 받든 충신으로서 주목받았다. 이 같은 평가는 제갈량을 법가로 이해하고 그 통치방식을 체용하려 했던 이익의

관에도 관심을 보였다.

제갈량은 덕정이 거행되지 않고 위형威刑이 엄숙하지 못하면 군신의 도가 점점 쇠퇴해질 것이라고 보았다. 임금이 신하를 벼슬로써 총애하면 높은 벼슬에 올라가면 잔인해지고, 은혜로써 위무하면 은혜가 다하면 오만해지기 때문에 폐단이 생기게 된다고 경고하였다. 제갈량은 법으로써 위엄을 보이고, 법이 행해지면 은혜를 알게 될 것이라고 주장하였다. 이처럼 법과 함께 영광·은혜가 함께 시행되어야 상하 간에 절도가 있으며, 다스리는 요점이 나타나게 되는 것이다. 이익은『무후심서武侯心書』의 '순유純柔하거나 순약純弱하면 형세가 반드시 깎이고, 순강純剛하거나 순강純强하면 형세가 반드시 망한다'는 언설을 인용하여 제갈량을 '유하지도 않고 강하지도 않는 사이에 처하여 시조時措에 맞게 변통한 인물'로 규정하였다.[17] 스승의 이 같은 주장을 전수 받은 안정복은『정요』「시조時措」장에서 위정의 모델로 자산과 함께 제갈량을 사례로서 제시했던 것이다.

이익이 제갈량의 형정관에 주목했던 것은 시의에 적합한 측면이 있다고 판단했기 때문이었다. 형정은 어지러운 것을 다스리는 약과 침[砭]에, 덕교는 화평을 이룩하는 쌀밥과 고기반찬[粱肉]에 비유하였다. 덕교로써 포악한 자를 제거하려는 것은 양육으로써 질병을 다스리려는 것과 같다고 보았다.[18] 즉 덕례와 정형이 서로 안팎을 이루며 때에 맞게 적절히 사용되어야 안정적인 국정운영을 모색할 수 있었다. 그는 시의를 고려한 법 적용 원칙을『주례』「추관」, '대사구大司寇'에서 찾았다. "새 나라의 형벌은 가벼운 법전[輕典]을 쓰고, 어지러운 나라의 형벌은 무거운 법전[重典]을 쓰며, 승평한 나라의 형벌은 평상적인 법전[中典]을 쓴다."고 하면서 이를 뒤바꾸어 시행해서는 안 된다고 했다. 후세에는 승평한 세대

관점과는 다른 것이다. 이는 자산에 대한 견해에서도 동일하게 적용된다.
17) 위의 책, 「經史門」 '孔明喜申韓';『星湖僿說』권19, 「經史門」 '禮樂可興'.
18)『星湖僿說』권15, 「人事門」 '政刑'.

가 적고 난시亂時가 많기 때문에 무거운 형벌을 쓰고 평상적인 형벌은
적게 써야한다는 것이다.19)

안정복 역시 같은 구절을 인용하여 향촌사회 운영원리로 확정하였
다. 그는 대사구의 역할 가운데 하나로 삼전三典으로 국왕을 보좌하고
형벌로써 나라를 제어하는 책무를 들었다. '가벼운 법전'은 새로 건국된
나라에서 형刑을 적용할 때 사용하며, '평상적인 법전'은 평화로운 나라
에서 형정을 적용할 때 사용하고, '무거운 법전'은 어지러운 나라에서 형
정을 적용할 때 사용하는 것이었다.20) 안정복은 형세를 고려하여 형정
사용 여부를 판단하는 것이 목민관인 수령이 갖추어야 필수 조건이라고
생각했다.

안정복은 『시조』 '위정'장에서 법도를 따르되 기이함을 일삼지 않고
[循], 자애롭고 어질며 간편하여 번거로움과 가혹함을 일삼지 않는[良] 원
리를 성실히 수행할 것을 당부하였다. 그렇게 되면 습속에 얽매이지 않
아서 국가가 흥하고, 민이 기뻐할 것이라고 전망했다. '순'의 세부원리로
'규구規矩에 얽매이지 않고 솜씨를 발휘하는 것'을 제시하였다. 그는 법
가운데 허다하게 나열된 규정들을 규구의 방도에 불과하다고 보고, 위
정의 성과는 법을 다루는 자가 때에 맞게 잘 변통하는데 달려 있다고 했
다. 정치는 너그럽게 해야 하지만 지나치면 해이해지기 쉬우며, 정치는
엄격히 해야 하지만 지나치면 포학하게 된다. 따라서 너그럽되 해이하
지 않고, 엄격하되 포학하지 않은 뒤에야 일을 이룰 수 있다.21)

이익과 안정복은 향촌사회를 안정시키는데 필요한 형정운영 원리와
전범에 대한 인식을 공유하였다. 관난과 순량은 문란한 시대상을 고려
하여 객관적인 통치수단을 확립하고 이에 기준하여 너그러움과 엄정함
을 때에 알맞게 적용하는 방식이었다. 즉 수기와 교화 중심의 전통적인

---

19) 앞의 책, 『人事門』 '寬猛'.
20) 앞의 책, 『臨官政要』 '政語 : 刑獄'.
21) 위의 책, 『臨官政要』 '時措 : 爲政'.

통치방법이나 원리로는 구조화된 모순을 극복하기 어렵다는 인식 속에서 백성을 괴롭히고 공권력을 무력화 시키는 대상들에 대해서는 형정을 엄격하게 집행하여 기강과 공정성을 확립하려 했다. 이를 잘 구현했던 인물이 자산과 제갈량이었고, 국가적 차원에서 적극 활용했던 사례가 한나라였다.

3. 목민관 위상 강화와 하정 소통

이익은 너그러움과 형정을 적절히 활용하여 전형으로 한나라를 들었다. 한 고조는 약법삼장을 만들어 진나라의 폭정에 시달린 백성들을 편안하게 만들었으며, 이 때문에 천하통일의 위업을 이룰 수 있었다.[22] 하지만 이는 어디까지나 일시적인 방편이었다. 천하를 평정한 뒤에는 다양한 법률과 엄중한 집행이 강구되어야만 했다. 고조는 소하蕭何로 하여금 다시 율령을 제정하게 하였다. 그중에는 경黥·의劓·참지斬趾·단설斷舌·효수梟首·이삼족형夷三族刑 등의 엄형嚴刑이 망라되어 있었다. 이후로도 엄중함은 유지되었다. 문제文帝 때 육형肉刑을 없애는 대신 이에 상응하는 장형杖刑을 추가하였다. 이로 인해 발꿈치만 베어야 할 자가 매 맞아 죽는 사건이 발생하기도 했다. 이익은 형벌로 혼란을 다스리는 것을 약·침으로 영양을 보충시키는 것과 같고, 덕교로 나쁨을 없애는 것은 쌀밥·고기반찬으로 병을 치료하는 것과 같다고 평가하였다. 여기에 덧붙여 천하에 착한 사람은 적고 악한 사람이 많기 때문에 5형에 속하는 죄가 3천 가지나 된다고 하면서 약법삼장만으로는 다스릴 수 없다고 보았다.[23]

이익은 고조의 뒤를 이어 백성을 보살핀 자로 선제宣帝를 들었다. 선

---

22) 『星湖僿說』 권24, 「經史門」 '漢文重刑'; 『星湖僿說』 권25, 「經史門」 '薄賦經刑'.

23) 위의 책, 「經史門」 '漢文重刑'; 『星湖僿說』 권27, 「經史門」 '漢宋虐政'.

제는 대를 이어 옛 법을 지켜 백성을 보살핀 군주였다. 또한 백성의 어려운 처지를 개선하기 위해 목민관의 책무와 역할에 주목하였다. 선제는 천자와 함께 국가를 이끌어갈 주체로 태수太守를 상정하고, 태수를 백성의 근본으로 간주하였다. 새삼 향정 운영의 주체로서 목민관의 역할과 위상이 강조되는 대목이다. 이익은 이때가 한나라 역사상 많은 양리良吏들이 배출되어 중흥되었던 시대로 간주하였다. 한대 대표적인 목민관으로 조광한趙廣漢·한연수韓延壽·윤옹귀尹翁歸·장폐張敝 등을 들었다. 이들 모두 그 재주와 덕이 지위에 알맞은 자라고 평가하였다. 또한 왕성王成·황패黃覇·주읍朱邑·공수龔遂·정홍鄭弘·소신신召信臣 등을 소개하면서 이들이 이르는 곳마다 민이 부유하게 되었고, 항상 떠날 때면 백성들이 반드시 그들을 잊지 않고 생각했다.[24]

이처럼 한나라 때 뛰어난 목민관들이 많이 배출될 수 있었던 것은 능력과 실무위주의 선발방식 때문이었다. "한나라 법은 군현에 뛰어난 백성을 뽑아 관리로 삼고 그 행동을 조사하고 청렴함을 살펴서 차례대로 승진시켰다. 어떤 사람은 태수가 되었다가 공경公卿의 자리에 까지 이르렀다. 황패는 졸리卒吏에서, 설선薛宣은 서좌書佐에서, 주읍은 색부嗇夫에서, 병길丙吉은 옥리에서 모두 기용되었다. 이들 외에 모든 명신과 순리循吏들도 이런 방법으로 기용된 자가 많았다."[25] 능력위주의 인선과 철저한 고과 관리는 그 만큼 통치의 최일선에서 백성을 다스리는 목민관의 역할과 위상이 중시되었다는 사실을 반증한 것이다.

『사설』에서 개괄적으로 언급된 목민관의 치적은 안정복의 『정요』에서 보다 엄밀히 분류되어 자세히 소개되었다. 『정요』에서 인용된 인물을 왕조별로 정리하면 송나라에 이어 한나라가 31명으로 가장 많았다. 특히 「정적」편 '양리'와 '능리'장에서 한나라 출신을 많이 발견할 수 있

---

24) 『星湖僿說』권22, 「經史門」, '富民'.
25) 『星湖僿說』권10, 「人事門」, '郡邑辟召'; 위의 책, 「人事門」, '權攝就眞'; 『星湖僿說』권17, 「人事門」, '考課賞罰'.

다. '양리'장에서는 총 46명 가운데 19명(41%)이, '능리'장에서는 17명 가운데 6명(35%)이 한나라 출신으로 채워졌다.[26) 어진 관리와 유능한 관리로 소개된 한나라 목민관의 사례들에서 사제 간에 공유했던 향정운영 원리의 구체적 면모를 살필 수 있다.

양자로부터 주목받는 인물로 영천태수潁川太守를 지낸 조광한과 한연수이 있다. 영천지역은 세력이 강한 자들이 많이 살고 있어서 통치하기 쉽지 않은 곳이었다. 조광한은 이들을 제어하기 위해서 이속들로 하여금 고소관련 기록들을 접수하여 조사하고, 그 내용을 고의로 누설하여 서로 다투게 만들었다. 이렇게 대성大姓들이 집집마다 원수처럼 반목하게 되자 간사한 당은 흩어지고 풍속은 크게 개선되었다.[27) 뒤를 이어 부임한 한연수는 조광한이 당을 없애려다가 남긴 문제점, 즉 민들끼리 서로 원수지게 만든 폐단을 해소하기 위해서 화평한 분위기를 조성하였다.[28)

우선 한연수는 예양禮讓으로 교화하면서 따르지 않을 것을 걱정하여 군의 장로 수십 명을 소집하였다. 이들을 위해 술과 음식을 마련해 놓고 친히 상대하며 예의로써 대접하였다. 그 자리에서 한연수는 사람들에게 세간의 풍속이나 민의 고통을 묻고, 원망과 허물을 씻어내는 방법을 말해 주었다. 이 같은 통치법은 후임으로 온 황패에게 전수되어 마침내 크게 다스려졌다.[29) 안정복은 이들의 통치행적을 너그러움과 엄격함을 형세에 따라 시의적절하게 사용한 대표적인 사례로 간주하고, 수령으로서

---

26) 양리장에서 소개된 한대 목민관은 다음과 같다. 文翁 · 汲黯 · 朱邑 · 韓延壽 · 黃霸 · 龔遂 · 召信臣 · 仇香(이상 前漢) 卓茂 · 任延 · 陳寔 · 韓韶 · 劉寬 · 龐參 · 楊震 · 李膺 · 魯恭 · 鍾離意 · 吳祐(이상 後漢) 능리장에서 소개된 목민관으로는 趙光漢 · 尹翁歸 · 張敞(이상 전한) 張綱 · 蘇章 · 吳祐(이상 후한) 등이 있다.

27) 『順菴全集』 3, 「臨官政要」 '政蹟 : 良吏'.

28) 위의 책, 「臨官政要」 '政蹟 : 能吏'; 위의 책, 「臨官政要」 '政蹟 : 良吏'.

29) 위의 책, 「臨官政要」 '政蹟 : 良吏'.

시행해야할 때에 맞는 조처라고 보았다.

　한편 한대 목민관에게서 발견되는 공통점이 있다. 그것은 이속들을 철저히 단속하여 그 소임을 원활히 수행한 사실이었다. 조광한은 자신에게 안부를 전달해 달라는 부탁을 받고도 이행하지 않은 호도정장湖都亭長을 견책하였다.[30] 목민관은 아무리 사소한 일이라도 모두 파악하며, 그 실행 여부를 확인해야 했던 것이다. 이를 위해서 눈과 귀의 역할을 대신해줄 수하들의 활용도 권장하였다.

　『정요』에는 이목을 활용하여 정보를 수집하는 사례들이 적지 않게 발견된다. 민정을 살피기 위해 염찰의 필요성을 제기하였던 것이다. 안정복은 옛 사람이 적발하는데 신명스러웠던 것은 이 방도를 사용했기 때문이라고 보았다.[31] 심지어 염찰 보낸 이서의 동정을 파악하여 주위를 놀라게 한 황패의 사례를 들어 그 중요성을 부각시켰다.[32] 이속들에 대한 철저한 관리·감독은 윤용귀의 사례에서도 등장하였다. 윤용귀는 이속과 민 가운데 어진 자와 어질지 못한 자, 간사하고 사특한 죄명을 모두 파악한 다음 그 내용을 장부에 기록하여 현마다 비치하고, 이를 적극 활용하였다. 이민들이 조금이라도 해이해지면 곧 문서를 펴서 현마다 교활한 이서와 호민豪民을 잡아들여 처벌하였다. 이에 사람들은 두려움에 떨며 자신의 행동을 고쳐 나아갔고, 그래서 동해지역이 크게 다스려졌다.[33]

　이렇듯 목민관들이 이속을 엄격히 단속하고, 염찰하는 이유는 무엇일까? 그것은 하정下情과 소통하기 위해서였다. 안정복은 다스림의 급선무로 하정과 통하는 것을 들었다. 간사한 이서와 교활한 향임鄕任들이 매번 중간에서 가로막고 아첨하며 말하기 때문에 하정이 목민관에게 전

---

30) 『順菴全集』 3, 「臨官政要」 '政蹟 : 能吏'.

31) 위의 책, 「臨官政要」 '時措 : 任人'.

32) 위의 책, 「臨官政要」 '政蹟 : 良吏'.

33) 위의 책, 「臨官政要」 '政蹟 : 良吏'.

달되지 못하는 것이다. 그리고 송나라 장영張詠이 촉 땅을 다스릴 때 염
찰을 통해 먼 곳의 민심과 민사民事를 모두 파악하였던 사례를 예시하였
다.[34]

안정복은 하정과 소통하기 위해서 향소鄕所의 활용을 적극 주장했다.
그가 볼 때 백성과 가까운 자로 향소만한 것이 없다고 생각했다. 고을
일을 돌봄에 유식한 향소를 얻는다면 큰 도움이 된다고 전제하면서 반
드시 공론을 취해서 선택할 것을 권고했다. 그중에서도 좌수座首의 직위
가 중요하다고 보고, 조심성 있고 공평한 사람으로 선임할 것을 주문했
다. 이를 위해 사전에 파악하고, 부임한 뒤에도 시간을 두고 그 능력을
살폈다. 풍헌風憲 역시 중요하기 때문에 반드시 공평하고 청렴하며 근면
하고 건실한 사람을 골라서 임명하였다. 약정約正과 이장里長의 경우 별
도로 부민富民 가운데에서 근면하고 건실한 자를 선택하였다. 대개 부민
은 조금 법을 두려워하고 자신을 아끼며 일을 판별할 줄 알아서 민을 침
탈하지 않는 자를 임명하였다. 만약 이 같은 사람을 임명하지 않고 수령
이 모든 일을 책상 위에서 혼자 처리하려 한다면 총명함이 미치지 못한
곳에서 이서들이 농간을 부려 기만할 것이라고 우려하였다.[35] 약정·이
정 등을 위시한 향소의 구성원은 수령을 도와 하정을 소통하기 위해서
번다한 세무를 분장하여 감독하였다.

안정복은 이서들이 되도록 백성들 앞에 나타나지 않는 것이 통치에
도움이 된다고 생각하였다. 이를 위해 향소가 이서를 제어하는 방안을

---

34) 위의 책, 「臨官政要」 '時措 : 臨民'. 안정복은 이목을 활용할 때 발생할 문
   제점에 대해 충분히 인식하였다. 그 대안으로 하정과 직접 소통하는 缿筒
   法 시행을 주장하였다. 항통법은 백성들이 직접 민원을 면리마다 설치해
   놓은 통에 넣어 수령에게 올리는 방식이었다. 그는 항통법으로 민간에서 발
   생하는 여러 폐단과 官政의 득실을 자세히 알아보고, 그때그때 상황에 맞게
   처리하는 것이 훨씬 좋은 방법이라고 평가하면서 자세한 운영방식에 대해
   서 기술해 두었다(위의 책, 「臨官政要」 '缿筒法').
35) 위의 책, 「臨官政要」 '時措 : 任人'.

내놓았다. 향소에서 인재를 얻은 뒤 그들에게 여러 이서들의 능력을 살피는 일을 전적으로 맡기고, 향소로 하여금 이서들의 행동거지를 살피고 가르쳐 그 장점을 드러내며 그 단점을 꾸짖어 그치게 했다. 이때 잘못을 뉘우치는 자는 용서해 주지만, 가르쳐도 깨닫지 못하고 벌을 받아도 고치지 않는 자가 있다면 그 사실을 관사에 알려 다스리도록 했다.[36) 이 같은 향소의 권한은 어디까지나 수령의 통제 속에서 이루어지는 것이었다.

아무개가 영남에 어느 주州에 부임했을 때 전현직 향소를 불러놓고 풍헌을 선발하게 했다. 수령은 선발된 풍헌에게 "나와 너희들의 지위는 다르지만 국가를 위하고 민을 다스리는[爲國臨民] 책임은 동일하다. 나는 강령을 총괄하고 너희들은 조목을 총괄해야 한다. 오직 민을 편하게 하고 폐단을 없애는 것을 임무로 삼아야 할 것이다."라고 효유하였다. 그 다음 국가를 위해 민을 잘 다스려야 한다는 다짐받고 그들에게 조목을 총괄토록 하면서 각각 장杖 하나씩을 지급하고 각자의 고을로 돌려보냈다. 장은 범죄자를 응징하는 수단이었다. 하지만 만일 공권을 빙자해서 힘을 남용하면 그 죄를 묻겠다는 경고도 덧붙였다. 한편 각 동의 집강執綱에게 예리禮吏가 써준 고목告目을 갖고 동약에 나아가 약회일에 서로 모여서 절목을 강론하여 정한 뒤에 하나의 가르침에 따르도록 했다. 이처럼 한 동의 정치를 풍헌들에게 맡기고 수시로 염찰하고 경계하여 거듭 신칙하면 다스린 지 반년이 못되어 풍속이 크게 교화되어 거행되고, 옥송이 저절로 줄어들 것이다. 이는 대체로 다스림의 근본을 얻었다고 평가하였다.[37)

안정복은 향소를 통해 이서를 견제하면서 동시에 향소에 대한 관리·감독도 소홀히 하지 않았다.[38) 이는 목민관의 위상을 강화하는 동시에

---

36) 위의 책, 「臨官政要」 '時措 : 御吏'.
37) 위의 책, 「臨官政要」 '時措 : 敎化'.
38) 위의 책, 「臨官政要」 '時措 : 任人'.

실질적인 권력을 갖고 향촌사회를 효과적으로 통치해 나아가려는 의도
였다. 그는 목민관으로서 권병權柄을 장악할 것을 당부하였다. 즉 윗자
리에 있는 사람으로서 이서를 마냥 너그럽게 대하기만 하면 권병이 아
래로 옮겨가 농단할 우려가 있다. 권병은 항상 목민관이 장악하며, 이를
전제로 너그러운 정치를 펼쳐야 했다.[39]

4. 향정체제 정비와 안민 실현

하정을 파악하기 위해서는 무엇보다 제도적인 방안 마련이 중요하였
다. 즉 향촌을 통치해 나아감에 있어서 항시적으로 민심과 소통할 수 있
는 체제로 정비할 필요가 있다. 이익은 제도적 차원에서 향촌사회 안정
을 이루기 위해서 조직개편에 관심을 보였다. 그 이론의 근거를『주례』
「지관地官」에서 찾았으며, 역사적 사례로 왕안석王安石의 보갑법保甲法을
들었다. 이익은 신법에 대해서 부정적이었지만 보갑법에 대해서만큼은
여중呂中의 말을 빌려 긍정적으로 평가하였다. 보갑법은 이미 교련이 이
루어져서 군사의 경비를 덜 수 있으므로 거부할 필요가 없으며, 호적으
로 민들을 편성하여 상호간에 살펴 간사한 도둑을 숨기지 못하게 만드
는 장점을 지녔다. 이것을 잘 활용한 목민관으로 정호程顥를 들었다.

정호가 진성晉城을 다스릴 때 이 법을 시행해서 해당 지역 사람들로
부터 칭송을 받았다.[40] 그는 마을의 멀고 가까움을 기준으로 해서 5보保
를 만들었고, 이 때문에 간사한 무리들이 발붙일 곳이 없게 되었다. 이
익은 정호의 통치사례를 들면서 과연 어짊과 은혜만으로 나라를 다스릴
수 있는지 반문하였다.[41] 그는 당대 상황을 지방통치 체제의 문란으로

---

39) 위의 책,「臨官政要」'時措 : 御吏'.

40)『星湖僿說』권11,「人事門」'保甲'.

41)『星湖僿說』권15,「人事門」'十家牌';『星湖僿說』권13,「人事門」'明道
威嚴'.

유리도산이 발생하고 도둑이 날뛰어도 제대로 제어할 수 없는 준전시로 이해하였다. 이 같은 급박한 상황 속에서 안민을 이루기 위해서는 각종 침탈로부터 백성을 보호하는 것이 최우선 과제였고, 향촌내 민을 재편하는 보갑법은 실효성이 기대되는 제도였다.[42]

안정복 역시 『정요』 곳곳에서 정호의 치적을 소개하였는데, 그중 하나가 이익이 주목했던 향촌조직의 재편이었다. 옛사람들이 간사한 자를 적발하고 숨어 있는 자를 귀신같이 찾아낼 수 있었던 것은 호적법이 분명했기 때문이었다. 그 사례로 스승과 마찬가지로 정호가 진성 수령이 되었을 때 향촌 간 거리를 고려하여 보오保伍를 편성한 사실을 들었다. 이로 인해 민들은 서로 돕고 환난을 구제하며, 간사하고 거짓 된 짓이 용납되지 않았다. 또한 민들이 꺼리던 부역 차출도 원활하게 이루어졌다. 예전엔 역이 부과되면 고을 사람들이 서로 들춰내고 고소하여 원수가 되었는데, 정호가 민산의 다과를 모두 파악하고 역에 나아갈 앞뒤 순서를 정하며, 장부를 살펴 명령을 내리자 원망하는 자가 사라지게 되었다.[43] 보오법의 시행으로 하정을 제대로 파악하고 안민의 성과를 거둘 수 있었다.

이익은 정호의 영향을 받은 인물로 왕양명王陽明을 지목했다. 왕양명은 십가패법十家牌法을 통해 정호의 뜻을 모방하였는데, 그 제도가 조리에 맞게 시행되었다면 효과가 있었을 것이라고 평가하였다. 그는 『사설』 '십가패十家牌'에서 십가패법 내용 일부를 소개하였다. 일단 10가를 1패로

---

42) 보갑법의 시행은 기본적으로 相保의 법을 세워 엄격히 지키며 서로 연대 책임지게 해야 良民들이 안심하고 생업에 종사 할 수 있다는 의도를 담고 있다. 위급한 현실 속에서 봉건 수탈로부터 민을 지키고 유리도산을 막기 위해서는 양반지주 중심의 운영체제에서 벗어나 국가의 공권력이 확대·적용될 수 있는 체제로의 전환이 불가피하였다. 이 같은 문제의식을 전수받은 안정복은 鄕社法을 제시하였다. 향사법을 시행하여 향촌을 統-甲-社-鄕으로 편제하고, 이를 통해 중간지배층의 수탈을 배제함으로써 소농경제의 안정을 이룰 수 있다고 보았다(『順菴全集』 3, 「臨官政要」 附錄 '鄕社法').

43) 위의 책, 「臨官政要」 '政蹟 : 儒吏'.

편성하고, 매일 오후 5시부터 7시까지 집집마다 돌아다니며 분패分牌를 대조하였다. 이때 집주인의 부재여부를 점검하고, 손님이 있으면 신상과 용무 등을 여러 집에 통보하여 알렸다. 만약 의심스러운 일이 생기면 곧 관가에 보고하는데, 숨기다가 발각되면 옆집도 죄를 주었다. 비록 잠시 묵어가는 자일지라도 모두 기록해 두었다.[44] 안정복은 아예 '십가패법' 전문을 『정요』에 부록해 두었다. 그는 동약법洞約法과 더불어 왕양명의 십가패법 또한 간사한 사람을 제거하는데 긴요한 방법으로 간주하고, 목민관은 이 법을 잘 참고해야 한다고 당부하였다.[45]

하지만 이 같은 효용성에도 불구하고 전면적인 실행을 꺼리게 만드는 이유는 강제로 민인들을 편제해야 한다는 부담 때문이었다. 민인에 대한 통치가 실제로 가능하기 위해서는 이를 보안할 방안이 모색되어야만 했다. 이익은 '까다롭고 엄하여 호활하다'는 비판과[46] '법이 지나치게 엄정하다'는 단점을 보완하기 위해서 향촌의 자율성을 강조하였다. 즉 문제가 생기면 반드시 10집이 모두 모인 뒤에 그 사연을 부로들에게 호소하여 시비를 판단하였다. 그 다음에 해당 상황을 정문呈文에 기록하여 관장에게 보내 처결을 기다리는 방식이었다.[47] 향촌사회 구성원 간에 자율적 논의를 통해 합의를 이끌어낸 뒤 수령이 최종적으로 평결을 내리면 그 공정성에 힘입어 법의 엄정함은 크게 훼손되지 않을 것이라고 생각했던 것이다. 자율성과 엄정한 법 집행, 이를 통한 공정성 확보가 기존 십가패법의 문제점을 해소하고 향촌사회를 안정시킬 수 있는 대안으로 떠올랐다.[48]

---

44) 『星湖僿說』 권15, 「人事門」 '十家牌'.

45) 앞의 책, 「臨官政要」 '時措 : 治盜'.

46) 『星湖僿說』 권18, 「經門史」 '王陽明'.

47) 앞의 책, 「人事門」 '十家牌'.

48) 안정복 역시 향촌민의 자율성을 담보하기 위해서 洞約시행을 적극 권장하였다(『順菴集』 권15, 「雜著」 '廣州府慶安面二里洞約') 그는 향사법의 말미에 향약과의 병행을 적시해 놓았다. 이는 두 가지 정책이 병행될 때 지극한 다

이익과 안정복은 향촌사회 조직화를 전제로 안민 방안을 강구하였다. 가의賈誼의 말을 빌려 간사한 도둑을 적발해 내는 일이 향촌사회 안정을 위해 반드시 필요하지만 백성을 가난으로부터 벗어나게 해줄 방도, 즉 재정확충을 통해 권농이 이루어지지 않아서 정주하지 못하고 떠돌아다닌다면 비록 법이 있더라도 통솔할 수 없다고 했다. 임금이 나라를 다스림에 있어서 농사에 힘써서 생계를 유지하게 만드는 것이 향촌 안정을 도모하는데 매우 중요하였다. 안민의 방편을 마련해 준 다음 향리를 떠나지 못하게 하고, 이를 어기는 자를 해당 비比와 여閭에서 처벌하는 것이 도둑을 근절시키는 요령이었다.[49)]

항산을 보장하여 민인들을 향촌사회에 안착시키는 일은 당대 실상을 고려할 때 쉬운 일이 아니었다. 이익은 당시 경제 난맥상을 '재물은 상위계층에게만 몰리고 국고는 비어 민들은 파산하고 있다'고 묘사하였으며, 민들이 몰락하는 주요 원인으로 대차貸借를 들었다. 죽으로 연명하면서 굶주림을 참는 집안은 그나마 경제력을 유지할 수 있지만 사방에서 빌려 쓰는 집안은 모두 파산하였다. 그 주요인으로 환곡을 지목하였다.[50)] 가난한 백성이 국가로부터 곡식을 빌리지만, 갚을 때가 되면 오히려 원망하는 마음이 생기게 된다. 이에 조정에서는 수령을 닦달하고, 수령은 분개하여 형장으로 백성들을 위협하는 악순환이 반복되어 결국 환곡에 담긴 진대의 의미는 사라지고 말았다.

또 다른 실패 사례로 청묘법靑苗法을 들었다. 국가가 영리를 추구할 목적으로 청묘법을 시행했다는 점이 근본적인 문제였다. 안민의 목적에서 볼 때 저리금융정책을 통해 국가재정을 확충하려는 의도는 사회안전망 확보라는 본지에서 어긋났다. 공사 간에 부채에 시달리는 백성들이라면 누구나 대부금을 얻어서라도 갚으려 하는데, 이를 악용하여 이득

스림을 이룰 수 있다는 보았다.

49) 앞의 책, 「人事門」 '保甲'.
50) 『星湖僿說』 권16, 「人事門」 '糶糴 靑苗'.

을 보려 했다는 것이다. 청묘법 시행으로 국가는 이득을 보겠지만 민들은 부채의 늪에서 벗어나지 못하게 될 것이 자명하기 때문이었다.[51] 안정복 역시 소철蘇轍의 비판을 들어 백성들로부터 2분의 이자를 받는 것은 곤궁함을 구제하기 위해서라기보다는 이득을 얻기 위한 영리행위라고 지적하였다. 더욱이 빌려주고 받는 과정에서 이서배들이 농간을 부리는 폐해가 일어나고, 여기에 더해 돈을 갚을 때 발생하는 번거로움을 주현에서 감당하기 어려울 것으로 보았다. 이와 같은 문제점을 해소시켜줄 대안으로 양자는 상평법常平法에 주목하였다.[52]

고리대로 인한 유리도산은 단지 개인적 차원의 부채문제가 아니라 국가적 관점에서 볼 때 향촌사회의 안정성을 해치고 이로 인해 재정적 토대가 흔들릴 수 있는 심각한 문제였다. 따라서 보다 면밀히 민의 상태를 살피고 이에 적합한 현실대안을 마련하는 일이 매우 중요하였다.

이익은 유형원(1622~1673)의 주장을 빌려 상평법의 장점을 언급하였다.[53] 그것은 봄에 곡식이 귀할 때 값을 낮추어 방출하고, 가을에 곡식이 흔할 때면 값을 올려서 매입함으로써 백성들에게 이익을 돌리는 제도였다. 이 법의 성패를 가늠할 요소는 중간 모리배들의 농간을 어떻게 처리하느냐에 달렸다. 풍·흉년 혹은 봄·가을 곡식 값에는 별 차이가 없는데 중간 모리배가 곡식을 많이 쌓아 두었다가 농간을 부리게 되면 대중구제의 의미를 살릴 수 없기 때문이었다.[54]

이 문제를 해결하기 위해서 운영과정에서 엄정한 형벌을 적용을 주장하였다. 거두어들일 때 위력이 아니면 제대로 이루어 지지 않고, 위력은 형벌이 아니면 행해지지 않는다. 이 일은 개인이 할 수 없기 때문에

---

51) 위의 책,「人事門」‘糶糴 青苗’.
52) 안정복은 당나라 劉晏의 상평법에 주목하였다(앞의 책,「臨官政要」‘政語; 理財’·‘政蹟; 能吏’).
53) 『星湖僿說』권7,「人事門」‘賑貸和糴’.
54) 『星湖僿說』권10,「人事門」‘常平’.

문서를 본부에 올려 현관縣官이 나와서 감시토록 했다. 이익은 형정과 관이 개입했기 때문에 사창을 더 이상 사사에 속하지 않은 '관창官倉'이 라고 규정하였다. 따라서 마을에서는 단지 잘 운영되지는 살피기만 하 면 되었다. 사창운영에 형정과 관을 개입시킴으로써 추진력과 공정성을 확보하려 했다. 하지만 이 제도 역시 세상 풍속이 퇴패하지 않고 백성 가운데 떠돌아다니는 자가 없을 때에만 시행할 수 있다고 보았다.55) 보 다 진전된 안민책이 필요하였다.

이익은 백성을 다스리는 데는 전지를 고르게 소유하는 것이 가장 좋 은 방법이라고 생각하였다. "정사를 펼치는데 있어서 정전제를 쓰지 않 으면 다 구차할 뿐이다."라는 언설은 이 같은 경세지향을 명확히 피력한 발언이었다. 아울러 주나라 때부터 지형 문제로 천하에 두루 시행되지 못한 점과 유형원이 주장했던 '전田'자형태의 균분 방식에도 의견을 제 시하였다.56) 근기남인계 토지개혁론의 전통을 고수하면서도57) 현실을 감안하여 안민을 이루기 위한 다양한 방편을 강구해야 한다는 의도를 갖고 있었다. 그 대안으로 결부제結負制 혁파와 균평과세에 주목하였다.

균평이라는 경세지향을 실현하기 위해서 토지 비옥도에 대한 엄정한 판정이 제도적으로 확립이 되어야 했다. 이는 조정에서 직접 명령했다 고 해서 실효를 거둘 수 있는 사안이 아니었다. 오직 지방 수령들이 측 량하는 법을 잘 시행하느냐 못하느냐의 여부에 달렸다. 백성을 이롭게 하기 위해서는 측량 시 치수를 정확히 파악해서 합산한 뒤 국용을 헤아 려서 세금을 가볍게 거두어야 했다.58) 균평과세를 위한 방안은 『정요』

---

55) 『星湖僿說』 권10, 「人事門」 '社倉'.

56) 『星湖僿說』 권7, 「人事門」 '結負之法'.

57) 안정복이 제기한 토지개혁론의 성격과 의미에 대해서 다음 논저 참조. 金容燮(1990), 「朝鮮後期 土地改革論의 推移」『(增補版) 朝鮮後期 農業史研究 II』, 일조각; 崔潤晤(2002), 「順菴 安鼎福의 土地論」『韓國實學研究』4 참조.

58) 앞의 책, 「人事門」 '結負之法'.

에 구체적으로 제시되었다.

안정복은 수령으로서 전정을 수행하는데 필요한 실무를 세세하게 정리하였다. 민을 다스리는 방도 가운데 전정이 가장 어렵다고 전제하면서 한번 실수로 인한 막대한 피해를 고려할 때 공정성과 신중함을 기해야 했다. 우선 도서원都書員 가운데 청렴하고 정직한 자를 선택하여 경차관敬差官과 순영마감역巡營磨勘役을 맡기고, 풍헌에게도 각별히 주의를 주어 전안田案을 지니고 약정約正 및 각 촌의 두두인頭頭人과 함께 곳곳을 답험토록 하였다. 전정을 면임에게만 맡기면 농간이 발생할 수 있기 때문에 1자 5결마다 자수字首 1명씩을 정하고, 통수統首와 함께 몰래 살피게 했다. 만약 속인 사실이 발각되면 모두 법에 따라 다스리고 그 사실을 공표하여 다시는 그런 일이 벌어지지 않게 하였다. 그는 전정을 처리하는 가장 좋은 방법을 다음과 같이 제시하였다.

대개 6월에 각 면마다 서원을 나누어 정하여 전결문서田結文書를 정리하고, 이를 각 면의 풍헌에게 내려 보낸다. 각 면의 풍헌은 8월 10일 이후에 답험을 실시하며, 9월이 되면 계산을 마감하며 10월에 결세를 정하고, 요역徭役의 규모를 정하였다. 특히 균평과세를 좌우할 전결실수田結實數를 파악하는 방식을 놓고 안정복은 민인이 스스로 단자를 작성하여 제출하는 방법을 선호하였다. 비록 민들이 숨길 염려가 있지만 왕자의 정치는 민으로부터 손해를 입을 것이 났다는 것이다. 동시에 명령을 엄격하고 법을 준엄하게 적용하여 간사함을 적발하고 조사하여 다스림으로써 농간을 부릴 여지를 최대한 줄이고자 했다. 보완책으로 가을이 되면 갑자기 서원을 차출하여 날짜를 촉박하게 주어 답험을 시행하여 행심책行審冊과 깃기를 즉시 관에 바치게 하고, 역시 민에게도 기한을 촉박하게 주어 단자를 만들어 관에 바치도록 했다. 이때 행심책과 깃기를 비교하여 만약 차이나거나 잘못된 곳이 있으면 곧 조사하여 그 죄를 다스렸다. 다음 해에도 이와 같이 하는데, 혹 단자를 먼저 받기도 하고 혹 서원을 먼저 보내기도 했다. 이렇게 관장의 의중을 헤아리지 못하게 해야 사실

대로 기록할 것이라고 내다보았다.[59]

이익과 안정복은 향촌사회 재편을 통해 안민을 이루고, 항산을 보장하고자 했다. 봉건적 생산관계가 엄존하는 현실 속에서 토지개혁론에 내재된 균평 이념을 실현하기 위해 다양하고 유연한 수단을 강구하였다. 상평법의 시행, 결부제 혁파, 균평과세 실현, 그리고 그 과정에서 발생하는 폐단에 대한 엄정한 법 집행은 경세치용의 이념을 점진적으로 실현하기 위해 꼭 시행해야할 대안들이었다.

5. 맺음말

향촌사회는 실학자들에게 새로운 사상체계를 수립하고 그 이념이 실현되어야할 실질적인 공간이었다. 실학자들은 고단한 일상을 영위하는 민을 대면하면서 단순한 교화대상이 아니라 삶의 방편을 마련해 주고 구조화된 모순으로부터 구제해 주어야 할 대상으로 인식하였다. 하지만 향촌 운영방식은 건국 이래 오랜 시간에 걸쳐 그 체계가 확립된 만큼 일시에 바꾸기란 결코 쉬운 일이 아니었다. 그렇다고 해서 전통적인 방식에 따라 불합리한 생산관계를 그대로 존속시키는 것도 시세에 부합되지 않았다. 더욱이 체제개혁을 최종목표로 상정한 입장에서 일상의 삶이 영위되는 공간에서 자행되는 중세적 모순을 바로잡지 않고서는 안민의 목표를 실현할 수 없었다.

이 문제에 깊이 천착하여 향정론을 제시한 실학자가 이익과 안정복이었다. 이익은 각종 제도 개혁을 통해 양반지주 중심의 국가운영에서 탈피하여 민생을 안정시키는 것을 기본 목표로 상정하였다. 하지만 각론으로 들어가 세부적인 경세론을 마련할 때 고려해야할 현실의 요소가 많았다. 특별히 양반지배층의 사회경제적 이해관계가 투철히 반영되어 구조화된 향촌사회에서는 더욱 그러하였다. 일단 향정방략의 큰 줄기로

---

59) 앞의 책, 「臨官政要」 '時措: 田政'.

너그러우면 통치하기 어렵다는 향정원칙을 전제로 객관적인 통치수단을 확립하고, 형정강화를 통해 안민을 저해하는 각종 폐단을 척결하려 했다. 이때 자산과 제갈량의 사례는 조선후기 현실에 부합되는 통치전범이었다. 아울러 한나라 목민관들 역시 하정과 소통하여 향촌사회를 안정화시키는 데 반드시 참고해야할 사례였다. 이익이 제시해 놓은 향정방략을 구체화 시킨 제자가 안정복이었다.

그는 스승의 향정론을 계승하여 『정요』를 내놓았다. 『정요』는 『사설』에서 제시된 향정이념과 방략을 체계적으로 정리하여 구체화 시킨 경세서였다. 『정요』는 『선각先覺』·『칠사문답七事問答』·『목민고牧民攷』·『목민대방牧民大方』·『거관대요居官大要』·『목강牧綱』·『사정고四政考』 등과 함께 18세기 중반 이래 등장하는 대표적인 목민서였다. 그중에서도 『정요』는 계통성이 분명한 목민서로서 『목민심서』에 앞서 성호학파 목민서 편찬의 전통을 이해하는데 도움이 된다. 즉 『정요』는 사제 간에 향정론을 공유하면서 경세치용 실현을 목표로 정리된 유일한 목민서였던 것이다.

안정복은 『정요』에서 순량의 운영원리를 채용하여 엄정함과 너그러움을 시세에 맞게 활용하고자 했다. 그리고 이익이 언급한 다양한 향촌 운영 사례를 체계적으로 정리하여 실제 통치에 활용될 수 있도록 메뉴얼화 하였다. 그 속에 담긴 지향은 무엇보다 향촌질서를 재편하고, 하정을 제대로 파악하여 원활한 통치를 이루는 것이었다. 아울러 민생안정의 토대인 항산유지를 위해서 보다 면밀히 향촌상황을 관찰하였다. 그 결과 당대 민인의 유리도산을 초래하는 직접 원인으로 고리대 문제를 지적하고, 그 해결을 위해서 상평법 등 구휼사업의 시행을 적극 주장하였다. 동시에 각종 수탈이 만연되었던 조세행정의 모순을 바라잡고 민산을 보존하기 위해서 다양한 대책을 제시하였다. 양반지주의 이해관계를 전면적으로 부정할 수 없는 현실 속에서도 균평의 이념을 실현하기 위해 균부균세를 이룰 수 있는 대안들을 적극 모색하였다.

이처럼 향촌사회 운영에 대한 적극적인 개혁의지는 그대로 정약용에게 전수되어 마침내『목민심서』로 집대성되었다.『목민심서』는 앞선 시기 성호학파에서 마련해 놓은 주요 향정이념과 방략을 19세기 사회상에 맞게 적용하는 가운데 완성되었으며, 이를 통해 채 구현하지 못한 하정소통과 안민의 목표를 달성하고자 했다.

『목민심서』속, 가족의 두 얼굴

이숙 인 | 서울대학교 규장각한국학연구원 HK연구교수

1. 머리말 : 다산의 가족관과 『목민심서』

조선후기를 대표하는 사상가 다산 정약용(1762~1832)의 『목민심서』[1]에는 가족의 그 시대적 이상과 실상들이 담겨져 있다. 다산의 여러 저술 중에서 『목민심서』는 그의 대표작으로 꼽히면서 '목민牧民'의 개념이 함의하는 바, 주로 다산의 정치학 또는 정치사상을 이해하는 데 활용되어 왔다. 지방행정의 실무에 관한 구체적인 지침서라고 할 수 있는 『목민심서』지만 단순한 실용서라기보다 다산 경학과 체용體用관계에 있는 종합적인 사상서라고 보아야 할 것이다.[2] 여기서, 다산의 가족사상은 물론, 18~19세기 조선후기 가족의 이념을 읽어내고 그 현실을 엿볼 수 있을 것이다.

가족은 그 형태나 이념이 불변하는 것이 아니라 역사와 시대에 따라 변해왔고, 의식과 현실에 따라 변해왔다. 따라서 가족이 무엇이고, 가족은 어떠해야 하는지, 가족에 대한 정의와 전망은 시대마다 다르고 사상적 전통에 따라 다를 수 있다. 그런 점에서 가족에 대한 보편적이고 통일된 정의를 기대하기란 불가능해 보인다. 대신에 가족이 그 사회의 전체 조직과 어떻게 연관되며, 가족에 대한 이해와 그 의미화가 어떤 언어로 어떻게 전개되는가 하는 질문을 통해 '그' 가족을 정의할 수는 있을 것이다. 그렇다면 『목민심서』 속의 가족은 어떤 모습으로 존재하고, 가족을 통해 사람들은 무엇을 추구하는가. 우선 『목민심서』는 국왕으로부

---

1) 『牧民心書』는 『譯註 牧民心書』(茶山硏究會 譯註, 創作과批評社)와 『與猶堂全書』 V(한국문집총간 285집)를 텍스트로 하였다. 이 자료에 대한 인용과 각주에서는 篇과 條만은 표기하고자 한다.
2) 임형택(2007), 「『목민심서』의 이해 – 다산 정치학과 관련하여」 『한국실학연구』 13, 한국실학학회.

터 지방통치를 위임받고 수령직에 부임하는 자들을 위해 저술된 책이라
는 점, 그리고 수령이란 국가권력과 민民의 접점에서 지방행정을 총괄해
야 할 임무를 가진 사람이라는 점을 염두에 둘 필요가 있다. 아마도 이
속의 가족은 다산 가족관의 지적 원천인 유학의 이상적 형태로만 존재
하지는 않을 것이다. 하지만 그것은 다산의 이해와 해석을 통한 것이라
는 점에서 다산의 가족관을 염두에 두고 상호 교차적으로 읽을 필요가
있다.

    우선 저자 다산이 가족이라는 이름의 공동체에 부여하는 의미가 있
을 것이다. 대부분의 사람이 그렇듯이 다산 역시 자신의 현실을 구성하
는 구체적인 개인이면서 그 시대의 지식 체계 속에 있는 역사적 인간이
다. 다시 말해 다산의 가족관에는 그 시대의 지배 지식인 유학적 가족
개념과 자신이 처한 가족의 현실이 착종되어 녹아 있는 것이다.3) 『대학』
의 명덕明德을 효·제·자로 규정한 것에서 알 수 있듯이, 다산은 가족적
논리에 바탕을 둔 효제의 실천을 사회관계와 국가운영의 기초라고 보았
다.4) 한편 그는 가족과 떨어져 살던 긴 유배의 기간 동안 멀리서 가족을
그리워하고 염려하던 남성 가장으로서의 면모를 유감없이 드러내고 있
다. 그에게 가족은 유배로 귀결된바, '믿을 사람 없는' 삭막하고 무서운
세상에서 마지막 남은 불빛과도 같은 존재이다. 다산은 아들에게 보낸
편지에서 부모 형제에게 야박한 사람하고는 절대로 가까이 지내지 말
것을 당부하는데, 천륜을 배반한 사람은 모든 의리를 배반할 가능성이
크다고 보았기 때문이다.5) 이러한 사고는 유학적인 효의 정치학, 그 연
장선상에서 이해할 수 있다.

---

  3) 다산의 가족관은 「孝子論」(『다산시문집』 제11권), 「家誡」(『다산시문집』 제
     18집), 「諭谷山鄕校勸孝文」(『다산시문집』 제22권) 및 「大學公議」, 「論語古
     今註」 등 거의 모든 글에 나타난다.
  4) 금장태(2004), 『道와 德 : 다산과 오규 소라이의 『중용』·『대학』해석』, 이끌
     리오; 백민정(2007), 『정약용의 철학』, 이학사, 269~280면 참조.
  5) 「示學淵家誡」, 『다산시문집』 제18집.

다시 말하지만 다산의 이상형 가족이 곧 『목민심서』에 나타난 가족
의 전부를 말해주는 것은 아니다. 그것은 텍스트의 성격과 관련된 것일
수 있는데, 즉 수령의 구체적인 정치생활에서 만날 수 있는 가족으로 일
반적인 교훈서나 이론서에서 제시된 그것과는 그 모습이 다를 수 있다.
다시 『목민심서』의 가족은 민의 교화와 통치의 임무를 맡은 지방관인
수령이 직면하게 되는 가족들이다. 그런 점에서 수령이 만나는 가족은
두 종류이다. 하나는 수령 자신의 가족이고, 다른 하나는 수령의 정치
대상으로서의 가족이다. 그 각각의 가족이 『목민심서』에서 어떻게 인식
되고 묘사되는가를 다산의 가족관과 교차시키며 맥락적으로 읽을 필요
가 있다. 또 『목민심서』속의 가족은 인식론적인 측면에서 두 종류로 분
류될 수 있다. 가족 및 그 관계를 어떻게 보고 있는가 하는 점에서 본
것인데, 그 하나는 가족에는 선천적인 도덕감정이 내재되어 있다는 것
이다. 즉 가족을 통해 추구하고자 하는 이상의 측면이라고 할 수 있다.
다른 하나는 가족을 구성하는 개인들은 각기 자기 이해와 자기 욕망을
가진 존재라는 것인데, 수령의 정치가 대면하는 현실 가족이라고 할 수
있다. 『목민심서』에 나타난 가족을 존재론적 측면과 인식론적인 측면으
로 나누어 보는 것은 그 가족의 실상을 체계적으로 살피는 데 유용한 방
법론이라 할 수 있다. 한편 『목민심서』에 나타난 가족들은 저자 다산의
가족관과 같으면서도 다른 모습을 보인다. 이 가족들은 가족애와 공공
선이 경합하면서 공존하는 양상을 보인다는 점에 주목하였다.

다산의 저술들을 접하다보면 그 사상의 중심에 존재론적이고 의미론
적인 측면에서 '가족'이 중요한 위치를 점하고 있음을 보게 된다. 그에게
가족 및 가족 원리는 개인과 사회, 개인과 국가가 연결되는 접점이자 통
로인 것이다. 다산 사상에서 가족이 갖는 위치나 의미가 매우 중요함에
도 불구하고 그에 대한 그동안의 많은 연구에서는 본격적으로 다루어지
지 않았다.[6] 『목민심서』및 다산 사상에 접근하는 주제와 방법론이 다

---

6) 이봉규(20050, 「다산학 연구의 최근 동향과 전망 – 근대론의 시각을 중심으로

양해질 필요가 있다는 의미에서 가족 연구는 필수적이다.

조선후기 사회를 이끄는 가족의 상징체계와 생활세계 속의 현실 가족은 어떻게 같고 어떻게 다른가? 아버지의 권력을 절대화한 가부장적 가족윤리와 국가의 정치권력을 수행하는 수령인 '아들'의 정치권력은 어떻게 갈등하고 협상하는가? 가족애와 공공선은 어떻게 경합하고 어떤 방식으로 공존하는가? 이러한 몇 가지 질문을 통해『목민심서』속 가족의 여러 모습을 포착해내고, 일정한 체계로 분류하여 그 해석을 시도함으로써 다산이 살았던 조선후기 사회의 가족의 이념과 현실을 재구성해보고자 한다.

2.『목민심서』속, 두개의 가족

1) 수령의 가족 : '수신제가'의 대상

수령이 그 직에 부임하게 되는 그날부터 그의 가족은 관리의 대상이 된다. 수령의 '공적公的' 임무가 '사적'인 가족 관계와 혼동되지 않아야 하기 때문이다. 즉 '고을을 다스리려는 자는 먼저 자기 집을 잘 다스려야 하는데, 한 고을을 다스리는 것은 나라를 다스리는 것과 같기' 때문이다.[7] 국왕으로부터 지방통치의 임무를 위임받은 수령은 그 고을의 최고 통치자인 셈이다. 수신 후에야 제가가 가능하고, 제가 이후에야 치국이 가능하다는 것이 천하의 기본 원리[8]가 되는 사회에서 수령이 된 자는

」『다산학』6호(다산학 연구의 최근 동향을 검토하고 그 전망을 모색한 이봉규의 글은 다산학에 대한 연구를 주제 및 경향별로 분류하여 분석한 것이다. 이를 통해 다산학 연구의 전반적인 흐름을 그려볼 수 있는데, 가족을 주제로 한 연구는 확인되지 않았다).

7) "欲治其邑者, 先齊其家"; "治縣如治國, 不能齊家, 何以治矣."(「律己 · 齊家」)
8) "修身而後齊家, 齊家而後治國, 天下之通義也."(「律己 · 齊家」)

자신은 물론 가족을 먼저 관리 점검해야 하는 것이다.

가족의 유형은 물론, 가족 구성 및 유지의 원리는 문화마다 시대마다 다를 것이다. 우리시대가 요구하는 가족의 일반적인 모습이 가족 구성원 간의 애정적 연대와 서로의 필요를 나누는 정서적 공동체라고 한다면, 전통시대의 가족은 효제 등의 가부장적 질서의식으로 운용되는 규범적인 가족이다.9) 그런데『목민심서』속 수령의 가족은 수령과 상호 교감하는 존재이거나 각자의 역할과 의무로 규범화된 존재라기보다 수령이 일방적으로 보살펴야 하고 관리해야하는 가족으로 묘사되었다. 그런 점에서 '치국'의 임무를 수행하려는 수령에게 '제가'의 문제는 또 다른 차원의 '공적' 임무라고 할 수 있다.

이 맥락에서『목민심서』는 수령의 가족 및 집안 관리를 위한 요점 몇 가지를 제시하였다.10) 먼저 임지任地로 데리고 갈 가족의 수는 법에 따라 정하고, 임지로 따라가는 가족들의 치장은 검소하게 하며, (수령 집안 식구들이 먹는) 음식을 절제해야 하고, 규문은 반드시 엄격해야 하며, 청탁이 집안으로 들어오게 해서는 안 되고, (관아에 사는 가족은) 물건 구매에서 청렴한 태도로 임해야 한다. 이 여섯 가지에 대해 규칙을 세우지 못하였다면 수령의 정치가 어떻게 전개될 것인지를 아는 것은 어렵지 않다. 다시 말해 수령의 정치적인 성공 여부는 '가족'에 달려 있다고 해도 과언이 아니다. 그런 점에서 수령 자신의 가족은 수령이 넘어서야 할 '적'이자 수령을 긴장시키는 '성가신' 존재들이다.

그중에서 수령의 아버지와 아내야말로 수령을 가장 긴장시키는 존재라고 할 수 있다. 수령의 아버지와 수령의 아내, 그들로 인한 가족 문제의 성격은 각각 다르다. 먼저 수령 부친은 '춘부春府'나 '대감大監'으로 불

---

9) 이숙인(2005),「우리 안의 가족, 그 담론의 현주소」『여성이론』13호.

10) "一曰, 從行不可不守法也. 二曰, 治裝不可不從儉也. 三曰, 飮食不可不節約也. 四曰, 閨門不可不嚴謹也. 五曰, 干謁不可不斷截也. 六曰. 貿販不可不廉淸也. 於此六者, 不能立法, 而牧之治理, 可知矣."(「律己·齊家」)

리면서 일정한 권위를 갖게 된다. 그것은 '하늘에 하나의 태양, 국가에 하나의 왕, 가정에 하나의 가부장'11) 만이 존재할 수 있는 유교적 권력 구조 속에서 마련된 '아버지'의 자리인 셈이다. 이 구조 속에서 가족의 절대적 존재인 '아버지'와 국왕의 대리자인 '아들' 수령은 충돌할 수밖에 없다. 즉 가족과 국가는 서로 다른 차원의 권력망에 속해있지만, 그것이 운용되는 원리는 '군사부일체'의 논리에 기초하기 때문이다.12) 그래서 아버지 중에는 이 둘을 하나의 권력체계로 이해한 사람이 있었던 것 같다. 즉 수령의 부친은 가족 속에서의 질서 관념으로 수령인 아들과 그 아들의 '민'을 바라보는 것이다.

> 춘부가 외사에 나가 앉아 아전들을 꾸짖고 관노들을 질책하며 기생들을 희롱하고 손님들을 끌어들이매 심하면 송사와 옥사를 파는 등 정사를 어지럽게 하므로 저주하는 사람이 읍내에 가득차고 비방하는 사람이 고을에 그득하게 된다. 이와 같이 되면 자정(慈情)과 효도를 다 잃고 공과 사가 함께 병들게 된다.13)

수령의 입장에서는 자제들에 대한 규제나 관리도 쉽지는 않지만, 그 부친에 대한 태도나 관리야말로 무엇보다 곤혹스러웠을 것이다. 그래서 수령의 부친이 연로하여 아들의 봉양을 받아야 할 처지가 아니라면 임지로 따라가지 않는 것이 좋다고 하였다. 만일 부득이 임지에 따라가야 할 처지라면 내사內舍에 거처하며 조용히 지내야 하고, 외인과의 접촉을 피하는 것이 예에 맞는 일이라고 하였다.14) 여기서 가부장적 권력

---

11) "子云, 天無二日, 土無二王, 家無二主, 尊無二上, 示民有君臣之別也."(『禮記』「坊記」)
12) 『근사록』, 『소학』.
13) 「律己‧齊家」.
14) 「律己‧齊家」.

과 '국가' 권력이 경쟁이 아닌 공존으로 나갈 수 있는 방법의 제도화가
필요해 보인다. 이러한 맥락에서 국법이 규정한 바, "수령의 부모가 임
지에 따라와서 살 경우에 그 모친 봉양의 비용은 관에서 지급하나 부친
봉양의 비용은 지급하지 않는다"[15]고 한 것은 제도적 모색의 일환으로
볼 수 있다.

  수령의 아내 또한 모든 활동에서 관리의 대상이 되는데, 사치와 청탁
등 주로 재물과 관련되었다. 임지로 갈 때부터 그 행차가 요란하거나 화
려하지는 않은지,[16] 관아에 거처할 때 외부인과 왕래하며 청탁에 간여
하지는 않은지, 내사에 상인을 불러들여 거래할 때 혹시 관청의 권위로
상인을 손해 보게 하는 일은 없는지 등이다. 특히 수령의 아내는 관패官
婢를 마치 자신의 노복처럼 부린다든가 자기 가족의 사적인 일을 관아에
소속된 관인들에게 떠맡기는 일 등으로 경계의 대상이 되었다.[17]『목민
심서』에서 수령 '아내'에 대한 규제는 여성, 그중에서도 특히 '며느리'나
'처'에 대한 다산의 기본적인 시각이 반영된 것으로 보인다. 그것은 가부
장적인 가족질서의 개념으로 여성 내부를 차별화하는 방식이다.

  불효의 원인에 두 가지 있으니 아내[妻]와 재물[財]이 바로 그것이다.
  …… 아내와 재물은 본래 부모에게 효도를 하기 위한 것이다. 아내라는
  것은 부모 살아계실 제 맛있는 음식을 장만하여 대접하게 하고 부모 돌
  아가시면 제사를 받들게 하며 자손을 낳아 길러서 선조의 후사를 잇게
  하는 존재이다. 재물이란 것은 곧 부모의 의식을 만족시켜 드리는 것이
  며 부모의 장제(葬祭)를 받드는 것이니, 아내와 재물이 아니면 사람의 자
  식된 자가 어떻게 효도를 할 수 있겠는가. …… 아내로 말한다면 이는 곧
  내 부모의 며느리이니 내가 어떻게 사사로이 사랑할 수 있겠는가. 또 재

---

15) "國法, 母之就養則有公賜, 父之就養, 不會其費, 意有在也."(「律己‧齊家」).
16) "內行下來之日, 其治裝, 宜十分儉約."(「律己‧齊家」).
17) 「律己‧齊家」.

물로 말하면 이는 곧 부모의 산업이니 내가 어떻게 사사로이 간여할 수 있겠는가. 그리고 자신으로 말하면 곧 부모께서 낳아주신 몸이니 내가 어떻게 내 마음대로 행동할 수 있겠는가. 진실로 이를 알면 효도할 수 있을 것이다.[18]

다산에 의하면, 처라는 존재는 효를 행하기 위한 수단일 뿐이다. 그녀는 재물과 마찬가지로 그 자체 목적일 수는 없었고, 가족생활에서 그 역할만 부각되었다. 그런 '처'가 집안의 수준에 부응하여 자기 생활을 즐기거나 옷과 장신구 등으로 자신을 표현할 때, 그것을 바라보는 가부장의 시선은 결코 고울 수 없었다. 다산은 아들에게 보낸 편지에서 이렇게 말한다. "근래 사대부 집안의 부녀자들이 부엌에 들어가지 않은 지가 오래되었다. 네가 한번 시험 삼아 생각해 보아라. 부엌에 들어가는 것이 무엇이 해로우냐. 잠깐 연기를 쏘일 뿐이다."[19] 다산이 사대부 부녀들의 일을 '잠깐 연기를 쏘이는' 정도로 이해한 것은 그녀들의 일과 욕망을 지나치게 단순화시킨 것이라 여겨진다.

이러한 맥락에서 『목민심서』에서 소개된, 청백리 남편의 아내가 터트린 불만은 다산의 의도와 다르게 읽힐 수도 있을 것 같다. 다산의 의도란 '아내'들의 무모한 물질적 욕구가 공적 질서를 어지럽히는 데 큰 몫을 한다는 점을 부각시키는 데 있는 것 같다. 『목민심서』는 말한다.

청음 김상헌이 벼슬살이에 청백하였다. 어느 관인이 자기 부인이 뇌물을 받아 비방을 듣고 있음을 걱정하자, 김공은 '부인의 소청을 들어주지 않으면 비방이 그칠 것이다'고 일러주었다. 그 관인이 크게 깨닫고 그렇게 하니 그 부인이 김상헌을 욕하기를 '저 늙은이가 저만 청백리가 되었으면 그만이지 왜 남까지 본받게 해서 나를 이렇게 고생하게 하는가'

---

18) 「諭谷山鄕校勸孝文」, 『다산시문집』 제22권.
19) 「寄二兒」, 『다산시문집』 제21권.

라고 했다.[20]

이 시기의 여성들은 공적 질서에 대한 감각이 남성에 비해 의식이
약했던 것이 사실이다. 그것은 가족 밖의 세계가 차단되었던 여성 삶의
구조적인 문제에서 기인한 것으로 보인다. 남편을 청렴의 길로 인도하
는 방법들이 각종 교육서에서 다양한 사례를 통해 소개되었고, 부정부
패로 이름난 사람들의 배후에는 과도한 물욕에 젖은 아내들이 있음을
역시 다양한 사례를 통해 강조되었다. 이러한 것은 가족 속 여성들이
맡은 바 역할과 임무가 가정 살림을 꾸려가는 실제적인 생활인이라는
뜻도 되겠다. 어쨌든 여자와 재물, 아내와 물욕의 연결성은 현실과 이
념의 상성相成 효과를 통해 진실이 되어 간 것으로 보인다.[21] 물질에 대
한 아내의 관심과 그 추구는 가족생활이나 정치생활에 문제를 불러오
는 악덕으로 간주된 반면, 같은 여자지만 어머니의 그것은 일종의 취향
으로 해석되었다.

> 어버이를 섬김에는 뜻을 받드는 것[養志]이 가장 크다. 그러나 부인들
> 은 의복이나 음식, 거처하는 곳에서 의미를 찾는다. 다시 말해 어머니를
> 섬기는 자는 작고 사소한 것에도 신경을 써야 비로소 제대로 된 효도와
> 봉양이 될 수 있다.[22]

수령의 가족으로는 봉양의 비용이 공식적으로 지급되는 어머니 외에,
기혼의 자식과 미혼의 자식이 있고, 형제와 친척 등이 있다. 아마도 이
들은 가족인 수령의 임지로 따라 와 살고 싶어했던 것 같다. 연로한 부
모와 아내, 그리고 미혼의 자식은 합법적으로 동행할 수 있었지만, 기혼

---

20) 「律己·齊家」.

21) 이숙인(2006), 「조선시대 교육의 젠더 지형도」, 『정신문화연구』 103호.

22) 「寄二兒」, 『다산시문집』 제21권.

의 자식은 한 사람 정도 따라갈 수 있었다.[23] 그 외 형제들이 따라가서 머무는 것은 불가하고, 때때로 내왕하는 것은 가능하다고 하였다.[24] 또 과부가 된 곤궁한 고모나 형수, 누이 등이 따라가길 원한다면 국법이 비록 엄격하더라도 데리고 가지 않을 수 없다고 하였다.[25] 그리고 조상의 제사를 갖고 가는 것도 문제가 되었다. 수령이 종자宗子로서 계속 제사를 지내온 사람이라면 그 제사를 임지로 갖고 갈 수 있지만 제사를 주관하지 않은 지자支子나 종손이 자신의 집안 제사를 임지任地로 갖고 가는 것이 원칙적으로 불가능하다. 수령의 집안 제사를 관아에서 지낼 경우 관의 비용을 지출하게 되기 때문이다.[26]

여기서 춘부 또는 대감, 관백官伯 등으로 불리는 수령의 부형父兄은 수령의 권력과 충돌하는 존재들이다. 어머니나 동생, 집안의 여자 등이 배려와 관심의 대상이 되는 것에 비해 父兄에 대해서는 특별한 관리가 필요했음을 엿볼 수 있다. 즉 다산은 수령의 부모 중 모친에 대해서는 긍정적인 시선을, 부친에 대해서는 우려의 시선을 보내고 있는 것이다. 여기에는 가족 질서를 강조하면서 수령의 권력을 보호하는 것에 한계가 있음을 말해주는 것이라 할 수 있다. 그렇다면 가족 속 '아버지'의 권력과 국가 권력의 대행자 수령 '아들'이 만나는 접점에서 각각의 위치와 역할을 인정하면서 공존할 수 있는 방법은 무엇일까?『목민심서』에서 그 분명한 대안을 찾기란 쉽지 않아 보인다.

---

23)「律己·齊家」.

24) "昆弟相憶, 以時往來, 不可以久居也."(「律己·齊家」).

25) "姑嫂姉妹, 有貧寡願從者, 豈不憐矣. 國法旣嚴, 不可携也."(「律己·齊家」).

26) "宗子奉祀者, 宜奉祠版, 其支子不祭者, 不宜然也. 自官助祭, 是亦官饗. 何必虛其廟而就官乎. 宗孫不當室者, 與支子同. 禮曰有適子者, 無適孫."(「律己·齊家」).

2) 민의 가족 : 수령 정치의 대상

『목민심서』속에는 수령이 관리해야 할 자신의 가족과는 층위가 다른, 또 하나의 가족이 있다. 그것은 수령의 정치에서 중요한 의미를 가지는 정치 대상으로서의 가족이다. 수령은 자신의 통치 고을의 민으로 하여금 가족을 구성하도록 적극 추진하고, 가족이 해체된 자를 다양한 정책을 통해 보살피며, 가족 윤리를 적극적으로 고취시키는 것을 주된 임무로 삼는다. 그런 점에서 민民의 가족은 수령의 존재론적 의미를 부여해 주는 주요 단위이다.

우선 수령은 고을 내의 민이 가족이라는 단위를 구성하는 데 적극 개입해야 한다. 즉 "과년토록 결혼 못한 자는 관이 주선하여 성혼토록 한다."[27] 수령이 다스리는 고을 안에 남자 25세, 여자 20세 이상 된 자로서 혼인하지 못한 자가 있으면, 이들을 찾아내어 성혼토록 하는데, 부모 친척이나 재산이 있는 집은 그들에게 맡기어 독촉하고, 혼인을 주관할 가족이 없거나 재산이 없는 자에게는 관에서 그 비용 일부를 도와주어야 했다. 고을의 최고 권위를 가진 수령이 이런 일에 적극 개입하는 것을 권장하였다.[28]

가족은 우선 국가의 물질적 기초가 되기 때문에 국가 차원에서 그 구성을 적극적으로 유도하였다. 즉 "혼인을 권장하는 정사政事는 우리나라 역대 임금의 유법이니 수령으로서는 마땅히 성심으로 준수해야 할 것"[29]이라고 하였다. 『경국대전』에는 '사족의 딸로서 나이 30에 가까워도 가난하여 시집 못가는 사람이 있으면 국가가 자재를 지급하여 성혼시키고, 딸을 시집보내지 않은 가장은 중죄로 다스린다.'고 하였다. 『목민심서』는 이 경국대전을 근거로 고을의 남녀를 성혼시키는 것이 곧 수령의 임

---

27) "過歲不婚娶者, 官宜成之."(「愛民・振窮」).

28) 「愛民・振窮」.

29) "勸婚之政, 是我列聖遺法, 令長之所宜恪遵也."(「愛民・振窮」).

무임을 고지시켰다.[30] 구체적으로 수령은 매년 정월에 과년토록 아직 혼인을 못하고 있는 자를 골라서 2월에 성혼하도록 하는 것이다.[31]

다산은 미혼의 남녀는 물론, 홀아비 과부의 혼인도 수령의 정치가 주목해야 한다고 보았다. 혼자된 남녀를 화합시키는 것을 '합독合獨'[32]이라고 했다. 다산은 수령이 홀아비와 과부를 서로 혼인하도록 주선하여 성사시켰다면 그것은 '좋은 정치[善政]'의 일환으로 평가할 수 있다고 하였다. 하지만 국법에 의하면, 사족 부녀의 재가는 권장될 사항은 아니었다.[33] 그렇다면 국법이 '금지'한 부녀 재가를 다산은 '권장'하는 입장이 된 것이다. 다산 자신도 이 점을 모를 리 없었다. 이에 대해 다산은 법령을 모든 사항에 예외 없이 적용하기보다 옛 사람들의 뜻을 읽는 방법으로 권도權道를 행사할 수 있다고 보았다. 사족 부녀의 재가 문제가 입법화되는 과정의 치열한 논쟁이 조선초기의 상황이라면,[34] 3세기가 지난 다산의 시대, 조선후기에는 부녀 재가에 대한 부정적인 인식이 법과 관습의 작용으로 이미 상식화되었던 것이다. 그럼에도 다산이 과부 재가 금지의 법령을 넘어서 인간의 실정에 주목하여 권도를 주장한 것은 수령의 정치 대상으로서의 존재를 염두에 두었기 때문으로 보인다. 즉 다산의 『목민심서』는 명분과 이념으로도 살 수 있는 사람들을 대상으로 한 것이 아니라 생존과 생활의 문제에 직면한 향촌의 독거인, 그 실제적인 삶에 주목했기 때문이 아닐까.

---

30) "經國大典曰, 士族之女, 年近三十, 貧乏未嫁者, 本曹啓聞, 量給資財, 其家長重論."(『愛民·振窮』).

31) "每歲孟春, 選過時未婚者, 並於仲春成之."(『愛民·振窮』).

32) "合獨之政, 亦可行也. 管子曰, 凡國都皆有掌媒, 取鰥寡而和合之, 此之謂合獨."(『愛民·振窮』).

33) "再嫁女之所生, 勿叙東西班職."(『經國大典』「刑典」禁制條).

34) "금후로는 재가를 예외없이 모두 금하고, 만일 금령을 무릅쓰고 재가한 자가 있으면 실행한 것으로 치죄하며, 그 자손 또한 入仕를 허락하지 않음으로써 절의를 권장하는 것이 좋겠습니다."(『성종실록』 82권, 성종 8년 7월 17일(임오))

다산이 보기에 개가의 의사가 있는 향촌의 과부가 예를 갖추어 혼인을 하는 것은 어려운 일이기도 하다. 그래서 주저하는 사이 교활한 중매쟁이의 음모와 계략이 개입하기도 하고, 악당들에게 강제로 업혀 가는 사례가 자주 발생하여 풍속을 저해하곤 하는 것이다. 이런 사태가 발생하는 것을 봉쇄하기 위해서라도 수령이 개입하여 남녀가 각각 제 자리를 얻도록 해야 한다는 것이다. 하지만 이런 일과부의 재개을 공식적인 차원에서 추진하기보다 백성을 은근히 유도하여 그 진정한 의미를 알도록 하자는 것이다.[35] 다산의 이러한 방법은 향촌 사람들의 실정과는 무관한 법령이지만, 그것이 국법이기 때문에 어길 수 없다는 문제의식과 그렇지만 맹목적으로 따를 수도 없는 입장이 일정 정도의 협상을 한 것이라 할 수 있다.

이와 같이 고을 민이 가족이라는 단위를 형성하도록 유도하고 개입하는 것은 수령의 정치활동에서 중요한 일이었음을 알 수 있다. 가족이 해체된 존재들인 환과고독은 '사궁四窮'이라 하여 수령의 정치에서 우선적으로 고려되었다.[36] 가족이라는 단위는 수령 정치의 대상이자 수령정치의 기반이었음을 알 수 있는데, 일단 다음의 글을 보도록 하자.

> 백성을 다스리는 직분은 백성을 가르치는 일일 따름이다. 전산(田産)을 고르게 하는 것도 가르치기 위함이고, 부세와 요역을 고르게 하는 것도 가르치기 위함이다. 또 고을을 설치하고 수령을 두는 것도 백성을 가르치기 위함이고 형벌을 밝히고 법규를 갖추는 것도 백성을 가르치기 위함이다.[37]

---

35) "每見鄕村寡婦, 或其身地不賤者, 雖有改嫁之志, 羞怯多端. 必有老猾牙婆, 陰謀秘計, 聚隣里惡少, 乘夜竊負, 紛爭鬪毆, 傷風敗俗. 或以行露之情, 誣作强暴之辱, 旣玷其潔, 又敗乃事. 曷若牧以禮勸之, 使匹夫匹婦, 各得其所哉. 此事雖不必發令, 宜諷諭百姓, 使知古意."(「愛民·振窮」).

36) "鰥寡孤獨, 謂之四窮. 窮不自振, 待人以起. 振者, 擧也."(「愛民·振窮」).

37) "民牧之職, 敎民而已. 均其田産, 將以敎也. 平其賦役, 將以敎也. 設官置牧,

말하자면 수령의 정치는 민의 교화가 주 임무인 것이다. 그렇다면 무엇을 가르칠 것인가? 다산에 의하면 '오교五教'라고 하는 가족윤리이다. 즉 "부모를 잘 봉양하는 것을 효라 하고, 형제끼리 우애하는 것을 제라 하고, 자기 자식 교육하는 것을 자라 한다. 이것이 이른바 오교이다."[38] 다시 말해 국가의 대행자 수령이 산업을 일으키고 법과 제도를 만드는 일 등에 힘쓰는 것은 궁극적으로 가족의 형성과 가족 윤리의 확립을 목표로 한 것이라 할 수 있다.

여씨 동몽훈에 '임금 섬기기를 나의 어버이 섬기듯 하고 아전 대하기를 나의 노복처럼 하며 백성 사랑하기를 나의 처자처럼 하며 공무를 처리하기를 집안일처럼 돌보아야만 능히 내 마음을 다한 것이니 만약 조금이라도 미진한 일이 있다면 이는 다 내 마음을 다하지 않은 바가 있었기 때문이라'하였다.[39]

이에 의하면 가족 윤리 효·제·자는 곧 사회 및 국가 윤리로 연장될 수 있다고 여겨졌다. 즉 아버지 섬기는 것을 바탕으로 하여 높은 이를 존경함으로써 군도君道가 정립되고, 아버지 섬기는 것을 바탕으로 하여 어진이를 어질게 여김으로써 사도師道가 정립된다. 그리고 형 섬기는 일을 바탕으로 하여 존장尊長을 섬기고, 자식 기르는 일을 바탕으로 하여 대중을 부려야 한다는 것이다.[40] 이것은 정치가로서의 수령 역시 자신의 가족 감정을 자원으로 삼을 때 신하로서의 역할을 잘 수행할 수 있다

將以教也. 明罰飭法, 將以教也."(「愛民·教民」).

38) "愛養父母謂之孝, 友於兄弟謂之弟, 教育其子謂之慈, 此之謂五教也."(「原教」『다산시문집』 제10권).

39) "呂氏童蒙訓日, 事君如事親, 待群吏如奴僕, 愛百姓如妻子, 處官事如家事, 然後能盡吾之心."(「律己·飭躬」).

40) "資於事父, 以尊尊而君道立焉. 資於事父, 以賢賢而師道立焉. 茲所謂生三而事一也. 資於事兄以長長, 資於養子以使衆."(「原教」『다산시문집』 제10권).

는 것이다.

민을 교화하고 통치하는 수령의 정치는 민으로 하여금 가족생활을 통해 의미를 찾도록 하는 데 있다. 이러한 맥락에서『목민심서』는 주자의 '권유방勸諭榜'을 소개하고 있는 것이다. 거기에는 첫째, 부모 형제는 천리이기 때문에 본심에서 나오는 자연스런 감정대로 사랑과 공경을 다하도록 할 것, 둘째, 부부 혼인의 예를 정립해야 하는 것, 셋째 향당의 일가친척은 마땅히 친목해야 한다는 것이다.[41] 한편 민의 가족 감정을 활용하는 것도 수령의 정치를 수월하게 하는 하나의 방법이다. 즉 "일년 중의 명절에는 죄수가 자기 집에 돌아가는 것을 허용하면 은혜와 신의에 감복하여 도망하는 자가 없을 것이다."[42]고 하였다. 그리고 "인륜에 관한 소송은 천도에 관계되는 것이니 그 판결을 명확하게 해야 한다"[43] 거나 "골육끼리 다투면서 의를 저버리고 재물에 목숨을 거는 자는 엄하게 다루어야 한다"[44]고 하였다. 이러한 예는 가족이 수령의 통치 기초이자 수령 정치의 기본 단위였음을 말해주는 것들이다.

3.『목민심서』속, 가족의 두 얼굴

1) 천륜의 사랑 : 효 · 제 · 자의 선천적 도덕감정

수령의 정치에서 그 가족의 거처나 행보가 주목되는 것은 가족이란 내 몸과 같아 나와 분리될 수 없다는 인식에 기초한 것이다. 이에 의하면 부모와 자식의 관계는 천륜이라서 그 어떤 것으로도 대체될 수 없는 본질적이고 당연한 것이다.

---

41)「禮典 · 敎民」.
42) "歲時佳節, 許其還家, 恩信旣孚, 其無逃矣."(「刑典 · 聽訟」).
43) "人倫之訟, 係關天常者, 辨之宜明."(「刑典 · 聽訟」).
44) "骨肉之爭, 忘義殉財者, 懲之宜嚴."(「刑典 · 聽訟」).

부모 형제는 천리이다. 내 몸의 근원은 형제와 함께 부모에서 나왔다.
그 까닭에 부모 형제는 천성의 은혜가 지극히 깊고 지극히 중하다. 사람
들이 어버이를 사랑하고 어른을 공경하는 까닭도 모두 본심에서 자연히
생기는 것이지 강제로 되는 일이 아니다.[45]

주자학의 구도에서 볼 때 진리의 근거가 되는 절대 개념 '천'은 가족
속에서 아버지의 존재와 동일시된다. 하늘과 땅의 상징이 된 아버지와
어머니, 그중에서 아버지는 천리와 천도로 설명되었다. 즉 하늘의 상징
인 아버지를 따르는 것은 지극히 당연한 이치, 천리이다. 이에 의하면
부자관계나 군신관계는 하늘이 정해준 것으로 인간이 어떻게 할 수 없
다는 것이다. 『근사록』은 말한다.

부자와 군신은 천하의 정해진 이치이며 천지 사이에서 이를 벗어날
곳은 없다. 천분(天分)을 편안히 지키고 사심(私心)이 없으면 불의를 행
하거나 무고한 생명을 죽이는 일을 하지 않게 된다. 조금이라도 사심이
있다면 이는 군주답다고 할 수 없다.[46]

이것은 물론 군주의 역할을 강조하는 맥락에서 나온 것이지만, 이와
함께 아버지를 '자연스럽고 당연한' 존재로 절대화하는 내용을 포함하는
것이다. 반면에 다산은 군신, 부자, 부부, 형제, 붕우 관계에 관한 오륜보
다 부모형제자가 각각 지녀야 할 덕목을 가리키는 '오교'에 집중하였다.

『대학』의 효·제·자를 부·모·형·제·자에 적용하면 합치되지만 오

---

45) "當知此身, 兄弟同出於父母. 是以父母兄弟, 天性之恩, 至深至重. 人之所以
愛親敬長, 皆生於本心之自然, 不是強爲."(「禮典·敎民」).

46) "父子君臣, 天下之定理, 無所逃於天地之間. 安得天分, 不有私心, 則行一不
義, 殺一不辜, 有所不爲. 有分毫私, 便不是王者事."(『近思錄』「爲學」29)).

륜에 적용하면 합치되지 않는다. 효제자는 천륜의 사랑이고 군신과 부부, 붕우는 사람끼리 만나서 생긴 윤리이다. 그래서 이것은 의를 반드시 필요로 한다. 아버지를 섬기는 것으로 임금을 섬길 수 있으니 집안의 교육에서 밖으로 미루어 갈 수 있다. 그래서 교육을 확립할 때 먼저 천륜의 사랑으로부터 시작해야 한다.[47]

가족의 선천 감정을 잘 보존하여 사회로 확충해 간다면 군신관계는 저절로 정립된다는 것이다. 그런데 다산의 시대에는 이 감정을 확보하지 못한 사람들로 넘쳐났다. 다산은 말한다.

> 지금 부부간에는 의가 좋아 마치 금슬(琴瑟)을 타는 것 같으면서도 형제간에는 우애하지 못하며 친구 간에는 서로 어울려 생사를 걸고 자신을 허락하면서도 형제끼리는 길가는 행인같이 대하니, 성인의 가르친 뜻과 어떠한가? 성인이 세운 다섯 가지 교훈에는 아내와 친구가 끼어 있지 않다. 다섯 가지 가르침이란 곧 부모 형제와 아들인 것이다.[48]

다산에 의하면『대학』의 효·제·자, 세 가지의 덕행은 오교이자 인간이면 누구나 승인하는 보편적인 덕이다. 다산의 오교는 오륜으로 설명되는 주자학의 가족개념과 차별화된다는 점이 다산 연구자들에 의해 이미 주목되었다.[49] 그런데 "아버지와 아들 사이는 천륜이기에 오직 정대로 할 뿐이다"[50]는 것이 제도화되었을 때 어떤 모습을 보이는지 궁금하지 않을 수 없다. "『경국대전』에는 사사로이 관부(官府)에 출입하는 자는

---

47) 『與猶堂全書』 제2집 「尙書古訓」).

48) 「諭谷山鄕校勸孝文」 『다산시문집』 제22권.

49) 이광호(2008), 「다산학을 통해서 본 동서문명의 만남과 지향」 『퇴계학보』 123집, 190~195면 참조; 백민정(2006), 앞의 책 참조.

50) "父子天也, 唯其情而已." (「孝子論」 『다산시문집』 제11권).

곤장 100대이다. 오직 아버지 아들·사위·형·아우만은 예외로 한다"[51]
고 하였다. 즉 천륜의 관계에 있는 부·형제·자에게는 특별한 예우를
한다는 말이다. 또 오랫동안 지방관을 지냈던 범중엄范仲淹(989~1052)은 고
을의 친족들에게는 특혜를 보이는 것이 정당하다는 의미로 해석될만한
말을 남겼다. 다산은 이 부분을『목민심서』에 인용하였다. "범문정공이
그의 자제들에게 말했다. 우리 읍에 종족들이 매우 많은데 내 조종의 입
장에서 보면 다 같은 자손들이다. 만약 혼자 부귀를 누리면서 종족을 돌
보지 않는다면 다른 날 지하에게 어찌 조상을 대할 수 있을 것인가?"[52]

부모가 그 자식을 사랑하고, 자식이 그 부모에게 효도하며, 형제간
서로 우애로운 것은 선천적인 도덕 감정이기 때문에 지극히 당연하다는
것이 유학주자학적인 가족 인식이다.『목민심서』또는 이러한 인식을
공유한다. 하지만 가족이란 하나의 이념, 하나의 유형으로 유지되는 않
는다. 과연『목민심서』를 통해 선천적인 도덕 감정에 의해 지배되는, 그
런 가족과는 거리가 있는 또 다른 모습의 가족들을 만날 수 있다.

2) 자기 이해를 가진 개인

수령의 정치 대상으로서의 가족은 천륜의 관계라기보다 오히려 자기
이해를 가진 구체적인 개인의 모습에 가깝다는 것을『목민심서』를 통해
엿볼 수 있다. 가족을 통한 수령의 정치 구상이 현실적 효과를 내기 위
해서는 현실 가족에 대한 이해가 있어야 할 것이다. 다시 말해 지극히
당연한 선천적 도덕 감정을 전제하고서는 현실 가족 관계를 제대로 읽
어내기 어렵다는 것이다. 가족에 대한 유학적 인식은 부모의 자식에 대
한 사랑은 당연한 것이어서 굳이 힘쓰지 않아도 자연스럽게 행해지는

---

51) "經國大典曰, 私出入官府者, 杖一百. 惟父子壻兄弟, 不在此限, 禁除條."(「
律己·屛客」).
52)「律己·屛客」.

것이라고 보았다. 하지만 『목민심서』에 소개된 바, 사람들이 곤궁해지면
자식을 버리거나 죽이는 사례들이 많았다.

> 백성들이 곤궁하게 되면 자식을 낳아도 거두지 못하니 그들을 타이르
> 고 아이들을 길러서 우리 자녀들을 보전케 할 것이다.53) 흉년든 해에는
> 자식 버리기를 물건 버리듯 하니 거두어주고 길러주어 백성의 부모노릇
> 을 해야 할 것이다.54) 중국에는 백성들이 자식을 낳기를 3-4명에 이르면
> 나머지는 모두 키우지 않았다. 먹을 게 부족한 탓이었다. 흔히 출산 때가
> 되면 그릇에 물을 채워두고 겨우 낳자마자 곧 아이를 빠뜨려 죽였으니
> 이를 일러서 '세아(洗兒)'라고 했다.55) 소식이 주악주(朱鄂州)에게 보낸
> 글에 '악악(岳鄂)지방 사람들은 2남 1녀만 기르는데, 이 숫자를 넘겨 태어
> 난 아이는 곧 죽여 버립니다.'라고 하였다.56)

이에 전통시대의 중국과 한국에서는 부모에 의해 버려진 아이들을
거두어 기르는 방법을 제도화했다. "송나라 효종 때에는 기근을 만나 내
버려진 아이가 다른 사람에 의해 거두어져 길러졌다면 법에 따라 그 낳
은 부모가 데려가지 못하게 하고 기른 집에서 관가에 신고하여 호적에
올리되 친자손법親子孫法에 의거한다"57)는 법이 만들어졌다. 우리나라 법
에도 거두어 기른 아이를 자식으로 삼거나 노비로 삼는 것을 허락하였
는데, 그 조례가 상세하고 치밀하였다.58)

---

53) "民旣困窮, 生子不擧, 誘之育之, 保我男女."(「愛民‧慈幼」).
54) "歲値荒儉, 棄兒如遺. 收之養之, 作民父母."(「愛民‧慈幼」).
55) "… 民人生子, 多至三四者, 率皆不擧. 爲其貲産不足也. 往往臨蓐, 以器貯
　　水, 纔産卽溺之, 謂之洗兒. …"(「愛民‧慈幼」).
56) "蘇軾與朱鄂州書云, 岳鄂間田野小, 人例養二男一女, 過此輒殺之."(「愛
　　民‧慈幼」).
57) 「愛民‧慈幼」.
58) "我朝立法, 許其收養爲子爲奴, 條例詳密.", "중종 6년에는 버려진 아이들을

부모와 자식, 각자가 자기 이해의 문제에 직면하였고, 그것이 또한 가족의 존재나 가족 도덕과 갈등하는 상황이었을 때, 가족을 포기하거나 등지는 것은 수령의 정치 대상인 가족에서는 그다지 낯설어 보이지 않는다. 자기 이해를 가진 이러한 개인을 관리하기 위해 법은 좀 더 명확해질 필요가 있었다. 예컨대 한번 아이를 유기한 사람은 일정 기간이 흐른 후에는 다시 자신의 아이임을 주장할 수 없도록 하였다.[59]

유학적인 가족 관념에 의하면 자식과 부모의 관계는 천륜이기 때문에 자식의 효는 지극히 자연스런 감정이다. 하지만 세상의 많은 아들 중에는 "부모의 죽음을 이용하여 세상을 진동시킬 명예를 도둑질하는" 사람이 많았다. 다산이 '효자론'에서 제기한 바, 관에 나와 자신의 조부나 부친이 효자임을 증명하는 사람들 중에는 많은 경우 부모를 빙자하여 명예를 훔쳐 부역을 피하고자 하는 자들이었다.[60] 이와 관련하여 다산의 다음 글은 시사하는 바가 크다.

거두어 기르도록 하였고, 명종 3년에는 굶주린 백성이 버린 아이를 다른 사람이 거두어 길렀을 경우 영구히 그 기른 사람에게 주도록 하는 옛 법을 거듭 밝혔다. 현종 12년에는 遺棄兒에 대한 법을 세웠는데, 버려진 아이를 거둔 자는 산성부에 알려 공문을 받도록 하고, 자식으로 삼든지 노비로 삼든지는 임의대로 하게 했다. 숙종30년(1704)에는 '거두어 기르기를 60일로 하고 나이가 10살 이하인 아이인 경우에는 그 자손까지를 다 노비로 삼게 하자'는 의견이 있었다. 속대전에는 '흉년에 유기한 어린아이를 다른 사람이 거두어 길러 살려내어 자식을 삼거나 노비를 삼는 것을 허락하되, 어린아이의 연령과 거두어 기른 시일의 定限은 일체 臨時事目을 따른다.'고 하였다."(「愛民・慈幼」)

59) "그 부모와 족친이 3개월 이전에 찾아가는 경우에는 거두어 기름에 든 곡식을 배상하고 돌려받는 것을 허락하고 기한이 지난 경우에는 허락하지 아니한다."; "遺棄兒는 떠돌이 거지 여자 가운데 젖이 있는 자를 택하여 1인마다 두 아이씩을 나누어 맡기되 젖먹이는 여자에게는 매일 식구를 헤아려 쌀을 지급하고 장과 미역도 아울러 급여한다. 비록 떠돌이 거지가 아니더라도 자원해서 데려다 기르고자 하는 자는 다만 한 아이씩을 맡겨서 쌀과 장을 헤아려 준다."(「愛民・慈幼」)

60) 「孝子論」, 『다산시문집』 제11권.

맹자가 이르기를 '5묘의 집 담장 밑에 뽕나무를 심으면 50세 된 자가 비단옷을 입을 수 있고, 닭과 돼지 등의 양축하는 시기를 잃지 않으면 70세 된 이가 고기를 먹을 수 있다'고 하였다. 이는 곧 성왕이 백성들에게 누에치기와 양축을 권장하여 그들로 하여금 그 부모를 봉양하게 하려는 것이지 재물을 증식하게 하려는 의도가 아니다. 지금 뽕나무를 심고 짐승을 양축하는 정책이 오랫동안 폐지되기는 했으나 간혹 부지런히 누에를 치는 여자도 있고 양축에 힘쓰는 남자도 있다. 그러나 한 필의 비단이라도 얻게 되면 곧바로 저자에 내다 팔아 재산 만들 것을 생각하고, 한 마리의 병아리라도 얻게 되면 곧바로 읍내에 들어가 팔아서 돈을 만들려고 할 뿐 혹시라도 바지하나 짓고 국 한 그릇 끓여서 그 어버이를 즐겁게 해 드릴 생각은 하지 않는다. 이 얼마나 슬픈 일인가.[61]

다산에 의하면, 치산에 힘쓰는 것은 부모를 좀 더 넉넉하게 봉양하기 위한 수단이 되어야지 자기 이익에 몰두하여 재산증식에만 급급한 것은 바람직하지 않다. 자기 이해에 충실한 개인을 규제하는 방법으로 선천적 도덕 감정을 전제로 한 가족 관계의 원리들이 개발된 것으로 보인다. 아버지의 상징 질서를 확보하기 위한 방법들이 모색되고, 형제애의 강조나 그 방법론이 제시되었으며[62] 골육간의 정을 두터이 하는 방법으로 친족 모임을 제안하고 있다.[63] 그럼에도 『목민심서』에 나타난 바, 현실 가족의 실상은 형제나 남매, 모자간에 아버지의 유산을 놓고 송사를 벌이는 경우가 많았다. 이러한 현실에서 수령이 할 수 있는 것은 "인륜과 관계된 송사는 신중해야 한다"는 원칙[64]을 가져야 하는 것이다.

---

61) 「諭谷山鄕校勸孝文」『다산시문집』 제22권.
62) 『시경』「소아」斯干편에서는 "형과 아우여 서로 친하라. 서로 비슷하게 하지 마라(兄及弟矣式相好矣, 無相猶矣.)"고 하였다. 이에 대해 張載는 형제 간에는 무조건 베풀어야 한다고 해석했다.(『近思錄』「家道」20)
63) "凡人家法, 須月爲一會以合族. 古人有花樹韋家宗會法, 可取也."(『近思錄』「治法」14).

고려의 손변(孫抃)은 성품이 굳세고 행정 실무에 능했다. 일찍이 경상도 안찰사로 나갔는데, 동생과 누이로서 서로 송사하는 이가 있었다. 누이가 "아비가 임종할 때 가산을 모두 나에게 주었으며, 동생이 얻은 것은 옷과 갓 각 한 벌과 신발 한 켤레, 종이 한권이니 그 문서를 모두 가지고 있습니다"라 하여 여러 해 동안 결말이 나지 않았다. 손변이 두 사람을 불러다 물었다. "너희 아비가 죽을 때 너희 나이는 각기 몇이었으며, 너희 어미는 어디에 있었느냐?" 그러자 누이는 "어미는 이미 죽었고, 저는 이미 시집갔고 동생은 겨우 이빨을 갈 나이였습니다." 손변이 타이르기를 "부모의 마음이 어찌 아들이나 딸에게 후하고 박함이 있겠느냐. 그런데 이 아이가 의지할 곳은 누이였다. 만약 재산을 비슷하게 나누었다면 아마도 아이의 양육이 온전하지 못했을 것이다. 아이가 이미 장성하게 되면 이 종이를 가지고 소장을 만들고 이 옷을 입고 이 갓을 쓰고 이 신발을 신고서 관에 고소하면 능히 판결해 줄 수 있을 것이라 생각했으므로 유독 이 네 가지 물을 남겨 준 것이다."고 하고 가산을 절반씩 나누어 주니 둘 다 감격하여 울고 물러갔다.[65]

이러한 사실들은 날 때부터 갖고 태어난다는 도덕 감정은 각기 자기 이익을 추구하는 현실적인 인간을 계도하고 조절하기 위해 제시된 윤리적 구상으로 보인다. 『목민심서』가 직면한 가족, '자연스런 사랑'이 지배하는 가족과는 다른, 가족의 또 다른 모습임을 인식하는 것이 중요하다. "처자는 나를 사랑하는 사람이라는 그 말을 진실이라고 생각하면 사실에 크게 어긋날 것"[66]이라고 하였듯이, 가족의 현실 혹은 실상을 아는

---

64) "人倫之訟, 係關天常者, 辨之宜明."; "骨肉之爭, 忘義殉財者, 懲之宜嚴."(「刑典·聽訟」).
65) 「刑典·聽訟」.
66) "若云妻子是愛我之人, 其言必忠, 則失之遠矣. 妻子旣然, 況於其餘乎."(「刑典·聽訟」).

것은 가족이 어떠해야 하는가의 전망을 끌어내는 데 유용한 자료가 될 것이다. 이것은 또한 민을 어떻게 볼 것인가, 민民에 대한 인식의 문제와 무관하지 않다. 예컨대 양민養民이 먼저인가 교민敎民이 먼저인가는 놓고 벌인 이이李珥와 허엽許曄의 논쟁67)도 사실은 가족을 어떻게 볼 것인가 라고 하는 인식의 차이와 연결되어 있는 것이다.

4. 가족애와 공공선 사이에서

수령은 국왕의 위임으로 교민과 양민의 임무를 수행하는 '공인'이면 서 동시에 자신이 속한 '가족'의 일원이다. 즉 가족 속의 그는 아들이면 서 아버지이고 남편이면서 형제이고 또 친족으로서 각 관계에 상응하는 역할과 정서로 가족을 대해야 하는 것이다. 『목민심서』에 나타난 바, 공 공선을 추구하는 수령의 일이란 대부분 자신의 가족 감정과는 갈등하는 지점에 놓인다. 하지만 수령이란 조선사회의 지식·권력의 구도 내에서 움직이는 존재인 이상, 이 가족애와 공공선 그 어느 것도 포기할 수 없 는 것이다.

수령은 자신의 가족들과 등지지 않으면서 동시에 공공선을 해치지 않는 방식을 강구해야 하는 것이다. 즉 "친척이나 친구가 관내에 많이 살면 거듭 단단히 단속하여 남이 의식하고 비방하는 일이 없게 하고 서 로 좋은 정을 보존하도록 할 것"68)이다. 또 가족, 친족, 붕우 간의 정을 유지하기 위해 재물과 정성을 제공하는 방법을 택한다. "절약만 하고 쓰 지 않으면 친척이 멀어진다. 베풀기를 즐겨하는 것은 덕을 심는 근본이

---

67) 「禮典·敎民」(『목민심서』는 『石潭日記』에 기록된 李珥와 許曄의 서로 다 른 시각을 소개하고 있다. 이이가 민생이 초췌한 당시 상황에서 덕과 예로 써 백성을 통치하는 '敎民'보다 衣食에 치중한 '養民'에 힘을 기울여야 할 때라고 하자, 허엽은 도덕의 융성 여부에 國運이 달려 있다고 하여 향약을 시행하여 백성을 교화시키는 것이 더 우선적이라고 하였다).

68) "親戚故舊, 多居部內, 宜申嚴約束, 以絶疑謗, 以保情好."(「律己·屛客」).

다"[69]고 하였다. "가난한 친구와 궁색한 친척은 힘닿는 대로 도와주어야
한다"[70]고 하였다. 자신의 도움을 필요로 하는 타인에게 적극 응해야 한
다는 것이다.

> 못에 물이 괴어 있는 것은 장차 흘러내려서 만물을 적셔주기 위함이
> 다. 그러므로 절약하는 사람은 베풀 수 있게 마련이요, 절약하지 못하는
> 사람은 베풀지 못하게 마련이다. …… 아껴 쓰는 일은 즐거이 베푸는 근
> 본이다. 내가 귀양살이 하면서 매양 수령들을 보면 나를 동정하고 도움
> 을 주는 자는 그 의복이 반드시 검소하고, 화려한 옷을 입고 얼굴에 기름
> 기가 돌며 음탕한 것을 즐기는 수령은 나를 돌보지 않았다.[71]

멀리서 찾아온 친지나 고을 내의 궁한 사람들을 '마음을 상하게' 하
지 않기 위해 소용되는 물자는 공금인지 사적인 자금인지 여기서는 분
명하지 않다. 다만 수령 자신이 쓸 수 있는 자금으로 그들을 배려하는
것이 아닐까 하는 추측이 가능할 뿐이다. 수령은 공공선과 친밀성 사이
의 갈등을 해소하는 방법 혹은 그 협상의 기술을 나름대로 개발할 필요
가 있었다.

> 비록 날마다 보고 싶지만 예에는 한계가 있으니 초청하기 전에는 절대
> 로 오지 말기 바란다. 편지 왕래도 역시 의심과 비방을 살 것이니 만일
> 질병이나 우환이 있어서 서로 알려야만 할 경우에는 몇 자의 편지를 풀로
> 봉하지 말고 직접 예리(禮吏)에게 주어서 공개리에 받아들이도록 하라[72]

---

69) "節而不散, 親戚畔之. 樂施者, 樹德之本也."(「律己·樂施」).
70) "貧交窮族, 量力以周之."(「律己·樂施」).
71) 「律己·樂施」.
72) 「律己·屛客」.

이에 다산은 수령의 가족과 공공선이 충돌할 때, 그 해결을 모색하는 역사 속의 방법을 소개하고 있다. 당나라의 장진주의 고사와 방언겸의 고사가 그것이다. 장진주가 고향인 서주 도독이 되자 자신의 옛집에 가서 친척들을 불러놓고 술과 안주를 대접하며 10일 동안 연회를 즐겼다. 그리고 돈과 비단을 나누어주고 눈물을 흘리어 작별하며 "오늘의 장진주는 친척들과 기꺼이 마실 수가 있었지만 내일의 장진주는 서주 도독이 됨으로 관민官民은 그 예가 서로 달라 다시 교유할 수 없다"고 하자 친족들이 감동의 눈물을 흘렸다는 이야기이다.[73] 방언겸은 녹봉으로 받은 것을 모두 친척이나 친구들을 도와주는 데 쓰고 양식이 떨어져도 화평한 마음으로 지냈다. 그 아들 현령에게 말하기를 "사람들은 모두 녹봉으로 부자가 되지만 나만은 벼슬살이 때문에 가난하게 되었다. 자손에게 남겨줄 것은 '청백淸白' 뿐이다"고 하였다.[74]

수령이 가족애를 유지하면서 공공선을 해치지 않기란 예상한 바, 결코 쉬운 일은 아닐 것이다. 예컨대, 임지로 찾아온 가족과 친족, 친구를 잘 대접하라는 것은 어쩔 수 없이 공공의 재물을 써야 하는 상황일 것이다. 『목민심서』는 이 점에 대해서는 상세하게 거론하지 않았다. 그것은 가족을 등지거나 가족애를 해치면서 수행되어야 할 공적 임무에 대한 생각이 다산의 사유 속에는 아직 자리 잡지 못한 것으로 보인다. "가난한 친구와 궁한 친척이 먼 데서 찾아온 자는 마땅히 곧 영접하여 후히 대접하여 돌려보내도록 할 것이다."[75]는 기본 원칙을 제시하는 데 그치고 있다. 수령을 찾아 '멀리서 온 이 친구나 친척'은 『논어』에서 말한 '멀리서 찾아온 반가운 친구'[76]와는 달리 수령에게 어떤 목적, 즉 뭔가의 이익을 기대하고 찾아오는 '반갑지' 않은 족속일 가능성이 크다. 다산은 이

---

73) 「律己·屛客」.
74) 「律己·樂施」.
75) "貧交窮族, 自遠方來者, 宜卽延接, 厚遇以遣之."(「律己·屛客」).
76) "有朋自遠方來, 不亦樂乎"(『論語』「學而」).

런 부류에 대해 일정한 평가를 하였다.

> 선인 왈 가난한 친구와 궁한 친척은 잘 대접하기가 가장 어렵다. 진실
> 로 청렴한 선비와 고상한 벗은 비록 지극히 가난하고 궁할지라도 친구나
> 친척을 찾아 관부에 이르기를 기꺼워하지 않을 것이다. 나를 방문해오는
> 자는 대개 조심성도 없고 어리석거나 구차하고 비루한 사람들이니 혹 그
> 얼굴이 밉살스럽고 말조차 멋이 없으며 혹은 무리한 일을 청탁하고 요구
> 하는 것이 만족함이 없으며 혹은 남루한 옷 닳아빠진 신발에 이가 득실
> 거리며 혹은 내가 일찍이 액운을 만나 궁했을 때는 전혀 돌보거나 불쌍
> 하게 생각지도 않던 자들이다.77)

여기서 수령은 진정한 가족애가 무엇인가를 생각할 필요가 있다. 가
족에 대한 사랑이나 감정이 곧 사회로 확장되면 국가의 이익이 된다는
유교적 사회통합론에 볼 때『목민심서』속 수령이 처한 현실은 유교적
이상과 거리가 있다. 가족애의 연장이 국가에 대한 忠으로 연결된다는
기획 속에서 '아비의 죽음을 팔아 자기 이익을 구하는'78) 상황이 발생한
것인지도 모른다. 다산이 '이념'이나 '이름'보다는 '인정'과 '실제'에 주목
하라고 한 점은 가족애가 아닌 '가족이데올로기'가 판치는 세상을 향한
일성이 아닐까 생각된다. 『목민심서』는 말한다.

> 겸손은 지극한 덕이지만 겸손을 밖으로 노출하면 덕을 잃게 되며 청
> 렴은 높은 행실이지만 청렴을 밖으로 떠벌리면 거짓된 행실이 되고 만
> 다. 매양 청렴한 선비들의 행적을 보건대 인정에 가깝지 않은 행동은 도

---

77) 「律己·屛客」.
78) "晉文公은 이런 말을 하였다. '아버지가 돌아가신 것이 얼마나 큰일인가.
그런데 감히 딴 뜻을 품을 수 있겠는가.' 그런데 저 효자란 사람들은 부모의
죽음을 이용하여 세상을 진동시킬 명예를 도둑질하고 있으니, 이 무슨 꼴이
란 말인가."(「孝子論」『다산시문집』제11권).

리어 이름을 좋아하는 것 같다.[79)]

다산의 생각과는 달리 수령 등의 관리들은 자신의 생각을 개진하기보다 사회적 도그마에 안주하는 경우가 많았다. 다산은 위독한 부모님을 구하기 위해 자신의 넓적다리 살을 베어 굽거나, 손가락을 잘라 피를 입에 넣거나, 똥의 맛을 보거나, 호랑이를 등장시킨다거나, 한겨울에 죽순을 구한 이야기로 지극한 효심을 설득시키려 하는 것은 예에 맞지 않는다는 보았다. 다산은 왜 '효자'의 부모들은 한결같이 "기필코 꿩·잉어·사슴·자라·눈 속의 죽순만을 즐겨 찾는단 말인가?"라고 하며, 이런 이야기가 재생산되는 정치 구조를 비판했다. 그는 현실성이 없는 효행의 사례가 계속 보고되고 그것이 사회적으로 용인되는 현상에 대해 따끔하게 지적한다.

수령 등에 임명되어 있는 사람들이 그것이 예에 맞지 않는다는 것을 모르지는 않는다. 이를 발설하자니 마음이 위축되고 두려워서 감히 말하지 못하고 있을 뿐이다. 명칭이 '효'인데 남의 효도를 듣고서 감히 비방하는 의논을 제기하였다가는 틀림없이 대악이라는 죄명을 받을 것이 뻔하고 또 남의 일에 대해 거짓이라고 억측하는 것은 자신을 슬기롭지 못한 데로 빠뜨리는 것이 되기도 하기 때문이다. 이리하여 마음속으로는 비웃음을 금치 못하면서도 입으로는 '야, 대단한 효행이야'하면서 문서에 서명을 하거나, 마음속으로는 거짓임을 질타하면서도 겉으로는 '참으로 뛰어난 효행이야' 하면서 높인다. 아랫사람은 거짓으로 윗사람을 속이고 윗사람은 거짓으로 아랫사람을 농락하면서도 서로 모르는 체 시치미 뚝 떼고 구차스럽게 탓하는 사람이 없다. 이 지경인데도 예에 의거 이것이 거짓임을 발론하여 그 간사함을 밝힘으로써 풍교를 바루려는 군자가 없

---

79) "謙爲至德, 鳴謙則爲爽德 廉爲高行 鳴廉則爲詭行 每見廉士之傳 其不近人情者 還若好名者然 非君子之所宜法也."(「律己·齊家」).

으니, 이는 도대체 무슨 까닭인가. 그것은 상하 모두가 이것에 의해 얻어지는 것이 중하기 때문이다.[80]

그렇다면 다산에게 진정한 의미의 가족애란 무엇인가. 그것은 "태사공太史公이, 늘 가난하고 천하면서 인의를 말하기 좋아한다면 역시 부끄러운 일이다."고 한 것처럼 형식과 원리를 말로만 하기보다 그 내용을 갖추는 것, 즉 가족의 생활과 만족을 위해 구체적으로 노력하는 것이다. 다산은 우선 가족생활의 물질적 기초를 갖출 것을 제안했다.

공자의 문하에서는 재리에 대한 이야기는 부끄럽게 여겼으나 자공은 재산을 늘리었다. 지금 소부(巢父)나 허유(許由)의 절개도 없으면서 몸을 누추한 오막살이에 감추고 명아주나 비름의 껍질로 배를 채우며, 부모와 처자식을 얼고 헐벗고 굶주리게 하고 벗이 찾아와도 술 한 잔 권할 수 없으며, 명절 무렵에도 처마 끝에 걸려 있는 고기는 보이지 않고 유독 공사의 빚 독촉하는 사람들만 대문을 두드리며 꾸짖고 있으니, 이는 세상에서 가장 졸렬한 것으로 지혜로운 선비는 하지 않을 일인 것이다.[81]

그리고 다산은 "위로는 바깥주인과 안주인으로부터 남자·여자·어른·아이·형제·동서들과 아래로 노비들의 아이들에게 이르기까지, 5세 이상만 되면 각자에게 할 일을 나누어 주어 한 시각이라도 놀지 않게 하면 가난하고 군색함을 걱정하지 않게 된다."[82]고 하였다. 그리고 집안의 노인을 봉양하고 자식들을 키우는 일에서 벼슬하지 않는 사람이 선택할 수 있는 생계수단은 농사라고 하였다. 하지만 "농사란 이익이 박한 것이다. 겸하여 근세에는 전역田役이 날로 무거워져 농사를 많이 지을수록

---

80) 「孝子論」『다산시문집』 제11권.
81) 「爲尹輪卿贈言」『다산시문집』 제18권.
82) 「贐學游家誡」『다산시문집』 제18권.

더욱 쇠잔해지니, 반드시 원포園圃를 가꾸어 보충을 해야만 유지할 수 있다."는 것이다.

하지만 이러한 물질적 조건들은 진정한 의미를 가족 사랑을 실현하기 위한 수단일 뿐이다. 다산이 가족을 통한 최종의 목적은 효·제·자였다고 한다면, 그 방법은 역시 구체적인 가족의 맥락 속에서 구해야 할 것이다. 같은 맥락에서 다산은 자신의 가족이 처한 문제로부터 그 전망을 모색하고 있다. 즉 그의 가족은 폐족의 위기를 넘어서기 위해 노력해야 하는데, 그것은 좀 더 적극적으로 세상과 대면하는 방법이어야 한다는 그는 말한다.

> 옛날부터 화를 당한 집안의 자손들은 반드시 놀란 새가 높이 날고 놀란 짐승이 멀리 도망하듯이 도망하여 더 멀고 깊은 곳으로 들어가지 못할까 걱정하였는데, 이렇게 하면 결국 노루나 토끼처럼 되어버리고 말 뿐이다. … 진실로 너희들에게 바라노니, 항상 심기를 화평하게 가져 당로한 사람들과 다름없이 하라. 그리하여 아들이나 손자의 세대에 가서는 과거에도 마음을 두고 경제에도 정신을 기울일 수 있도록 해야 한다. 하늘의 이치는 돌고 도는 것이라서, 한 번 쓰러졌다 하여 결코 일어나지 못하는 것은 아니다.[83]

각 가족이 처한 구체적인 상황이 곧 가족적 가치 혹은 가족애를 찾아가는 조건임을 보여준 것이라 할 수 있다. 그와 함께 다산은 "사람의 기호는 각기 다른 것"[84]이다. 그렇다면 진정한 의미의 효란 각 부모가 원하는 바를 이루도록 해드리는 것이다. 다산은 자신의 아들에게 이렇게 부탁한다.

---

83) 「示二兒家誡」, 『다산시문집』 제18집.
84) 「孝子論」, 『다산시문집』 제11권.

내가 죽은 뒤에 아무리 정결한 희생과 풍성한 안주를 진설해 놓고 제 사를 지내준다 하여도, 내가 흠향하고 기뻐하는 것은 내 책 한 편을 읽어 주고 내 책 한 장을 베껴주는 일보다는 못하게 여길 것이니, 너희들은 그 점을 기억해 두어라.[85)]

여기서 진정한 의미의 가족애란 그 가족이 처한 현실 및 가족 속 개 인의 욕구가 잘 반영된 관계여야 하는 것으로 이해된다. 이러한 점은 곧 다산 가족관을 이루는 하나의 특성이 아닐까 하다. 즉 그 시대의 지배 지식 유학적 가족 개념을 토대로 하면서 그것과 갈등할 수도 있는, 가족 의 구체적 현실과 각 개인들의 요구를 또 하나의 중요한 요소로 생각한 다는 점에서 그렇다. 그런 점에서 지방관 수령이 각 가정의 맥락과 각 부모의 요구와는 별개로 형식화되고 교조화된 효 이데올로기를 조장하 고 유포하는 것은 진정한 가족애를 해치는 것일 수 있다. 다산이 보기에 '진정한' 의미의 가족애는 공공선과 갈등하는 것이 아니다. 가족애와 공 공선이 함께 갈 수 있는 방법을 생각해볼 때, 『목민심서』의 수령은 거짓 효를 가려내는 안목과 실천이 있어야 한다. 그 '효자'가 문제라기보다 그 런 '효자'를 양산해내는 정치 시스템 혹은 정치가의 사고에 문제가 있었 던 것이다.

5. 맺음말

이 글은 18~19세기 조선후기 가족의 이념을 읽어내고 그 현실을 살펴 보는 것에 의미를 두었다. 즉 『목민심서』 속의 가족은 어떤 모습으로 존 재하고, 가족을 통해 사람들은 무엇을 추구하는가를 보고자 했다. 『목민 심서』는 국가권력과 민民의 접점에서 지방행정을 총괄해야 할 지방관을

---

85) 「示二子家誡」 『다산시문집』 제18권.

위한 행정 지침서적인 성격을 띤 책이다. 따라서 이 속에 나타난 가족은 일반적인 교훈서나 이론서에서 제시된 그것과는 다를 수 있다. 하지만 그것은 다산의 이해와 해석을 통한 것이라는 점에서, 그 시대가 추구하는 가족의 이념과 다산 개인의 가족관, 그리고 생존과 생활의 문제에 직면한 民의 존재론적인 특성 등을 고려한 상호 교차적인 읽기 작업이어야 했다.

　『목민심서』를 통한 가족의 모습은 단일하지가 않았다. 먼저 수령의 임무와 관련하여 그가 직면하는 가족은 '수신제가'의 대상인 자신의 가족이 있고, 그의 정치적 기초 단위가 되는 민民의 가족이 있다. 이 두 가족에 대해 수령이 갖게 되는 태도와 의미는 다를 수밖에 없다. 수령이 그 직에 부임하는 그 날부터 그의 가족들은 관리의 대상이 되는데, 수령의 '공적'인 임무가 가족의 '사적'인 정서와 구분되어야 하기 때문이다. 따라서 임지로 데리고 갈 가족의 범위와 수, 가족들의 몸가짐이나 먹는 음식, 가족들의 물건 구매나 대인관계 등 모든 것이 관리되어야 하는 '성가신' 존재들이었다. 반면 수령 정치의 조건이자 기초단위가 되는 민民의 가족은 수령의 적극적인 보살핌과 배려를 요구하는 것이다. 양민과 교민의 임무를 띤 수령은, 민의 생존 문제를 가족의 형성과 유지를 통해 모색했고, 그 삶의 의미를 효·제·자라는 가족적 가치에서 찾고자 했다. 다시 말해 수령이 직면한 가족이란 관리의 대상이든 '살림'의 대상이든, 정치적 성패를 결정하는 관건이었다.

　『목민심서』에 나타난 가족에 대한 인식 또한 단일하지가 않았다. 가족이 무엇이고 그 관계는 어떻게 만들어지는가 등의 문제와 관련된 것이라 할 수 있다. 하나는 가족에는 효·제·자라는 선천적인 도덕감정이 내재되어 있다고 보는 것이고, 다른 하나는 가족은 각기 자기 이해와 자기 욕망을 가진 개인으로 구성된다는 것이다. 전자가 가족에 대한 이상의 측면이라면 후자는 수령의 정치가 대면한 현실 가족이다. 다시 말해 가족은 천륜의 본질적인 존재이기에, 부모가 그 자식을 사랑하고, 자식이 그 부모에게 효도하며, 형제간 서로 우애로운 것은 지극히 당연하다는 것이다. 하지만 세상의 가족 중에는 자식을 버리는 부모, 부모를 이용하여 명예를 훔치는 자식, 가산을 더 많이 가지려고 다투는 형제 등으로 넘쳐났다.

여기서 어떻게 가족의 '본질적'인 의미를 보존하면서 가족 속 개인의 현실을 담아낼 수 있을까 하는 문제에 직면하게 된다. 즉 조선후기 사회를 이끄는 가족의 상징체계와 생활세계 속의 현실 가족이 어떻게 그 거리를 좁힐 수 있을까 하는 문제이다. 『목민심서』에서 그것은 가족애와 공공선이 경합하면서 공존하는 양상으로 드러나고 있다. 가족애란 정신적 가치에 속한 개념이지만, 그것은 물질적 기초 위에서 실현될 수 있다는 점을 분명히 했다. 다만 물질적 부는 목적이 아니라 효·제·자를 실천하기 위한 수단으로 한정해야 하는 것이다. 또한 가족애란 이념이나 형식보다는 그 가족이 처한 맥락과 각 개인(특히 부모)의 기호나 취향이 존중되어야 한다. 그런 점에서 다산이 자신의 제사에 제물보다 자기 저술을 읽어줄 것을 요구한 것이나, 모친을 모시는 방법은 부친을 모시는 방법과 다르다고 한 것을 이해할 수 있다. 다산이 보기에 공공선 또한 진정한 가족애의 바탕 위에서 가능한 것이다. 다산은 '효우를 인의 근본'으로 인식하지만, 그 효가 왜곡되고 정치적으로 이용되는 것을 비판했다. 즉 가족애를 통한 공공선의 추구는 거짓 효자를 양산해내는 정치 시스템이나 형식과 이념에 얽매인 정치가의 사고로는 한계가 있다는 것이다.

가족을 주제로 『목민심서』를 읽는 것은 조선후기 사회를 살았던 구체적 인간에 대한 이해 및 일상사에 접근하는 하나의 방법이기도 하다. 여기에 나타난 가족은 지배 지식이 제공하는 이념형의 가족만도 아니고, 그것과 전혀 다른 방식의 가족만도 아니다. 가족의 이념과 가족의 현실이 반드시 일치한 것은 아니지만 그렇다고 완전히 별개의 것은 아니었다. 다시 말해 『목민심서』의 가족은 지배 지식이 제공하는 가족의 이념과 자기 이해를 가진 구체적 개인들이 엮어내는 가족 관계가 착종되어 있다. 『목민심서』의 가족은 그 시대의 가족의 '진실'을 얼마나 충실히 재현하고 있는가 하는 문제를 규명하는 작업은 차후의 과제로 남긴다. 그리고 여기서 밝히지 못한 여러 문제들 그리고 다산 및 『목민심서』의 가족사상은 향후 다산의 다른 텍스트와 새로운 연구방법론을 통해 더 심화될 필요가 있다.

참고문헌

1. 자료

『經國大典』, 『朝鮮王朝實錄』, 『備邊司謄錄』, 『承政院日記』,

『歸鹿集』, 『近思錄』, 『陶谷集』, 『明齋遺稿』, 『眉巖集』, 『三峯集』,

『星湖集』, 『松江別集』, 『宋子大全』, 『順菴集』, 『藥圃遺藁』, 『呂東萊文集』,

『與猶堂全書』, 『與猶堂集』, 『退溪集』, 『鶴峰集』,

『牧民攷2』(奎章閣本), 『牧民心鑑』, 『治郡要訣』, 『牧民攷1』(藏書閣本),

『牧民心書』, 『牧民忠告』, 『星湖僿說』, 『雲谷實記』(奎章閣, 古 4655-85),

『臨官政要』, 『政經』, 『眞西山集』,

김선경 편(1986), 『朝鮮民政資料叢書』, 驪江出版社.

內藤吉之助 편(1942), 『朝鮮民政資料 －牧民篇』, 京城.

이우성 편(1986), 『거관잡록 외 7종』(西碧外史 海外蒐佚本), 아세아문화사.

2. 연구논저목록

강세구(1996), 「順菴 安鼎福의 학문과 사상 연구」 『무악실학』 5, 무악실학회.

고영진(2007), 『호남사림의 학맥과 사상』, 혜안.

구완회(1982), 「선생안을 통해 본 조선 후기의 수령」, 『경북사학』 4.

김성준(1990), 『牧民心鑑 연구』, 고려대 민족문화연구소.

김영주(1982), 「耳溪 洪良浩의 목민사상－『牧民大方』을 중심으로」 『숙대사론』
　　11·12.

김용섭(1990), 「조선후기 토지개혁론의 추이」 『(증보판) 조선후기 농업사연구 Ⅱ』, 일조각.

_____(2007), 『신정 증보판 조선후기농업사연구 Ⅱ』, 지식산업사.

금장태(2004). 『道와 德: 다산과 오규 소라이의 『중용』·『대학』 해석』, 이끌리오.

김준형(1984), 「18세기 里定法의 전개─촌락의 기능 강화와 관련하여」 『진단학보』 58.

_____(1995), 「지방행정체제의 변화」 『한국사』 34, 국사편찬위원회.

김태영(1999), 「順菴 安鼎福의 鄕政論」 『한국실학연구』 1, 한국실학학회.

김형자(1997), 「조선후기 趙顯命의 정치·경제사상」 『실학사상연구』 9, 무악실학회.

김문식(2010), 「燕巖 朴趾源의 목민서, 七事考」 『동양학』 48, 단국대 동양학연구소.

김상홍(2010), 『아버지 다산』, 글항아리.

김선경(2006), 「다산 정약용의 정치 철학: 『대학공의』 읽기」 『한국사상사학』 26.

_____(2010), 「조선후기 목민학의 계보와 ≪목민심서≫」 『조선시대사학보』 52.

김성윤(2010). 「吳宖黙(1834~?)을 통해서 본 수령 군현통치의 과정과 전략」, 『조선시대사학보』 53, 조선시대사학회.

김용흠(2000), 「조선후기 숙종대 노·소론 대립의 논리─甲戌換局 직후를 중심으로」 『한국사의 구조와 전개』, 하현강교수정년기념논총, 혜안.

_____(2001), 「숙종대 후반의 정치 쟁점과 소론의 내분─'己巳義理'와 관련하여」 『동방학지』 111, 연세대 국학연구원.

_____(2001), 「浦渚 趙翼의 학문관과 경세론의 성격」, 한국사연구회 편, 『한국실학의 새로운 모색』, 경인문화사.

_____(2006), 「潛冶 朴知誡의 孝治論과 변통론」 『역사와 현실』 61.

_____(2008), 「南溪 朴世采의 변통론과 皇極蕩平論」 『동방학지』 143.

_____(2009), 「숙종대 소론 변통론의 계통과 탕평론─明谷 崔錫鼎을 중심으로」 『한국사상사학』 32.

_____(2009), 「조선후기 정치와 실학」 『다산과 현대』 2, 연세대 강진다산실학

연구원.

_____(2010), 「한국 중세 국가 연구의 방향과 사회인문학」『동방학지』150.

김치우(2007), 『고사촬요 책판 목록과 그 수록 간본연구』, 아세아문화사.

남지대(1997), 「集權官僚制論」『한국사 인식과 역사이론』, 김용섭교수정년기념 한국사학논총 1, 지식산업사.

노경희(2006), 「일본 소재 정약용 필사본의 소장 현황과 서지적 특징」, 『다산학』9.

노혜경(2004), 「安鼎福과 黃胤錫의 대민정책 비교」『한국사상사학』23, 한국사상사학회.

다산연구회(1981), 『역주 牧民心書』, 창작과비평사.

이태진(1972·73), 「士林派의 留鄕所 복립운동(상·하)」『진단학보』34·35.

박광용(1984), 「蕩平論과 정국의 변화」『한국사론』10, 서울대 국사학과.

_____(1994), 『조선후기 '蕩平' 연구』, 서울대학교 박사학위논문.

_____(1997), 「영조대 탕평정국과 왕정체제의 정비」『한국사』32, 국사편찬위원회.

박종천(2008). 『다산 정약용의 의례이론』, 신구문화사.

배기헌(1988), 「16세기 향촌지배질서와 留鄕所의 성격」『대구사학』35.

백민정(2007), 『정약용의 철학』, 이학사.

小川和也(2008), 「近世日本における『牧民忠告』の受用と展開: 朝鮮密陽本の影響お探る」, 『日韓相互認識』1.

小川和也(2008), 『牧民の思想』, 東京: 平凡社.

손계영(2010), 「19세기 관아의 주방과 수령의 음식」『영남학』제17호, 경북대학교 영남문화연구원.

심재우(1998), 「조선후기 목민서의 편찬과 수령의 형정운영」『규장각』21.

안병직(1985), 「목민심서 考異」『정다산 연구의 현황』, 민음사.

양진석(1989), 「18·19세기 還穀에 관한 연구」『한국사론』21, 서울대 국사학과.

_____(1999). 「17세기 후반 환곡분급방식의 형성」『규장각』22.

오영교(2001), 『조선후기 향촌지배정책 연구』, 혜안.

원재린(2006), 「順菴 安鼎福의 '목민'관 −『臨官政要』「政語」분석을 중심으로」
　　　『한국사상사학』 26.

　　　(2007), 「〈政蹟〉편에 반영된 安鼎福의 '수령'상」『역사와 실학』 34, 역
　　　사실학회.

　　　(2008), 「순암 안정복의 향정방략−『臨官政要』「時措」분석을 중심으로」
　　　『대동문화연구』 64.

이근호(2009), 「趙顯命의 현실인식과 국정운영론」『한국사상사학』 32.

이동희(1983), 「朱子의 《大學章句》에 대한 辨證 연구」『민족문화』 9.

이범학(1995), 「南宋 後期 理學의 보급과 官學化의 배경」『한국학논총』 17.

　　　(1998), 「眞德秀 經世理學의 성립과 그 배경」『한국학논총』 20.

　　　(1998), 「진덕수의 民衆敎化策」『한국학논총』 21.

이병희(1997), 「中世封建社會論」『한국사 인식과 역사이론』, 김용섭교수정년
　　　기념 한국사학논총 1, 지식산업사.

이봉규(2005), 「다산학 연구의 최근 동향과 전망−근대론의 시각을 중심으로」
　　　『다산학』 6호, 다산학술문화재단.

이선희(2004), 「17세기 守令의 接賓客과 그 성격」, 『사학연구』 75.

　　　(2009), 「조선후기 영남지방 지방관의 행정소통 체계와 조정방식」『영남
　　　학』 16.

이성임(1995), 「16세기 조선 양반 관료의 仕宦과 그에 따른 수입−柳希春의 『
　　　미암일기』를 중심으로」『역사학보』 145.

이숙인(2005), 「우리 안의 가족, 그 담론의 현주소」『여/성이론』 13호, 여성문
　　　화이론연구소.

　　　(2006), 「조선시대 교육의 젠더 지형도」『정신문화연구』 102호, 한국학
　　　중앙연구원.

이희환(1995), 『조선후기 당쟁연구』, 국학자료원.

　　　(2000), 「李光佐의 정치 활동과 老·少論의 대립」『조선시대사학보』 14.

임용한(2002), 『朝鮮前期 守令制와 地方統治』, 혜안.

임형택(2007), 「목민심서의 이해−다산 정치학과 관련하여」『한국실학연구』 13.

전형택(1989), 『朝鮮後期 奴婢身分硏究』, 일조각.

정만조(1983), 「英祖代 初半의 蕩平策과 蕩平派의 활동」『진단학보』56.

_____(1986), 「歸鹿 趙顯命 연구」『한국학논총』8, 국민대 한국학연구소.

_____(1986), 「英祖代 中半의 政局과 蕩平策의 再定立」『역사학보』111.

_____(1987), 「조선후기 鄕村敎學振興論에 대한 검토-지방관의 흥학책을 중심으로」『한국학논총』10.

_____(1997), 「양역변통론의 추이」『한국사』32, 국사편찬위원회.

정석종 외(1986), 『丁茶山과 그 時代』, 민음사.

_____(1997), 「『목민심서』 분석」『한국 고대·중세의 지배체제와 농민』, 김용섭교수정년기념 한국사학논총 2, 지식산업사.

정재훈(1993), 「眉巖 柳希春의 생애와 학문」『남명학연구』3.

정호훈(2007), 「眉巖 柳希春의 학문 활동과 治縣須知」『한국사상사학』29.

_____(2007), 「조선후기 警民篇의 再刊과 그 교육적 활용」『미래교육연구』20-2.

_____(2010), 「15~6세기 牧民書의 전개와 牧民學」『한국사상사학』36, 한국사상사학회.

佐野公治(1988), 『四書學史の硏究』, 東京: 創文社.

최선혜(2002), 「조선초기 留鄕所와 국가지배체제의 정비」『조선시대사학보』22.

최성환(2009), 『正祖代 蕩平政局의 君臣義理 연구』, 서울대학교 박사학위논문.

최완기(1983), 「英祖朝 蕩平策의 贊反論 檢討」『진단학보』56.

최윤오(2002), 「順菴 安鼎福의 土地論」『한국실학연구』4, 한국실학학회.

_____(2006), 『조선후기 土地所有權의 발달과 지주제』, 혜안.

한국역사연구회(2000), 『조선은 지방을 어떻게 지배했는가』, 아카넷.

한상권(1987), 「順菴 安鼎福의 사회사상」『한국사론』17, 서울대 한국사학회.

홍순민(1986), 「肅宗初期의 정치구조와 '換局'」『한국사론』15, 서울대 국사학과.

찾아보기

필자소개(집필순)

정호훈 I 서울대학교 규장각한국학연구원 HK교수
김용흠 I 연세대학교 국학연구원 HK연구교수
백승철 I 연세대학교 국학연구원
김선경 I 서울대학교 규장각한국학연구원 책임연구원
원재린 I 덕성여자대학교 강사
이숙인 I 서울대학교 규장각한국학연구원 HK연구교수

조선시대 牧民學 전통과 牧民心書   값 18,000원

초판 인쇄	2012년 11월 20일
초판 발행	2012년 11월 28일
엮 은 이	경기문화재단 실학박물관
	472-871 경기도 남양주시 조안면 다산로 747길 16
펴 낸 이	한정희
펴 낸 곳	경인문화사
편 집	신학태 김지선 맹수지 문영주 송인선 안상준 조연경
주 소	서울특별시 마포구 마포동 324-3
전 화	02)718 - 4831~2
팩 스	02)703 - 9711
홈페이지	http://www.kyunginp.co.kr I 한국학서적.kr
E-mail	kyunginp@chol.com
등록번호	제10-18호(1973. 11. 8)

ISBN : 978-89-499-0903-5 (93910)
ⓒ 2012, Kyung-in Publishing Co, Printed in Korea

※ 파본 및 훼손된 책은 교환해 드립니다.